TERTULLIEN

APOLOGÉTIQUE

COLLECTION DES UNIVERSITÉS DE FRANCE
publiée sous le patronage de l'ASSOCIATION GUILLAUME BUDÉ

TERTULLIEN

APOLOGÉTIQUE

TEXTE ÉTABLI ET TRADUIT
PAR
JEAN-PIERRE WALTZING

AVEC LA COLLABORATION
DE
ALBERT SEVERYNS

Quatrième tirage

PARIS
LES BELLES LETTRES
2003

Conformément aux statuts de l'Association Guillaume Budé, ce volume a été soumis à l'approbation de la commission technique, qui a chargé M. P. de Labriolle d'en faire la révision et d'en surveiller la correction, en collaboration avec MM. J.-P. Waltzing et A. Severyns.

95 boulevard Raspail, 75006 Paris
www.lesbelleslettres.com

Première édition 1929

ISBN : 2-251-01278-8
ISSN : 0184-7155

AVANT-PROPOS

La langue et les idées de Tertullien, particulièrement la tradition manuscrite de l'*Apologétique*, ont fait l'objet de nos études pendant plusieurs années. Dans la *Bibliothèque de la Faculté de Philosophie et Lettres de l'Université de Liége*, nous avons publié d'abord (1914-1917) notre *Étude sur le Codex Fuldensis* (vol. XXI), puis (1914) une édition de l'*Apologétique*, en établissant le texte d'après le *Codex Fuldensis* (vol. XXII), enfin, (1919-1920) une édition, texte établi d'après la double tradition manuscrite, avec une traduction, un apparat critique et un commentaire (vol. XXIII et XXIV).

Ces publications sont épuisées, sauf la première. Nous avons repris ici notre texte établi d'après la double tradition manuscrite ; nous avons revu notre traduction et notre apparat critique. Ce volume est donc, en somme, une seconde édition, soigneusement revue et adaptée à la collection des Universités de France. Pour cette adaptation, nous avons fait appel à l'un de nos anciens élèves, M. Albert Severyns, docteur spécial en philologie classique, chargé de cours à l'Université de Liége : c'est lui qui a donné à notre apparat critique sa forme actuelle, aussi claire, aussi élégante que précise. Nous tenons à le remercier ici du soin qu'il a mis à exécuter ce travail et du service qu'il nous a ainsi rendu.

Nous remercions également M. Pierre de Labriolle, qui, après avoir relu avec attention notre introduction, notre texte, notre apparat critique et notre traduction, a bien voulu nous transmettre une longue liste de remarques, tant sur le texte que sur la traduction, dont nous avons fait notre profit.

Un mot sur les notes qui accompagnent la traduction. Elles sont intermittentes et ne visent qu'à l'équilibre typographique du texte. Nous nous proposons de réimprimer notre commentaire complet (analytique, grammatical et historique) qui formait le volume XXIV de la *Bibliothèque de la Faculté de Philosophie et Lettres de l'Université de Liége* (234 p.) et qui est épuisé.

J.-P. WALTZING.

INTRODUCTION

I

Tertullien jusqu'a l'Apologétique.

L'Afrique au IIe siècle.

Vers la fin du IIe siècle de notre ère, le Nord de l'Afrique, depuis la Grande Syrte jusqu'à l'Océan (Tunisie, Algérie et Maroc), comprenait quatre provinces romaines : l'Afrique proconsulaire, gouvernée par un proconsul résidant à Carthage ; la Numidie, ayant à sa tête un légat impérial ; la Maurétanie Césarienne et la Maurétanie Tingitane (Maroc), administrées par des procurateurs impériaux. L'Afrique proconsulaire était entièrement romanisée et elle jouissait d'une paix sûre. Une légion (*legio III Augusta*) cantonnée à Lambèse, en Numidie, défendait les deux provinces contre les incursions des tribus berbères établies au delà de l'Aurès. Le légat de Numidie mettait à la disposition du proconsul d'Afrique un détachement de la IIIe légion, une cohorte, qui formait la garde du gouverneur et campait à Carthage (voy. ch. 9,2.) Les deux Maurétanies, plus barbares que romanisées, étaient protégées par des corps de troupes auxiliaires.

La population mêlée de ces provinces parlait plusieurs langues : le berbère ou libyque, idiome des premiers occupants du sol ; le punique, introduit par les colons phéniciens de l'ancienne Carthage ; le grec et l'hébreu, apportés par les commerçants orientaux ; enfin le latin, langue des conquérants, des colons romains et des fonctionnaires de tout ordre. Le grec et le latin étaient des langues littéraires, que tous les hommes instruits savaient parler et écrire. Mais les nouveaux Carthaginois se faisaient gloire d'être Romains et parlaient exclusivement le latin. Langue de l'administration, le latin se répandit peu à peu jusque dans les coins les plus reculés de la province, sans parvenir jamais à supplanter complètement les deux langues parlées par les descendants des vaincus, le libyque et le punique.

Carthage. Le centre intellectuel et commercial du Nord africain était Carthage. L'ancienne Carthage, bâtie par les Phéniciens, avait été rasée après la troisième guerre punique (146 av. J.-C.). La nouvelle était une colonie romaine (*colonia Iulia Carthago*) fondée par César (44 av. J.-C.) et restaurée par Auguste (13 av. J.-C.). Elle avait retrouvé rapidement l'ancienne splendeur. Depuis deux siècles, elle jouissait d'une paix ininterrompue, n'ayant rien à craindre des tribus berbères et rien à souffrir des guerres civiles. Le commerce ne cessait d'y accumuler les richesses, qui donnent le goût du luxe, et celui des lettres, des sciences et des arts (1). Aussi Carthage rivalisait-elle avec Rome au point de vue des magnificences matérielles et des raffinements intellectuels. Elle était fière de ses beaux monuments. Comme toutes les colonies romaines, elle avait son Capitole, construit sur la colline de Byrsa (ch. 1,1), où siégeait le gouverneur, où son sénat tenait ses séances, où s'élevait le temple de Jupiter, de Junon et de Minerve ; elle avait ses sanctuaires des dieux puniques, désormais

(1) Voici en quels termes Tertullien s'adresse à ses concitoyens au début du *De Pallio* : *Principes semper Africae, uiri Carthaginienses, uetustate nobiles, nouitate felices, gaudeo uos tam prosperos temporum, cum ita uacat ac iuuat, habitus denotare.*

identifiés à des divinités romaines (Saturne, Cælestis, Esculape, voy. ch. 9,2 ; 23,6), ses théâtres et ses bains, magnifiquement décorés (7,2), son amphithéâtre (15,4) et son stade, où la foule assistait aux jeux publics et se passionnait pour les combats de gladiateurs et les courses de chars (38,4). Carthage était célèbre par ses écoles, par ses avocats, ses jurisconsultes et ses écrivains. On s'y piquait de littérature et de beau langage. Dans un discours d'apparat prononcé devant le proconsul Severianus, Apulée s'écrie : « Qui de vous me pardonnerait un solécisme ? Qui me passerait une seule syllabe prononcée avec un accent barbare ? Qui me permettrait de débiter au hasard des mots sans suite et vicieux, comme il en échappe dans le délire ? Chacune de mes paroles est par vous minutieusement examinée, soigneusement pesée. » (*Florida*, 9.) « Quelle gloire plus belle et plus certaine que de célébrer Carthage : ici, tout le monde est versé dans tous les genres d'instruction : les enfants les apprennent, les hommes les pratiquent, les vieillards les enseignent. Oui, Carthage est la vénérable institutrice de notre province, Carthage est la Muse céleste de l'Afrique, Carthage est la Camène de tous ceux qui portent la toge. » (*Ibid.*, 20.)

C'est de l'Afrique que sortirent les écrivains les plus célèbres du IIe siècle : le rhéteur Fronton de Cirta, précepteur de Marc-Aurèle, Apulée de Madaura, le styliste raffiné, le conférencier adoré des beaux esprits de Carthage, et les grammairiens Sulpice Apollinaire et Aulu-Gelle. A la littérature chrétienne, l'Afrique donna ses premiers écrivains, Minucius Felix et Tertullien ; plus tard, elle produisit saint Cyprien, Arnobe, Lactance et saint Augustin. Enfin, l'époque de Tertullien vit un Africain sur le trône des Césars, Septime-Sévère (193-211), né à Leptis. Il laissa l'empire à ses deux fils, Caracalla (198-217) et Géta (209-212) (1).

(1) Sur les Carthaginois à Rome, voy. PAUL MONCEAUX, *Les Africains*, pp. 341 ss.

Le Christianisme en Afrique.

On ne sait pas au juste comment le christianisme fut d'abord prêché aux populations africaines (1). La première semence a pu être jetée par les marins et les négociants grecs venus de l'Orient, mais il est probable que la prédication régulière et l'organisation des communautés religieuses fut l'œuvre de missionnaires envoyés par l'Église de Rome.

L'Afrique était alors le grenier de l'Italie. Entre la capitale de l'Empire et celle de l'Afrique, que ne séparaient que trois journées de voyage, les relations étaient fréquentes. L'Église de Rome fut peut-être la mère de celle de Carthage (2). Dans l'une comme dans l'autre, le grec paraît avoir été d'abord en usage. A mesure que le nombre des chrétiens s'accrut, le grec fut remplacé par le latin.

L'histoire des chrétiens d'Afrique est obscure jusqu'en 180 ; mais dès cette année nous les voyons si nombreux et si bien organisés qu'il faut croire que, dès la fin du Ier siècle au moins, une partie du pays avait reçu l'Évangile. Les synagogues juives de Carthage et des villes maritimes avaient fourni sans doute les premiers adeptes, puis elles avaient déclaré aux fidèles du Christ une guerre sans merci. Séparé enfin des synagogues, le christianisme avait rayonné peu à peu sur tout le pays, jusqu'aux tribus berbères mal soumises à Rome. « La configuration même du pays déterminait, presque néces-

(1) Voy. Aug. Audollent, *Carthage romaine* (Paris, Fontemoing, 1901), p. 435-467. Le même, Article *Carthage*, dans le *Dict. d'hist. et de géogr. eccl.*, de Baudrillart (Paris, Letouzey, 1911), t. I, pp. 705-730. Dans H. Leclercq, *L'Afrique chrétienne* (Paris, Lecoffre, 1904), le 1er volume. G. Boissier, *L'Afrique romaine* (Paris, Hachette, 1895). P. Monceaux, *Les Africains* (Paris, Lecène, 1894).

(2) Voy. Paul Lejay, *Les origines de l'Église d'Afrique et l'Église romaine*, dans les *Mélanges Godefroid Kurth*. Liége, Vaillant-Carmanne, 1908.

sairement, la marche conquérante de la nouvelle religion. Les cités maritimes une fois gagnées, ce fut le tour des villes et des populations romanisées de l'intérieur ; enfin, les indigènes de l'Ouest et du Sud furent atteints. » (Audollent, col. 710.) Parmi les nations qui ont adopté la foi dans le Christ, Tertullien (*Adu. Iudaeos*, 7) mentionne les nombreuses tribus berbères de Gétules et de Maures.

Jusque dans les bourgs obscurs, tels que Scili, Thuburbo minus, et dans les campagnes, les chrétiens s'étaient multipliés rapidement. Tertullien, qui plaide en avocat, est porté à exagérer leur nombre ; mais c'est à Carthage même qu'il dit, en 197, sans craindre la contradiction : « Vous constatez vous-mêmes notre grand nombre. La ville, s'écrie-t-on, est envahie ; jusque dans les champs, dans les bourgs fortifiés, dans les îles, il y a des chrétiens : tout sexe, tout âge, toute condition, tout rang même passe au nom chrétien et l'on s'en afflige comme d'un dommage pour l'État. » (Ch. 1,7.) Plus loin, il dira d'une manière plus générale aux Romains : « Nous ne sommes que d'hier et déjà nous avons rempli la terre et tout ce qui est à vous : les villes, les îles, les postes fortifiés, les municipes, les bourgades, les camps eux-mêmes, les tribus, les décuries, le palais, le sénat, le forum ; nous ne vous avons laissé que vos temples ! » (Ch. 37,4.) En l'an 212, ne parlant que de l'Afrique et de Carthage, il ose dire au proconsul d'Afrique, Scapula Tertullus, qui menaçait de persécuter les chrétiens : « Nous sommes une multitude immense, presque la majorité dans chaque cité. » (*Ad Scapulam*, 2.) « Que feras-tu de tant d'êtres, de tant d'hommes et de femmes, de tant de personnes de tout âge, de tout sexe, de toute condition, qui s'offriraient à tes supplices ? Combien de bûchers, combien de glaives ne te faudra-t-il pas ? Quels maux souffrira Carthage elle-même ? Tu devras la décimer et chacun viendra reconnaître devant ton tribunal des proches, des amis, et l'on y verra peut-être des hommes et des matrones de ton rang, des personnages de la plus haute condition, proches et amis de tes amis ? Épargne-toi donc toi-même, si tu ne veux pas nous épargner. Épargne Carthage si tu ne veux pas t'épargner toi-même ! » (*Ibid.*, 5.)

Ces passages ne prouvent pas seulement que les chrétiens étaient nombreux et répandus partout, mais encore qu'après avoir longtemps tiré ses adhérents des classes inférieures, travailleurs, artisans, esclaves de la ville et des champs, colons des immenses domaines impériaux et privés, la foi nouvelle avait conquis la classe aisée et même, comme à Rome, de riches et nobles familles.

Période de paix et d'organisation.

Jusqu'en l'an 180, la chrétienté africaine échappa aux persécutions. On peut s'en étonner, si l'on songe que, depuis Néron, il existait une loi de proscription qui déclarait la profession de christianisme un crime punissable de mort. Voy. ch. 4,4 et 5,3. Sans doute, un rescrit de Trajan (112), renouvelé par Hadrien (124) et récemment par Marc-Aurèle (177) défendait de rechercher les chrétiens et ordonnait de ne les poursuivre que s'ils étaient dénoncés, et de ne les condamner que s'ils s'obstinaient dans leur foi. Voy. ch. 2,6. En 212, Tertullien nous explique pourquoi les chrétiens d'Afrique furent longtemps sans donner lieu à des plaintes. Ils évitaient toute attitude provocatrice, tout zèle intempestif, se bornant à pratiquer leur religion entre eux. « Nous obéissons, dit-il, à la loi de la patience qui nous vient de Dieu. Malgré notre multitude immense, bien que nous formions presque la majorité dans chaque ville, nous sommes silencieux et réservés. Vous nous connaissez individuellement plutôt qu'en corps et nous ne sommes reconnaissables qu'à l'amendement de nos anciens vices. » (*Ad Scap.*, 2.) Ils se tenaient loin des affaires publiques et ne se mêlaient pas aux troubles qui agitaient l'Empire (ch. 31,3 : *extranei a turbis* (1) ; 35,9 ; 38,3). Par cette attitude prudente, les chrétiens d'Afrique réussirent longtemps à ne pas donner ombrage à leurs compatriotes païens. Il semble, en effet, que, pendant presque tout le IIe siècle, ils n'eurent pas besoin de se cacher, comme leurs frères de Rome (2), dans les catacombes pour célébrer leur culte. A Carthage, ils avaient, du moins en 212, des domaines funéraires en plein air (*areae*). Sans doute, ils ne pouvaient se réunir dans des édifices publics, dans des églises proprement dites et ils devaient s'assembler secrètement dans les maisons mises à leur disposition par des frères. Là, ils célébraient leurs cérémonies, ils prêchaient leur foi sans rien laisser transpirer de leurs rites et de leurs dogmes réservés aux initiés. Cf. 39,1. La prudence commandait le secret : il fallait éviter les trahisons (ch. 7,3-7) et les soupçons téméraires qui donnaient naissance aux calomnies et à toutes sortes de vexations.

Grâce à cette longue paix, la chrétienté d'Afrique put se développer à son aise et s'organiser. Dans chaque ville, elle eut un évêque, des prêtres et des diacres (voy. 39,5). Ce sont les trois degrés de la hiérarchie. *De fuga*, 11 : *ipsi diaconi et presbyteri et episcopi*. De bapt., 17 : *Dandi quidem (baptismi) habet ius summus sacerdos, qui est episcopus, dehinc presbyteri et diaconi, non tamen sine episcopi auctoritate, propter ecclesiae honorem* (3). A l'époque de Tertullien, l'évêque de Carthage était Agrippinus, le premier d'ailleurs qui soit connu. Nous savons qu'il convoqua un synode dans sa ville épiscopale (avant 225) pour délibérer sur la validité du baptême des hérétiques

(1) Voy. notre *Commentaire* sur le ch. 31,3.

(2) Voy. Maurice BESNIER, *Les catacombes de Rome*, Paris, Leroux, 1909.

(3) Tertullien parle de l'évêque d'Uthina (Oudna), petite ville voisine de Carthage, en 213 (*De monogamia*, 12). Les Actes des martyrs Thuburbitains mentionnent l'évêque Optatus, sans doute de Thuburbo minus.

et que soixante-dix évêques de l'Afrique proconsulaire et de la Numidie répondirent à son appel (1), ce qui suppose une centaine de sièges épiscopaux. L'Église de Carthage, qui était celle de la capitale et sans doute l'initiatrice de la foi pour les autres Églises africaines, était dès lors la plus considérée. Son évêque avait une suprématie d'honneur et de fait, due au siège qu'il occupait : c'est autour de lui que ses collègues se réunissaient. Elle-même était en relations constantes avec l'Église de Rome, en qui elle reconnaissait son modèle et sa règle (2).

Persécutions. Cependant l'ère de paix prit fin au début du règne de Commode (176-192). Vers 180, commença une époque de luttes, connues surtout par Tertullien, qui y fut mêlé, et par des Actes authentiques des martyrs. « Le proconsul P. Vigellius Saturninus, dit Tertullien (*Ad Scap.*, 3), fut le premier qui, dans cette province, tira le glaive contre nous. » Les rescrits impériaux ne lui permettaient pas de rechercher les chrétiens ; il y eut donc des dénonciateurs et, moins tolérant que d'autres, il n'hésita pas à livrer au supplice les chrétiens traduits devant son tribunal. Le 17 juillet 180, il fit trancher la tête à douze chrétiens de la petite ville de Scili, Africains romanisés (voy. les *Acta Scilitanorum*). Dès ce jour, la menace fut suspendue sur la tête des chrétiens d'Afrique et les supplices se suivirent avec des intervalles de paix relative.

Il faut dire que les gouverneurs, effrayés du nombre des chrétiens qu'il aurait fallu sacrifier, ou pris de pitié, étaient souvent disposés à fermer les yeux (cf. 2,12). Il y en eut qui soufflèrent leurs réponses aux accusés pour

(1) Saint Cyprien, *Epist.*, 73, 3. S. Augustin, *De unico baptismo*, 13,22.
(2) Voy. Aug. Audollent, col. 717. *De praescriptione*, 16 : *Si Italiae adiaces, habes Romam, unde nobis quoque auctoritas praesto est*, etc.

essayer de les soustraire à une condamnation (*Ad Scap.*, 4). Mais ils devaient céder aux clameurs de la populace, qui avait changé d'attitude envers les chrétiens et qui réclamait maintenant leur sang (ch. 40,1). Depuis que leur nombre avait grandi, depuis qu'ils avaient trouvé des recrues dans toutes les classes, ils ne pouvaient plus rester ignorés. En même temps, à Carthage comme à Rome, comme dans tout l'Empire, leurs cérémonies secrètes avaient donné naissance aux calomnies les plus absurdes. A la fin du IIe siècle, la populace ignorante croyait encore à ces infamies comme à des choses notoires, bien que personne n'eût jamais pu les attester. On racontait que les chrétiens immolaient un nouveau-né, qu'ils buvaient son sang et se livraient à l'orgie après leurs banquets communs (ch. 7-9). Tout chrétien était un criminel, chargé de tous les crimes, un homme dangereux pour la religion païenne, ennemi de l'empereur et de l'Empire (ch. 2,16). Les païens se déclaraient excédés de rencontrer partout ces monstres, cette troisième race (*Ad nat.*, 1,8 et 20 ; *Scorp.*, 10 : *Usque quo tertium genus* ?), comme ils les appelaient (ni Juifs ni païens), les mettant ainsi au ban de l'humanité. Ils refusaient le nom de Romains à des gens qui méprisaient tout ce qu'eux-mêmes respectaient : les dieux vénérés dans les temples publics, les dieux romains qui avaient donné l'empire à Rome et dont le courroux se faisait maintenant sentir dans les calamités publiques (ch. 40,2). Étaient-ce des Romains, ceux qui refusaient de rendre les hommages accoutumés à ce dieu terrestre, sur la divinité duquel reposaient la constitution et la conservation de l'Empire ? Ne fallait-il pas détester ces hommes qui jetaient une sorte de défi à la société ? Ils méprisaient en effet les plaisirs aimés du peuple (ch. 38,2), ils se tenaient loin des honneurs (ch. 38,1), ils s'abstenaient de tout métier, de tout négoce ayant quelque rapport avec le culte païen (ch. 42-43). Pourquoi n'appliquait-on pas la loi à ces misérables que le législateur, bien informé sans aucun doute, avait justement déclarés dignes du dernier supplice ? « Les chrétiens au lion ! » C'est le cri que Tertullien avait entendu maintes fois (ch. 40,2) dans les rues de Carthage et qui retentissait dans le cirque et dans l'amphithéâtre. Au feu, « ces gens de sarments et de poteaux », s'écriait la populace de Carthage (ch. 50,3). Parfois, sans attendre l'arrêt du juge, elle se ruait sur les chrétiens, les lapidait ou les brûlait vifs (ch. 27,2). Au cri de « Plus de cimetières ! » *Areae non sint !* (*Ad Scap.*, 3), elle profanait les tombes chrétiennes, arrachait les morts de leur suprême asile, et dispersait leurs restes informes (ch. 37,2). D'autre part, on riait de ces songe-creux (*vani*) qui adoraient, croyait-on, une tête d'âne, le bois de la croix ou le soleil ; on avait recours à des inventions grotesques pour bafouer leur culte (ch. 16). On prêtait l'oreille aux inventions des philosophes, mais on refusait de discuter avec les chrétiens, on les chassait à coups de pierres (ch. 48,1).

Poussés par la crainte ou par le respect humain (ch. 1,1 et 37,2), les juges exécutaient la loi qui déclarait le christianisme lui-même crime punissable de mort (ch. 4,2) et ils faisaient conduire au supplice les chrétiens qui refusaient d'apostasier, sans leur permettre de se défendre contre les accusations populaires (ch. 2). La populace exultait et portait aux nues ces « bons gouverneurs » (ch. 50,12). En l'an 197, les prisons de Carthage renfermaient bon nombre de chrétiens qui attendaient leur jugement (1). Or, cette année-là, il se trouva un homme qui eut l'audace de défendre publiquement ceux que l'on condamnait sans vouloir les entendre. Il s'appelait Q. Septimius Florens Tertullianus.

(1) La lettre *Ad martyras* et l'*Apologétique*, qui reflètent une période de persécutions, sont de 197. Voyez notre article dans le *Musée Belge*, 1920, p. 171-174.

Vie de Tertullien.

Saint Jérôme nous dit que Tertullien naquit à Carthage et qu'il était fils d'un centurion proconsulaire (1). Son père commandait le détachement mis à la disposition du proconsul d'Afrique par son voisin, le légat impérial de Numidie. C'est ce qui ressort d'ailleurs aussi d'une phrase de l'*Apol.*, 9,2, qui est peut-être la source de saint Jérôme.

La date de sa naissance est inconnue, mais on peut la fixer approximativement. Tertullien nous apprend lui-même qu'il passa dans le paganisme une bonne partie de sa vie. Quand il se dressa en champion de sa foi nouvelle, à partir de 197, il n'était pas seulement un apôtre convaincu, mais déjà un chrétien instruit : il avait eu le temps d'acquérir une profonde connaissance des Livres Saints et de tous les apologistes qui l'avaient précédé. Son *Apologétique*, écrite en 197, n'est pas l'œuvre d'un converti d'hier ni une œuvre de jeunesse. Il était alors dans la force et dans la pleine maturité de son talent. Il faut en inférer qu'il approchait de l'âge mûr, qu'il était né vers 155 ou 160 et qu'il s'était converti vers 190 de notre ère. Saint Jérôme nous dit d'ailleurs que l'apogée de son activité littéraire se place sous le règne de Septime-Sévère (193-211) et celui de Caracalla (198-217). De cette époque (198-213) datent, en effet, la plupart de ses ouvrages (2).

(1) En lisant les témoignages des anciens sur Tertullien, on verra qu'ils ne font guère que vanter son talent d'écrivain et d'apologiste ou sa vaste érudition, d'après ses écrits mêmes. Saint Jérôme (*De uiris illustr.*, 53) est le seul qui donne quelques renseignements biographiques ; mais il semble, lui aussi, avoir puisé à peu près tout ce qu'il dit dans les écrits de Tertullien. Il ne tient de la tradition orale ou écrite que ces trois points : 1° Tertullien fut prêtre de l'Église ; 2° saint Cyprien l'admirait et disait à son secrétaire : *Da magistrum* ; 3° il vécut jusqu'à l'extrême vieillesse. Outre saint Jérôme, Lactance (*Diu. Inst.* V, 1, 23 et 4,3) et Eusèbe (*Hist. eccl.*, II, 2, 4 ; 20, 7 ; 25, 4 ; 33, 3), enfin saint Vincent de Lérins (*Commonitorium*, c. XVIII) ont parlé de lui.

(2) Saint Jérôme, *De uiris illustr.*, 53 : *Sub Seuero principe et Antonino Caracalla maxime floruit.*

Le père de Tertullien, modeste officier, fut ambitieux pour l'avenir d'un fils bien doué, comme l'avait été autrefois le père d'Horace (1). Dans la ville natale même, il pouvait lui faire donner une éducation libérale, qui devait lui ouvrir une des carrières supérieures. Nous avons vu, en effet, que les écoles de Carthage étaient alors parmi les plus florissantes et les plus célèbres de l'Empire. Nous dirions aujourd'hui qu'elles comprenaient trois degrés (2). Apulée rapporte cette parole d'un sage, à propos des festins : « La première coupe est pour la soif, la seconde pour la gaieté, la troisième pour le plaisir, la quatrième pour la folie. » Et il ajoute : « La coupe des Muses produit l'effet contraire : plus elle est abondante et pure de mélange, plus nôtre âme gagne en santé. La première, celle du *litterator* (qui apprend à lire, à écrire et à calculer) polit la rudesse de notre esprit ; la deuxième, celle du grammairien, nous orne de connaissances ; la troisième, celle du rhéteur, nous met dans la main l'arme de l'éloquence. » (*Florida*, 20.) A l'école du *litterator*, l'enfance recevait les connaissances élémentaires ; puis, sous la direction du grammairien, la jeunesse « était formée à la sagesse et à tous les devoirs d'un homme libre » (ch. 14,2) par l'explication des grands poètes et des grands prosateurs. Les études littéraires étaient depuis longtemps la base des humanités (Cic., *Pro Archia*, 3,4 : *iis artibus quibus puerilis aetas ad humanitatem informari solet*). Telles qu'elles étaient alors comprises dans les écoles romaines, elles initiaient à toutes les connaissances humaines, puisque toutes se trouvaient dans les

(1) Nous ne savons rien d'autre de sa famille. Il nous parle lui-même d'un de ses parents appelé Hosidius, qui fut poète : *Meus quidam propinquus ex eodem poeta* (sc. *ex Virgilio*) *inter stili sui otia* « *Pinacem* » *Cebetis explicuit*. Hosidius avait donc mis la Pinax de Cébès en centons virgiliens.

(2) Voy. GASTON BOISSIER, *Fin du paganisme*, I, p. 145-199. *L'Afrique romaine*, p. 223-226.

livres ; elles éveillaient les jeunes esprits à la vie intellectuelle, elle les ouvrait surtout aux pensées plus hautes, aux sentiments plus élevés et plus délicats (*Ad Nat.*, 2,17 (1). Comme aujourd'hui encore, la littérature était l'éducatrice de l'esprit : elle donnait à la fois des connaissances sur tout et une façon plus élevée de concevoir la vie. Après sa conversion, Tertullien défendra aux chrétiens d'enseigner les lettres profanes, imprégnées de paganisme ; mais il n'osera pas interdire la fréquentation des écoles à la jeunesse chrétienne. Sans l'école païenne (il n'y en avait pas d'autre), où trouver les armes nécessaires pour défendre la vérité ? « Comment la jeunesse se formerait-elle autrement à la sagesse humaine ? Comment apprendrait-elle à penser et à agir, l'éducation littéraire étant un instrument indispensable pendant toute la vie ? Comment répudier les études profanes, puisque, sans elles, les études religieuses ne peuvent pas exister ? » (*De idol.*, 10.) Chez le grammairien, le jeune Tertullien fut donc nourri des lettres grecques et latines (*De cultu fem.*, 2,10 : *gentilium litterae*) et de toutes les sciences que comporte leur intelligence. Plus tard, il puisera sans cesse dans le trésor des souvenirs classiques amassé dans sa jeunesse et il en donnera la raison. Abordant la réfutation des légendes païennes, il dira : « Les lettres profanes (*saeculares litterae*) me sont ici nécessaires : c'est par les livres profanes qu'il faut prouver les choses profanes. Si peu que j'y aie touché, ajoutera-t-il avec la modestie d'usage, cela me suffira, je crois. » (*De corona*, 7.) « Je me souviens encore de mon Homère », dira-t-il dans une occasion semblable (*Ad nat.*, 1,10). Comme tous les Africains lettrés de son temps, il parlait et il écrivait les deux

(1) *Apolog.*, 14,2 : *Sed conuersus ad litteras uestras, quibus informamini ad prudentiam et liberalia officia. Ad. nat.*, 2,7 : *per hanc initiatricem litteraturae ingenuitatis studia producitis. De idol.*, 10 : *cum instrumentum sit ad omnem vitam litteratura.*

langues littéraires. Le grec lui était si familier qu'il rédigea d'abord en grec plusieurs de ses ouvrages.

L'école du rhéteur formait le couronnement de l'éducation intellectuelle. Tertullien y fut rompu à cet art de la parole et du style, mis en recette par les rhéteurs, nécessaire pour briller soit au barreau, soit dans la carrière littéraire (1).

Saint Jérôme et saint Vincent de Lérins vantent sa vaste érudition : c'est dans ses ouvrages qu'ils en trouvaient et que nous en trouvons à chaque page la preuve éclatante. Tertullien cite plus d'une centaine d'auteurs. Après l'école, il resta tourmenté de cette insatiable curiosité (*magna curiositas, curiositatis labor*, De test. animae, 1). Il conserva toute sa vie cet esprit avide de savoir tout ce qu'un homme instruit pouvait alors connaître. La philosophie et l'histoire, comme la littérature, lui sont familières ; les sciences naturelles et la médecine ne lui sont pas étrangères. Saint Jérôme et saint Vincent de Lérins admirent la profondeur et l'ampleur de la science qu'ils trouvèrent dans ses écrits (2). Il faut dire que cette science sera, d'ailleurs, le plus souvent de seconde main et dépourvue de critique, étant puisée dans les compilations et les manuels, comme l'était toujours la science des anciens.

Il a dû surtout s'appliquer à l'étude du droit, dont il voulait peut-être faire sa carrière. Dès le commencement du IIe siècle, l'Afrique avait mérité le titre de « nourrice des avocats » (*nutricula causidicorum*. Juvénal, VII, 148). Eusèbe dit qu'il connaissait à la perfection les lois romaines (*Hist. eccl.*, 2, 2, 4) et il parle ainsi d'après

(1) Tertullien parle (*Adu. Valent.*, 8) d'un rhéteur latin de Carthage appelé Phosphorus (*In scholis Carthaginiensibus fuit quidam frigidissimus rhetor Latinus, Phosphorus nomine*, etc.) et il s'en moque, ce qui fait croire que ce rhéteur n'avait pas été son maître.

(2) Saint JÉRÔME, *Epist.*, 70,5, saint VINCENT DE LÉRINS, *Commonitorium*, 24. Comp. P. DE LABRIOLLE, *Hist. de la litt. latine chrétienne*, p. 82. Cf. 19, 5-6 ; 46, 10-16, avec les notes.

l'*Apologétique*, le seul ouvrage de Tertullien qu'il connût, grâce à la traduction grecque qu'il cite plusieurs fois. Tous les écrits de Tertullien trahissent dès l'abord une solide éducation juridique ; on y reconnaît le tour d'esprit et le langage que donne une longue pratique du barreau (1). On l'a dit avec raison, la jurisprudence sera pour lui une arme, avec laquelle il renouvellera la méthode de l'apologétique chrétienne. Ces études le conduisirent-elles à une profession en vue ? On est tenté de le croire et des écrivains modernes ont vu en lui, tantôt un jeune et brillant avocat du barreau de Carthage, tantôt un rhéteur à la mode, comme le furent saint Cyprien, Arnobe, Lactance et saint Augustin, tantôt même un des éminents jurisconsultes de son temps. Cette opinion n'a pas d'autre soutien que l'impression laissée par ses ouvrages. On ne peut rien affirmer : nulle part, il ne fait allusion à ses occupations professionnelles. Un Romain instruit ne pouvait s'abstenir de visiter la capitale de l'Empire. Tertullien fit certainement un séjour à Rome. Il nous dit : « Nous avons vu à Rome (*vidimus Romae*) le mépris qu'ont pour les pierres précieuses les Parthes, les Mèdes et les autres nations chez qui elles naissent ; ils parent les ceintures d'émeraudes, les poignards de gemmes cylindriques, les chaussures de perles (2). » Malheureusement, l'occasion et la date nous sont inconnues. Déduire de cette affirmation et d'autres renseignements plus vagues encore qu'il était allé s'établir à Rome pour y exercer la profession d'avocat, comme fit Minucius Félix, serait tout au moins aventureux (3). Nulle part, il ne fait la moindre allusion à

(1) Voyez notre *Étude sur le Codex Fuldensis*, p. 294-311. P. de Labriolle, *o. c.*, p. 83.

(2) *De cultu fem.*, 1,7 ; 2,10. Cet écrit est de 198-202. Tertullien avait probablement vu à Rome les députés d'un roi d'Asie.

(3) La mésaventure de l'archigalle (ch. 25,5) à la mort de Marc-Aurèle, se passe à Rome. L'enfant dont il raconte ailleurs l'histoire mélodramatique, sous le préfet Fuscianus, en 189, était né à Rome (*Ad nat.*, 2,16). Mais le récit n'est pas nécessairement

un séjour prolongé à Rome ou à la profession d'avocat exercée dans la capitale. Il est probable qu'il n'y resta pas longtemps et que c'est à Carthage, sa ville natale, qu'il passa toute sa vie. Ses ouvrages sont pleins de l'Afrique : c'est le pays qu'il connaît le mieux, qu'il aime et dont il est fier. Ce sont les communautés chrétiennes de l'Afrique, c'est surtout l'Église de Carthage, c'est le proconsul d'Afrique (1,1) et les persécutions locales qu'il a toujours en vue. C'est à l'Afrique qu'il emprunte ses exemples : il parle de ses dieux (9,2 ; 12,4 ; 23,6 ; 24,7 ; et 25,8), de ses habitants, de ses monuments, de ses mœurs et de ses institutions, de son passé glorieux et de ses héros anciens (50,5). De cœur et d'âme, comme de caractère et de tempérament, il était Africain (1).

Tout en consacrant son temps au droit ou à la rhétorique, Tertullien rêvait de se faire un nom dans les lettres. Saint Jérôme nous apprend que, jeune encore, il s'amusa à écrire un livre « Sur les embarras du mariage, à un ami philosophe » (2). Cet opuscule est perdu, mais saint

celui d'un témoin oculaire. Noeldechen et Kellner rapportent au séjour de Tertullien à Rome, tout ce qu'il dit de Rome, excepté ce qui a dû se passer à l'époque où il est certainement à Carthage. Mais quand Tertullien rapporte en témoin oculaire, il a soin de le dire (*uidimus, risimus*). Eusèbe l'appelle τῶν μάλιστα ἐπὶ Ῥώμης λαμπρῶν, ce qui est une erreur corrigée par Rufin, qui traduit : *inter nostros scriptores admodum clarus* (Hist. eccl., 2,2,4).

(1) P. Monceaux, p. 177 : « Par toute sa vie et par l'un des traits de son œuvre, il appartient nettement à l'Afrique romaine. C'est à Carthage qu'il parlait, luttait, dissertait ou raillait, songeant avant tout aux hommes et aux choses de Carthage. C'est de là enfin que son influence a rayonné sur tout l'Occident. »

(2) Saint Jérôme, *Epist.*, 22, 22, ad Eustochium : *Et in principio libelli praefatus sum me de angustiis nuptiarum aut nihil omnino aut pauca dicturum et nunc eadem admoneo. At si tibi placet scire quot molestiis uirgo libera, quot uxor adstricta sit, lege Tertullianum ad amicum philosophum et de uirginitate alios libellos.* Adu. Iouinianum, 1, 13 : *Non est huius loci nuptiarum angustias describere... Certe et Tertullianus, cum adhuc esset adolescens, lusit in hac materia.*

Jérôme dit qu'il était rempli de lieux communs en style de rhéteur. C'était un de ces jeux de l'esprit (*lusit*), une de ces fantaisies auxquels se complaisaient les littérateurs africains. Il nous intéresse à un double titre, sous le rapport de la forme comme du fond. Il montre dans le jeune Tertullien un émule d'Apulée orateur, philosophe, savant et surtout artiste en style, admiré et encensé par ses compatriotes. Dans sa jeunesse, Tertullien avait dû entendre bien des fois les conférences d'Apulée, qui attiraient tous les beaux esprits de Carthage. Cette brillante réputation d'un concitoyen devait faire envie au jeune homme qui se sentait l'étoffe d'un futur littérateur à la mode, d'un autre Apulée ; et, de fait, il le prit pour modèle, si bien qu'on a pu dire qu'au point de vue littéraire, il en est l'héritier direct, l'héritier de ses défauts comme de ses qualités (1). Il restera toujours sensible à la gloire littéraire. « Qui donc aujourd'hui ne s'applique pas à perpétuer sa mémoire soit par des ouvrages de littérature, soit par une réputation de bonnes mœurs, soit par un ambitieux tombeau ? » (*De test. an.*, 4.) Une fois encore dans sa vie et au milieu même de ses luttes pour la foi et de ses ardentes polémiques (vers 208-209), la vanité d'homme de lettres, jamais étouffée, reprendra le dessus et Tertullien voudra montrer qu'en devenant chrétien, il n'a rien perdu de sa virtuosité, qu'il n'est pas devenu incapable d'écrire les beaux ouvrages d'autrefois. Nous rapporterons tout à l'heure cet incident de sa vie. Jusque dans ses ouvrages les plus sérieux, on retrouvera quelque chose de ce style recherché, contourné, spirituel et bizarre. D'autre part, ces badinages littéraires avaient souvent un fond très grave. Saint Jérôme trouvait le traité *De angustiis nuptiarum* très amusant, mais à deux reprises il en recommanda très sérieusement la lecture.

(1) Saint Augustin, *Epist.*, 138, 19, dira encore : *Apuleius... nobis Afris Afer est notior*. Apulée était né en 124 à Madaura. Il s'était fixé à Carthage.

Pour nous, le choix du sujet trahit les préoccupations morales de Tertullien et les tendances de son esprit ; la thèse est déjà celle de l'âpre moraliste qui, devenu chrétien, prétendra souvent imposer comme une règle ce qui n'est qu'un conseil, méconnaissant ainsi les conditions ordinaires de la nature humaine.

Conversion de Tertullien.

Tertullien naquit et fut élevé dans le paganisme. « Il fut un temps, dira-t-il aux païens, en parlant de la résurrection et du jugement dernier, où nous riions, comme vous, de ces vérités. Car nous sortons de vos rangs. On ne naît pas chrétien, on le devient. *Fiunt, non nascuntur Christiani* (ch. 18,4) (1). Il resta païen jusque vers l'âge de trente ans, et il fut un païen militant, un fougueux ennemi du christianisme. Il raillait alors les croyances chrétiennes qu'il ne connaissait pas encore. Sa jeunesse fut très dissipée ; elle lui laissa des regrets amers. Il aimait avec passion « la folie du cirque (courses de chars), les bouffonneries et les scandales du théâtre, l'atrocité de l'arène (gladiateurs) et la frivolité du xyste (lutte d'athlètes) (15,5 ; 38,4). Plus tard, il s'efforcera d'oublier ces spectacles honteux et ces plaisirs barbares ou futiles ; il rougira d'en parler : « Personne, dira-t-il, ne peut mieux exprimer les infamies de l'amphithéâtre que celui qui les fréquente encore. Pour moi, j'aime mieux ne pas tout dire que me souvenir. » (*De spect.*, 19, p. 21, 2.) Il avouera que sa jeunesse ne fut pas exempte de prévarications plus graves (*De resurr.*, 59). Dans le plaisir, comme dans l'étude, il apportait la passion ardente qu'il mit plus tard à défendre la foi chrétienne. « J'étais aveugle, privé de la lumière du Seigneur, n'ayant

(1) Il dit encore, *De anima*, 39 : *Omnes idololatria obstetrice nascuntur*. Même si l'on ne prend pas ces mots à la lettre, ils prouvent que l'expansion du christianisme fut rapide dans les dernières années du IIe siècle. Cf. *De paenit.*, 1,1 : *hoc genus hominum quod et ipsi retro fuimus*.

pour guide que la nature. » (*De paenitentia*, 1, 1.) Il dira qu'il n'est plus au monde que pour pleurer ses fautes dans les austérités de la pénitence (*Ibid.*, 4).

Les motifs et les circonstances de sa conversion nous sont inconnus, mais nous pouvons les deviner. Il cherchait un guide ; il le trouva dans la religion du Christ, dans sa règle morale. Dans la société où il vivait, il eut certainement l'occasion fréquente de rencontrer des chrétiens. Il fut frappé par la sainteté de leur vie et séduit par la pureté de leur morale : il nous répète que c'est le signe auquel on les reconnaissait (ch. 3,1). Il dut les voir devant le juge et il fut étonné d'abord de cette constance en face du bourreau, qui avait étonné Épictète et Marc-Aurèle (1). Esprit curieux, il voulut savoir d'où venait cette énergie morale. « Devant ce spectacle, dira-t-il plus tard, qui ne se sent ébranlé, qui ne cherche pas ce qu'il y a au fond de ce mystère ? Et qui donc l'a cherché sans devenir chrétien ? » (Voy. ch. 50,5.) « Le sang des chrétiens est une semence » (ch. 50,13). « Il n'est pas un homme qui, à la vue de cette prodigieuse patience, se sentant pressé comme d'un aiguillon à examiner ce qui est en cause, n'embrasse la vérité aussitôt qu'il la connaît. » (*Ad Scapulam*, 5.) On ne peut connaître la religion chrétienne sans devenir chrétien (ch. 1,6-7) : ces idées lui sont si familières, elles reviennent si souvent sous sa plume, qu'elles semblent sortir de sa propre expérience. Il aura commencé par dire, comme les meilleurs d'entre les païens : « Eh quoi ! l'innocence exposée à de pareils supplices ! une secte inoffensive soumise à un pareil traitement ! » (*Scorpiace*, 1.) Et puis, sans tergiverser, il aura cédé à ces vivantes leçons de constance et d'héroïsme.

(1) ÉPICTÈTE, *Dissert.*, 4, 7, 6. MARC-AURÈLE, 11,3. Le temps a donné raison à Tertullien (*Apol.*, 50,13) contre ces Stoïciens qui furent frappés de l'héroïsme chrétien, sans croire à son effet contagieux.

Tertullien chrétien : son rigorisme.

Aussitôt qu'il eut ouvert les yeux à la lumière de la foi, Tertullien dépouilla le vieil homme complètement. Ce qu'il était, il l'était tout entier. Ame ardente, il avait coutume de tout pousser à l'extrême, même les meilleures choses. La morale chrétienne l'avait séduit : il la voulut rigoureuse pour lui-même et pour les autres (1). Un chrétien devait avoir horreur de l'idolâtrie, qui pénétrait la vie entière : Tertullien voulut que le chrétien, sans se distinguer des autres citoyens dans la vie ordinaire (ch. 42, 2-3), renonçât à toute profession ayant quelque rapport avec le paganisme et surtout qu'il se tînt à l'écart de tous les plaisirs, de tous les spectacles tant aimés du peuple (ch. 38,2 et *De spectaculis*). Le chrétien doit toujours regarder sa patrie véritable, le ciel (ch. 1,2) : Tertullien, qui vivait dans l'attente de la fin prochaine du monde (ch. 32,1 ; 39,2), fit un devoir aux chrétiens de fuir les charges publiques (ch. 38,1) et toutes les vanités terrestres. Il avait appris à aimer les lettres et les arts, toute la culture esthétique léguée à Rome par la Grèce ; mais les poètes ne sont-ils pas des songe-creux (*uani*) et ne prêtent-ils pas aux dieux les vices et les passions des hommes ? Il avait goûté les philosophes, mais ces philosophes sont « durs » au moment où ils frappent à la porte de la vérité (*De test. an.*, 1) et ils sont devenus les « patriarches des hérésies » (*De anima*, 3. *Adu. Hermog.* 8. Chap. 47,9). Il répudia les poètes et les philosophes comme des corrupteurs, comme des falsificateurs de la vérité et avec eux l'héritage des Grecs (ch. 46-47). Ce mépris lui coûta, car il resta toujours sous le charme de la beauté littéraire et il ne cessa jamais d'aimer les hautes spéculations. La carrière des lettres, peut-être le barreau et l'éloquence d'apparat l'avaient attiré et retenu long-

(1) Voy. J. Tixeront, *Tertullien moraliste*, dans ses *Mélanges de Patrologie* (Paris, Gabalda, 1921), p. 117-152.

temps. Il avait joui de ses succès, peut-être de ses triomphes oratoires ou littéraires : désormais, il repoussa cette gloire frivole et pour bien montrer qu'il avait renoncé aux vaines superstitions, qu'il ne vivait plus que pour « une philosophie meilleure » (*De pallio*, fin), il quitta un beau jour (vers 208-209) la toge du citoyen pour le manteau (*pallium*) du philosophe Ce jour-là, il fit scandale à Carthage, où il était connu de tous ; on le railla et on l'injuria. Alors, se rappelant ses jeunes années, il se défendit dans un ouvrage conçu dans le style précieux et bizarre, heurté, rempli d'expressions violentes et singulières, qu'il avait appris autrefois à l'école d'Apulée (1). Voici un fragment du plaidoyer que, par une prosopopée oratoire, il prête au pallium. Nous ne le donnons pas comme un spécimen de son style ordinaire, mais comme un portrait de lui-même : « Je ne dois rien au forum, dit le pallium, rien au Champ de Mars, rien à la curie (sénat de la colonie) ; je ne consacre mes veilles à aucune fonction, je n'escalade pas les tribunes avant tout le monde, je ne fréquente pas les prétoires (les tribunaux), je ne respire pas l'odeur des égouts (du forum, comme les avocats et les plaideurs) ; je n'implore pas les barreaux (des juges) ; je n'use pas les bancs (des avocats), je ne trouble pas la justice, je ne suis ni avocat braillard, ni juge, ni soldat, ni maître de rien : j'ai fait retraite loin du peuple. Mon unique occupation est en moi-même. Prendre souci de moi, voilà mon seul souci. La vie qu'on mène dans la retraite est plus heureuse que la vie publique. Mais, dira-t-on, c'est une vie inutile ; il faut se consacrer à la patrie, à l'empire, à la chose publique. Il m'est donné, à moi aussi, d'être utile à l'intérêt général : je me hisse sur une borne ou sur un autel et de là je propose pour les

(1) G. Boissier, *La fin du paganisme*, I, p. 258 : « Il est impossible d'y voir autre chose qu'une gageure et un jeu d'esprit ». Freppel, 2, p. 168, l'appelle aussi un brillant jeu d'esprit et (p. 148) une fantaisie d'artiste.

mœurs des remèdes qui sont plus utiles à la santé des républiques, des cités et des empires que tout ce que tu fais. »

L'homme d'action, le prêtre, le polémiste.

En effet, l'homme qui se dépeint dans ces lignes voulait être utile à lui-même et aux autres. Tertullien avait l'âme généreuse d'un apôtre ; il était homme d'action, homme de combat. La foi qu'il venait d'adopter ouvrait à son génie et à sa dévorante activité une nouvelle carrière. Il ne voulait pas être chrétien pour lui seul, mais aussi pour ses frères persécutés, qu'il fallait défendre et guider au milieu des écueils de la vie, et pour les païens ignorants et les Juifs aveugles, à qui il fallait ouvrir les yeux. Homme instruit, il tint à être un chrétien instruit, capable de lutter sur leur propre terrain contre tous les ennemis de ses croyances et de communiquer sa foi aux autres. C'est pendant les premières années qui suivirent sa conversion qu'il dut étudier les Livres saints. Il lut et relut l'Ancien Testament en grec dans la *Version des Septante* (ch. 18, 6-9) et en latin dans la traduction publiée en Afrique (*Afra*, 18, 7). Il le connaissait par cœur, aussi bien que le Nouveau Testament (1). Il dévora aussi tout ce qui avait été écrit jusque-là, presque exclusivement en grec, pour expliquer les vérités chrétiennes aux fidèles et pour défendre le christianisme contre ses ennemis. Ce qui le prouve, c'est qu'au moment où il prit la plume, nous le voyons pénétré à la fois des Écritures et des apologistes grecs (saint Justin, qu'il avait l'ambition d'égaler (2), Tatien, Athénagore, saint Irénée et Théophile d'An-

(1) Voy. H. Roensch, *Das Neue Testament Tertullian's*. Leipzig, 1871.

(2) *Adu. Valentinianos*, 5 : *Nec utique dicemur ipsi nobis finxisse materias, quas tot iam uiri sanctitate et praestantia insignes... instructissimis uoluminibus et prodiderunt et retuderunt.* Et il cite saint Justin, philosophe et martyr, Miltiade, saint Irénée, Pro-

tioche), comme aussi, croyons-nous, de son compatriote latin Minucius Félix. Ce sont leurs idées qu'il présentera sous un aspect nouveau, personnel, original, en y ajoutant tout ce que lui fournira sa science juridique et ce qu'exigeront les nécessités du moment.

L'occasion de mettre son grand talent au service de ses frères se présenta dès 197. Cette année-là, il prit d'abord la plume pour soutenir le courage des chrétiens qui attendaient leur jugement et le martyre dans les prisons de Carthage (*Ad martyras*) ; puis, pour défendre les chrétiens contre les calomnies populaires (*Ad nationes*) ; enfin, pour plaider leur cause dans une lettre ouverte adressée aux juges eux-mêmes, c'est-à-dire aux gouverneurs des provinces romaines (*Apologeticum*). Dans ces écrits, il parle encore en simple fidèle, mais jamais on n'avait entendu de pareils accents.

Un homme qui unissait tant d'éloquence, de science et de foi ardente à une vie austère, dut vite acquérir une grande autorité sur les chrétiens de Carthage : ils l'élevèrent au sacerdoce (cf. 39,1), sans doute avant l'an 200. Saint Jérôme dit formellement qu'il fut prêtre de l'Église jusque vers le milieu de sa vie, c'est-à-dire jusqu'à son passage définitif au montanisme : *usque ad mediam aetatem presbyter ecclesiae* (*De vir. ill.*, 53). Il n'y a aucune raison plausible de suspecter un renseignement si précis. Sans doute, Tertullien ne dit nulle part lui-même qu'il est revêtu du sacerdoce, mais s'il semble souvent parler avec la réserve et la modestie d'un laïque se mêlant d'instruction religieuse, jamais son langage n'exclut les fonctions sacerdotales (1). On a fait observer que beau-

culus, *quos in omni opere fidei, quemadmodum in isto, optauerim adsequi*. Cf. AD. HARNACK, *Tertullians Bibliothek christlicher Schriften*. Sitzungber. der Berliner Akad., 1914, p. 303 s.

(1) On cite à tort *De exhort. cast.*, 7, où, toujours rigoriste, il défend les secondes noces aux laïques comme aux prêtres et dit : *Vani erimus, si putauerimus quod sacerdotibus non liceat, laicis licere. Nonne et laici sacerdotes sumus* ? « Est-ce que, même laïques

coup d'autres (saint Justin, Tatien, Athénagore, Minucius Félix, Arnobe, Lactance, etc.) ont défendu leur foi sans être prêtres ; mais Tertullien a fait autre chose encore que défendre le christianisme contre les païens, les Juifs et les hérétiques. Beaucoup de ses écrits sont d'un prêtre plutôt que d'un laïque : il instruit ses auditeurs, qu'il appelle *benedicti*, il leur explique les vérités chrétiennes, il leur montre comment il faut prier (*De oratione*), quelle attitude il convient de prendre à l'égard de l'idolâtrie qui pénètre la vie journalière (*De idololatria*), à l'égard des spectacles (*De spectaculis*), dont l'attrait était si vif, même pour les chrétiens, comment il faut se conduire en temps de persécution (*De fuga in persecutione*), ce qu'il faut penser du service militaire (*De corona*), du luxe de la toilette féminine (*De cultu feminarum*, *De uirginibus uelandis*), etc. En un mot, il traite avec autorité toutes les questions religieuses et morales qui passionnaient la société chrétienne de Carthage et qui concernaient la vie chrétienne.

En même temps qu'il édifiait les fidèles et les instruisait de leurs devoirs, il livrait une bataille sans trêve aux ennemis des chrétiens ; aux païens, qui les persécutaient et les calomniaient ; aux Juifs, qui les jalousaient et excitaient contre eux les autorités et le peuple (*Aduersus Iudaeos*, cf. ch. VII, 3) ; contre les hérétiques de toutes sortes, enfin, qui altéraient leurs croyances : *De praescriptione haereticorum* (cf. chap. XLVIII, 9-10), *Scorpiace* (contre les adversaires du martyre), *Adu. Hermogenem* (contre l'éternité de la matière), *Adu. Valentinianos*, *Adu. Marcionem*, *Adu. Praxean* (sur la Trinité).

A ces écrits déjà nombreux, il faut ajouter les traités de philosophie, de théologie ou de morale, qui s'adres-

même si nous sommes laïques), nous ne sommes pas prêtres ? » Un laïque peut être appelé à administrer le baptême, à défaut de prêtre. Voy. P. DE LABRIOLLE, *Tertullien était-il prêtre ?* (Bull. d'ancienne litt. et d'archéol. chrétienne, 1913, p. 161-177.)

saient tantôt aux païens, tantôt aux chrétiens : le traité *De testimonio animae*, où il développe une preuve célèbre de l'existence de Dieu (1), les traités *De anima* (sur la nature de l'âme), *De resurrectione carnis* (cf. ch. 48), *De baptismo*, les traités sur le mariage (*Ad uxorem*), sur la patience, sur le jeûne, sur la pénitence, etc.

Il nous reste trente et un ouvrages de Tertullien, dont trois furent d'abord écrits en grec, et nous connaissons onze titres d'ouvrages perdus. On voit que son activité littéraire, qui dura environ quinze ans (2), fut extraordinaire. Nous n'avons pas à l'examiner de plus près ici. Disons seulement que tous sont des écrits d'occasion, nés de la vie chrétienne d'Afrique, de Carthage surtout. Ils reflètent à la fois l'histoire de la chrétienté africaine, le monde romain en général vers le début du IIIe siècle, au milieu duquel il vit et qu'il connaît admirablement, ainsi que son propre caractère, car jamais écrivain ne s'est peint lui-même, sans le vouloir, comme le fit Tertullien.

Le fils du modeste centurion de Carthage devait jouir d'une aisance qui lui permettait de consacrer tout son temps à la défense et à la prédication de la foi. Malheureusement, nous savons peu de chose de sa vie privée. Il était marié ; à cette époque, la discipline ecclésiastique n'interdisait aux clercs que les secondes noces. Sa femme s'était peut-être convertie en même temps que lui. Ce qui est certain, c'est qu'elle était chrétienne : cela ressort des deux traités qu'il lui adressa (*Ad uxorem*). Le premier débute en ces termes : « Pour assurer l'un à l'autre nos biens temporels, nous faisons notre testament : ne faut-il pas veiller plus encore à nos intérêts spirituels, en nous léguant nos exhortations et nos conseils sur ce qui regarde les

(1) Il l'avait déjà effleurée dans l'*Apologétique* (ch. 17, 4-6), où il effleure tant de sujets ou d'idées qu'il reprendra plus tard pour les développer.

(2) De 197 à 212. Après 212, on ne place que quatre traités.

intérêts impérissables et l'héritage céleste ? » Ne peut-on pas conclure de ces paroles que Tertullien jouissait de l'aisance qui délivre des soucis matériels et qui donne le loisir et l'indépendance nécessaires pour se vouer tout entier à la défense de ses idées ?

Il y a dans sa vie une énigme. Il eut l'audace de s'attaquer aux gouverneurs des provinces d'une manière très irrévérencieuse, de railler tout ce que les Romains respectaient, et il le fit au moment où la persécution sévissait à Carthage. Toute la ville le connaissait ; il attirait les regards par son extérieur. Ces polémiques ardentes durent lui attirer beaucoup d'ennemis. Chose étonnante ! On ne dit pas que l'intrépide champion du christianisme fut poursuivi ni qu'il fut seulement inquiété. Les raisons de ces faits nous échappent (P. Monceaux, I, p. 183-184). On peut dire que la palme du martyre a manqué à sa gloire. Elle l'eût empêché de mal finir.

Car ce grand homme eut une fin lamentable. Le montanisme venait de se répandre en Afrique et s'infiltrait dans la communauté chrétienne de Carthage. Née en Phrygie, vers 172, cette hérésie ne répudiait aucun dogme, mais prétendait réformer la discipline morale de l'Église, suivant les révélations faites aux « nouveaux prophètes » par l'Esprit Saint. Elle trouvait l'Église trop indulgente, elle ordonnait les pratiques les plus austères, elle affichait une grande sévérité de mœurs et de la discipline. Tertullien, porté à l'ascétisme, se laissa entraîner par ces visionnaires. « Esprit exalté, caractère intransigeant, il devait accueillir avec faveur une doctrine faite d'illuminisme et de rigorisme. » (Adh. d'Alès, *Théologie de Tertullien*, p. 445.) Il cherchait à se persuader d'ailleurs que l'immuable « règle de foi » n'était pas en cause et qu'il pouvait adhérer à la « nouvelle prophétie » sans sortir de la communion des fidèles. A partir de 203, ses écrits sont teintés de rigorisme montaniste. Vers 207, il se déclare ouvertement partisan de la secte qui s'organise à Carthage sous sa direction. Habitué à pousser tout à l'extrême, il fulmina contre l'Église, contre son indulgence en matière de jeûne et de pénitence. Il en vint à rompre avec elle vers 213. Le montanisme avait été condamné définitivement par le pape Zéphyrin, vers 210.

Tertullien eut l'illusion de croire qu'il pouvait continuer à se faire le porte-parole des chrétiens : c'est en leur nom qu'il écrivit sa lettre au proconsul Scapula en 212.

Il finit par se brouiller avec les montanistes et fonda une secte nouvelle, celle des Tertullianistes, qui ne disparut que vers 370. Saint Augustin (*De haer.*, 86) nous apprend qu'il réconcilia ses derniers adhérents avec l'Église.

Tertullien mourut donc probablement chef de secte, à un âge très avancé, dit saint Jérôme : *ferturque uixisse usque ad decrepitam aetatem.*

Au moment où nous allons lire et étudier le chef-d'œuvre de Tertullien, son *Apologétique*, nous n'avons à tenir compte que du chrétien irréprochable, porte-parole de la chrétienté persécutée, qu'il était en l'an 197 : homme d'action, armé de toutes pièces par de longues études, chrétien sans peur et sans reproche, âme ardente et généreuse que rien n'effraie, quand il s'agit de défendre les droits de la conscience chrétienne contre la force brutale ; polémiste redoutable, qui réduit à néant les sophismes de ses adversaires par une logique irrésistible ou par l'ironie cinglante ; écrivain génial, malgré de graves défauts, qui met au service de sa foi toutes les ressources de l'art oratoire, qui renouvelle la langue ou qui la crée pour en faire un instrument aussi souple que vigoureux de sa pensée. Gaston Boissier a dit de Tertullien : « C'était en toute chose une nature de feu... Il avait de plus un très beau génie ; il possédait une grande vigueur de dialectique, de vastes connaissances, une façon de s'exprimer frappante et personnelle. L'Église, lorsqu'elle eut fait sa conquête, dut être très fière de lui. »

Une façon de s'exprimer frappante et personnelle ! En effet, Tertullien est de ceux dont le style est si personnel qu'on est tenté de croire que leurs idées sont toujours personnelles. En étudiant de près son *Apologétique*, on verra qu'il n'a guère d'original que la forme qu'il donne à sa pensée, ses idées sont presque toujours empruntées (1) ou communes aux écrivains chrétiens ; mais le style qui « est de l'homme même » fait vivre l'écrivain.

II

But et plan de l'« Apologétique ».

Nous croyons qu'il ressort de l'*Apologétique* qu'*une loi spéciale* (édit impérial ou sénatus-consulte), portée sous Néron (ch. 4,4 et 5,3), renouvelée ou confirmée à plusieurs reprises au cours des deux premiers siècles (ch. 2,6 et 5,4), défendait sous peine de mort la profession de christianisme : *Non licet esse vos* ! (2). Le seul

(1) Nous disons « presque toujours », car il y a aussi des idées qui n'appartiennent qu'à Tertullien, comme le « témoignage de l'âme ». On lira encore avec profit le *Tertullien* de Mgr Freppel, 3e édit. (Paris, Retaux-Bray, 1877). Voyez maintenant la belle étude, de Paul Monceaux, *Hist. litt. de l'Afrique chrétienne*, t. I, les pages attachantes de Gaston Boissier, *Fin du paganisme*, t. I, p. 199-260, et en dernier lieu l'étude si lumineuse de P. de Labriolle, *Hist. de la litt. latine chrétienne*, 2e éd., p. 72-144. Sur la langue de Tertullien, lire le ch. vii de Paul Monceaux, H. Hoppe, *Syntax und Stil des Tertullian*, Leipzig, 1903. St. W.-J. Teeuwen, *Sprachlicher Bedeutungswandel bei Tertullian*. Paderborn, Schöningh, 1926. Sur ses idées, lire Adhémar d'Alès, *La théologie de Tertullien*, Paris, Beauchesne, 1905.

(2) Vers le commencement du iiie siècle, Ulpien réunit les rescrits impériaux dans son livre *Sur les devoirs du proconsul*. Lactance, *Diu. inst.*, v, 11, 19 : *Domitius* (*Ulpianus*) *de officio proconsulis libro septimo rescripta principum nefaria collegit, ut doceret quibus poenis adfici oporteret eos qui se cultores Dei confiterentur*. O. Hirschfeld (*Kleine Schriften*, p. 593, n. 4) a conjecturé que l'*Apologétique*, adressé aux gouverneurs, est une réponse au livre d'Ulpien.

crime que punisse cette loi, le seul pour lequel les chrétiens soient assignés en justice, le seul sur lequel le juge informe et le seul qu'il mentionne dans son arrêt de mort, c'est le fait d'être chrétien et de s'obstiner à rester chrétien : *Christianus sum* ! Un rescrit de Trajan à Pline le Jeune, en l'an 112 (ch. 2,6) avait apporté un tempérament à la loi : le chrétien qui consentait à renier sa foi devait être acquitté. En l'an 177, un rescrit de Marc-Aurèle rappela un légat impérial à l'observation de ce rescrit (voyez plus loin, p. XLIII, n. 1).

Comment *justifiait-on* une loi si odieuse ? Rome se montrait bienveillante ou du moins tolérante envers les dieux étrangers : elle les accueillait avec faveur, les admettant dans son culte public (ch. 25,4-7), les identifiant à ses propres dieux (ch. 9,2 et 10) ou laissant au moins aux provinces, aux cités et aux particuliers la liberté de les honorer à leur guise (ch. 24,7-8). Quand elle proscrivit des cultes étrangers ou des cérémonies exotiques, ce ne fut pas pour des raisons religieuses : ce fut toujours pour des motifs de sécurité ou de moralité publiques, (ch. 6,8 et 9,2-5) et la proscription fut souvent temporaire (ch. 6,8 et 10).

C'est sous des prétextes semblables que le christianisme fut proscrit dès le début. « Quand nous avons réfuté vos calomnies, dit Tertullien, vous invoquez la loi. Le législateur, dites-vous, n'aurait pas frappé notre secte, s'il n'avait pas été convaincu qu'elle le mérite. » (*Ad nationes*, 1, 6, p. 66,14 : *quod utique non plecterent sectam istam, nisi de meritis apud conditores legum constitisset*.) En effet, dès le début, on s'était persuadé que la religion chrétienne était une *superstitio exitiabilis* (Tac., *Ann.*, 15, 44), *malefica* (Suét., *Nero*, 16), *praua immodica* (Pline, *Epist. ad. Trai.*, 96, 8 ; *flagitia nomini cohaerentia*, dit Pline, *l. c.*) Dès Néron, les chrétiens sont « convaincus de haïr le genre humain » (Tac., *l. c.*). Comme la loi punissait le nom de chrétien les juges ne prenaient pas la peine d'informer sur les crimes que ce nom était censé impliquer et les calomnies firent leur chemin : avec le temps, les accusations prirent une forme plus précise et aussi une forme nouvelle. D'une part, tout le monde croyait, au IIe siècle, que les initiations chrétiennes comprenaient des cérémonies criminelles : immolation d'un nouveau-né, dont le néophyte et les assistants buvaient le sang, banquet suivi d'orgies incestueuses (ch. 7-9) (1). D'autre part, le christianisme prenait une expansion de plus en plus rapide. Au commencement du IIe siècle, Pline le Jeune constatait que les temples païens se vidaient en Asie Mineure, et, à la fin du même siècle, Tertullien va jusqu'à dire et répéter que l'Empire et les peuples barbares étaient en grande partie conquis à la foi nouvelle (ch. 1, 6 ; 37, 4-7). Dans cette rapide propagation, on voyait avec raison un grand danger pour la religion païenne et spécialement pour la religion romaine ; on y voyait aussi une menace pour l'Empire tel qu'il s'était peu à peu constitué, car l'Empire reposait sur la religion, sur la divinité de l'empereur, et sa constitution paraissait incompatible avec le christianisme, au point qu'un César chrétien était considéré comme une impossibilité par les chrétiens eux-mêmes (ch. 21,24).

Contre des gens si dignes de haine à cause de leurs crimes et si dangereux pour la religion et l'Empire, on avait essayé d'employer un moyen radical et on leur avait dit : *Non licet esse vos* ! Il n'est pas permis d'être chrétien ! Le fait d'être chrétien est punissable de mort ! La loi de proscription était donc dirigée contre le nom chrétien : *Nominis proelium est* (ch. 2,19) ; *ipsum nominis odium* (*Scorpiace*, 10, p. 168,11). Le titre du

(1) J.-P. Waltzing, *Le crime rituel reproché aux chrétiens du IIe siècle*. Extrait des *Bulletins de l'Acad. roy. de Belgique*, Classe des Lettres, 6 mai 1925. 2e édition en 1926 (Paris, Champion. Liége, Vaillant-Carmanne).

crime qu'elle punissait n'était autre que *Christianus* (ch. 2,20) (1). Son but était d'exterminer les chrétiens, d'empêcher la propagation d'une secte regardée comme criminelle et pernicieuse. C'est ce qui fait comprendre que, depuis Trajan (Pline, *Ep. ad Trai.*, 97), l'apostasie suffisait pour amener l'acquittement, sans égard aux crimes supposés, et que la torture était infligée pour forcer à l'apostasie (ch. 2,11). Les juges n'avaient aucun souci d'établir les accusations vulgaires (ch. 2,2-5) qui justifiaient la loi à leurs yeux. Les crimes « connexes au nom chrétien » étaient tenus pour notoires. Pour tous les païens, « chrétien » était synonyme d'homme coupable de tous les forfaits, d'ennemi des dieux, des empereurs, des lois, de la nature entière (ch. 2,16). A l'époque de Tertullien, un chrétien, parce qu'il était chrétien, était convaincu d'avance d'être homicide et incestueux, sacrilège et ennemi public (ch. 2,4) : il méritait donc tous les supplices. Mais ni le public ni les juges ne se souciaient de tirer ces accusations au clair. On se reposait, comme nous venons de le voir, sur le législateur, qui, disait-on, n'aurait pas

(1) Th. MOMMSEN a contesté que les chrétiens fussent condamnés en vertu d'une loi d'exception faisant un délit de la profession du christianisme. Il a soutenu que les gouverneurs les poursuivaient en vertu du droit commun, comme coupables du double crime de lèse-majesté divine (refus d'honorer les dieux) et impériale (refus de rendre les hommages divins à l'empereur). Voy. *Droit pénal romain*, t. II, p. 278-288. *Gesammelte Schriften*, t. III, p. 389-422. L'*Apologétique*, bien compris, prouve que le titre du crime était : *Christianus*, qu'une loi disait : *Non licet esse Christianos*, et que les juges ne condamnaient ni pour sacrilège ou apostasie de la religion romaine, ni pour lèse-majesté impériale. Nous maintenons la thèse défendue par PAUL ALLARD, *Hist. des Persécutions pendant les deux premiers siècles*, 3e éd., p. 172-173. Du même : *Le christianisme et l'Empire*, et *Dix leçons sur le Martyre*. Voy. notre *Etude sur le Codex Fuldensis*, p. 294-312, et les nombreux articles de G. CALLEWAERT, cités *ibid.*, p. 311, n. 2. En dernier lieu : P. BATIFFOL, *L'Église naissante*, p 27-34. L.-H. CANFIELD, *The early Persecutions of the Christians* (New-York, 1912, Columbia Univ., qui reproduit les sources.

frappé les chrétiens comme chrétiens, s'il n'avait eu la preuve de la scélératesse attachée à ce nom. Tout était dit quand l'accusé s'était écrié : *Christianus sum* ! Le sacrifice même qu'on l'invitait à offrir aux dieux pour le salut de l'empereur n'était qu'une épreuve destinée à forcer d'avouer ou d'apostasier (ch. 9,15 ; 27,2). Les juges n'informaient pas même sur les crimes abominables que le nom de chrétien impliquait pour tout le monde. Ces crimes n'étaient-ils pas avérés ? Et quand le chrétien essayait de protester, de nier, quand il criait son innocence, ils lui fermaient la bouche (ch. 1,1 ; 2,3).

Il en résultait que les chrétiens ne pouvaient pas même se défendre devant le tribunal contre ces inculpations calomnieuses ; il en résultait aussi que, condamnés pour leur foi, pour « leur nom » uniquement, ils passaient pour justement condamnés comme coupables de crimes dont ils étaient innocents, sans avoir pu prouver leur innocence. Aux yeux des païens, ils n'étaient pas des martyrs, mais les pires criminels !

Or, c'était en l'an 197, sous le règne de Septime-Sévère. La persécution sévissait à Carthage. Des chrétiens attendaient leur jugement en prison. Au début de l'année, Tertullien leur adressa sa lettre *Ad Martyras* pour soutenir leur courage. Il écrivit peu après un traité intitulé *Ad nationes* pour défendre le christianisme devant les païens. Pendant qu'il rédigeait cet ouvrage, il conçut l'idée de donner à sa défense la forme et le cadre d'un discours judiciaire : ainsi naquit l'*Apologétique*, qui vit le jour dans les derniers mois de l'année 197 (ch. 35,11). Voyez notre article du *Musée Belge*, 1920, p. 165-174.

Dans ce plaidoyer, Tertullien voulut faire par écrit ce que les chrétiens ne pouvaient pas faire de vive voix devant leur juge. Il suppose qu'il plaide, devant le tribunal (ch. 1,1 et 50,2), non pas devant un juge déterminé, mais devant les gouverneurs des provinces en général, la cause non pas d'un chrétien déterminé, mais la cause de tous ses coreligionnaires, et il veut montrer ce que sont en réalité les chrétiens : des hommes inoffensifs, et non des criminels, des hommes qui meurent héroïquement pour confesser leur foi et non pour expier des crimes. Il passe en revue toutes les accusations vulgaires et il prouve que ce sont des calomnies. Une fois l'innocence des chrétiens reconnue, la loi qui les proscrit doit paraître inique. Il serait juste de laisser les chrétiens adorer leur Dieu, le seul vrai Dieu, comme on permet à tous les peuples d'adorer leurs faux dieux (ch. 24,5-10). Tertullien sait bien que les juges ne le feront pas, que la loi inique, qui les enchaîne, ne sera pas abolie et que les persécutions continueront à sévir. Mais, au delà des juges, il veut atteindre le grand public, païen et chrétien, car il sait aussi que si la vérité éclate au grand jour, si tout le monde voit ce que sont les chrétiens, s'il venge l'honneur de ses frères, il les confirmera dans la foi et il ralliera les esprits sincères, que l'héroïque persévérance des martyrs fait réfléchir : tel est son but, comme il le fait entendre dans son exorde et dans sa péroraison.

Voyons maintenant comment Tertullien a conçu le plan de son plaidoyer.

EXORDE (CH. 1-3).

Pourquoi Tertullien écrit-il ce plaidoyer ? Parce que les juges refusent d'écouter en public la défense des chrétiens accusés. Les chrétiens ne sont pas condamnés, comme on le prétend, pour les crimes que les païens leur imputent sans jamais essayer de les prouver, mais uniquement parce qu'ils sont chrétiens, en haine de leur nom de chrétiens (ch. 1,4 : *iniquitas odii erga nomen Christianorum*). C'est le nom chrétien, c'est la religion chrétienne qui est l'objet de la haine païenne : haine injuste, parce qu'elle est obstinément aveugle (ch. 1).

Les juges, comme le public, refusent de se laisser éclairer : ils ferment la bouche à l'accusé qui veut se défendre et condamnent de parti pris. En réalité, ils ne croient pas aux crimes des chrétiens, car l'aveu (*Christianus sum*) leur suffit pour condamner sans enquête ; par la torture, ils s'efforcent d'arracher aux chrétiens un désaveu d'une foi qui implique tant de crimes ; quand les accusés persévèrent, on les mène au supplice (ch. 2). On constate que le christianisme rend meilleur et on hait les chrétiens. On les hait uniquement pour leur nom, et l'on ne cherche pas ce que signifie ce nom, qui est inoffensif (ch. 3).

Tertullien proteste avec une véhémente éloquence contre cette haine inique, qui empêche les juges de rechercher si réellement le nom chrétien, dont la loi fait un crime capital, cache les crimes abominables qu'on lui impute. Fiers de mourir pour leur foi, les chrétiens revendiquent le droit de se défendre contre cette odieuse calomnie qui fait d'eux, non des martyrs de leur foi, mais des criminels, trop justement punis du dernier supplice : *Unum gestit interdum* (*ueritas*), *ne ignorata damnetur* (ch. 1,2).

Tertullien déclare hautement que son but n'est pas, d'ailleurs, de sauver les chrétiens de la mort et de faire cesser les poursuites : la persécution et la lutte sont la condition de la vérité ! Mais il veut que les chrétiens soient connus tels qu'ils sont : qu'on les condamne, si l'on veut, mais qu'on ne les calomnie pas ! *Damnate ueritatem, sed inspectam, si potestis* (*Ad. nat.*, I, 20 fin). Dans la péroraison, il dira quel effet il attend de sa démonstration (ch. 50,15-16).

Proposition et division (ch. 4,1-2).

Tout le plaidoyer ne sera que la démonstration de l'innocence des chrétiens par la réfutation des calomnies païennes (*iam de causa innocentiae consistam*), qui représentent les chrétiens comme « des criminels ou des extravagants, comme des gens punissables de mort ou ridicules » (chap. 4,2). Il divise ces calomnies en deux catégories : actes commis en secret, c'est-à-dire dans les assemblées chrétiennes (crimes rituels : homicide, repas de sang, orgie) et actes publiquement constatés par tout le monde (sacrilège et lèse-majesté).

Il nous avertit que, non content de réfuter ces accusations, il aura toujours soin de les rétorquer contre ses adversaires. Le plaidoyer tournera souvent au réquisitoire.

PRÉMUNITION (CH. 4, 3 à CH. 6).

Avant d'aborder la réfutation de ces accusations, Tertullien sent qu'un *débat juridique* est nécessaire. On peut lui dire : « Vous aurez beau laver les chrétiens de toutes les accusations : la loi est contre vous ! Elle dit : *Non licet esse vos* ! Votre existence même est illégale. Etre chrétien, voilà le crime puni par la loi. Quand la loi parle, on ne discute plus. Il faut obéir. » Disons-le en passant : N'est-il pas évident, d'après cela, que les imputations réfutées dans la suite du plaidoyer sont en dehors de la loi et que la loi ne vise que la profession de christianisme ?

Il faut donc écarter cette fin de non-recevoir (*praescriptio*), tirée de la loi.

Tertullien répond : 1° *En principe*, la loi ne dépend pas du caprice du législateur ; sinon elle est tyrannique. La loi ne peut défendre ce qui n'est pas mauvais ; si elle défend ce qui n'est pas mauvais, elle doit être réformée (ch. 4,3-5). 2° *En fait*, le législateur s'est souvent trompé et beaucoup de lois ont été abolies, parce qu'elles ont été reconnues injustes (ch. 4,6-9). Les lois contre les chrétiens qui punissent un nom, sans permettre de rechercher les crimes que ce nom est censé impliquer, sont à la fois iniques et absurdes (ch. 4,10-13). Elles sont d'ailleurs hors d'usage, car les bons empereurs n'ont jamais tenu la main à leur exécution (ch. 5). Enfin, les Romains ont souvent laissé tomber dans l'oubli, sans même les abolir, leurs institutions nationales (ch. 6).

On conclura que, si les chrétiens sont innocents des crimes qu'on leur impute, la loi de proscription doit être abrogée ou demeurer lettre morte. Il ne reste donc qu'à prouver l'innocence des chrétiens, ce que Tertullien va faire dans le reste de son plaidoyer.

Réfutation (ch. 7-19).

Tertullien entre enfin dans le vif de son sujet. Voici sa thèse : les chrétiens sont innocents, car toutes les accusations par où l'on prétend justifier la loi odieuse, ne sont que calomnies inventées pour faire paraître les chrétiens dignes de tous les châtiments. Les vrais criminels sont les païens, car toutes leurs accusations retombent sur eux-mêmes.

Dans leurs assemblées, les chrétiens ne commettent pas le triple crime rituel qu'on leur impute et que les juges ne recherchent jamais : infanticide, repas de sang, banquet suivi d'orgie (ch. 7-8). Mais les païens, qui les accusent, commettent eux-mêmes de pareils crimes et voilà, sans doute, pourquoi ils en jugent les chrétiens capables (ch. 9).

Première partie : actes secrets (ch. 7-9).

A l'époque de Minucius Félix et de Tertullien, ces calomnies absurdes devaient être répandues partout et ancrées dans l'esprit du peuple ; car l'un et l'autre les examinent longuement. Tertullien en présente une réfutation sarcastique, complète et serrée, ce qui prouve qu'elles ne lui paraissent pas négligeables. Cependant les juges les faisaient rarement intervenir dans leur interrogatoire (1) et Tertullien dira lui-même que les crimes de sacrilège et de lèse-majesté forment toute la cause des chrétiens (ch. 10,1 : *summa haec causa, immo tota est*) : ce sont des accusations que les juges regardent comme vraiment accablantes, et, nous l'avons déjà dit, c'est par ces griefs qu'ils établissent le crime de christianisme puni par la loi.

Deuxième partie : actes publics (ch. 10-27.)

I. Le sacrilège (ch. 10-27)

Tertullien appelle « sacrilège » ou « lèse-religion, lèse-divinité, lèse-majesté divine » (ch. 24,1 ; 27,1 ; 28,3) le refus d'honorer les dieux du polythéisme (*deos non colitis*) et spécialement les dieux de l'État romain. Par leur refus de sacrifier aux dieux, les chrétiens s'attiraient les épithètes injurieuses (*conuicia*, disent Arnobe, 1,29, et Lactance, *Diu. inst.*, 5, 9,13) « d'impies, d'irréligieux, de sacrilèges ». Quand c'étaient les dieux romains qu'ils refusaient d'adorer, on les traitait de mauvais Romains, on les déclarait indignes de porter le nom de Romains (cf. 24,9).

Ce n'étaient pas là des crimes punis par la loi pénale, qui ne connaissait pas le crime d'impiété ou de sacrilège, ni le crime d'apostasie du culte national. La maxime des Romains était, en effet, qu'il faut laisser aux dieux le soin de venger leurs offenses. Mais les chrétiens contempteurs des dieux paraissaient mériter le supplice dont la loi les menaçait comme chrétiens et la populace criait : *Tolle sacrilegos* ! A mort les sacrilèges !

(1) En 112, Pline le Jeune, peu au courant de la procédure, s'en occupe (*Epist. ad. Trai.*, 96) et déclare qu'il n'a rien trouvé. En 177, à Lyon, le légat de la Lyonnaise les prend d'abord au sérieux : des esclaves païens, menacés de la torture, en avaient accusé leurs maîtres. Mais Marc-Aurèle rappelle son légat à la loi : il ordonne de faire relâcher les accusés qui renient le christianisme, et de ne pas tenir compte des crimes de droit commun qu'on leur impute. Eusèbe, *Hist. eccl.*, 5, 1, 4 et 26.

Tertullien répond hardiment qu'en s'abstenant d'honorer les dieux, les chrétiens ne se rendent pas coupables d'impiété ou de sacrilège, *attendu que les dieux n'existent pas* : ce sont des morts, qu'on a divinisés, ce sont des statues inertes, insensibles à l'injure (ch. 10-12). Les païens eux-mêmes ne les traitent pas comme des dieux : ils leur prodiguent, au contraire, les outrages, et ils sont impies, irréligieux et sacrilèges envers ces dieux dont ils affirment l'existence (ch. 13-15).

Les chrétiens repoussent ces mensonges pour adorer la vérité. Leur Dieu n'est pas ce qu'un vain peuple s'imagine : une tête d'âne, la croix, le soleil, un être onocéphale (ch. 16). Ils adorent un Dieu unique (monothéisme), créateur de l'univers, infini dans ses perfections, qui leur est révélé naturellement par ses œuvres et par le témoignage de l'âme (ch. 17), et surnaturellement par les Écritures, dont Tertullien établit la haute antiquité (ch. 18-19) et l'autorité (ch. 20). Ce qui distingue les chrétiens des Juifs, monothéistes comme eux, c'est qu'ils « adorent Dieu par le Christ », Verbe de Dieu, dont la divinité n'est pas incompatible avec l'unité de Dieu, qui s'est incarné pour venir éclairer les hommes et pour leur faire mieux connaître Dieu, qui a prouvé sa divinité par ses miracles (ch. 21), dont les démons, esprits du mal, qui se font passer pour dieux afin de perdre les hommes, attestent eux-mêmes la divinité ; car, adjurés au nom du Christ, ils cèdent aux injonctions des exorcistes chrétiens (ch. 22-23).

Les vrais impies, les vrais irréligieux, ce sont les païens qui négligent le vrai Dieu et défendent aux chrétiens de l'adorer librement. La liberté religieuse (*libertas religionis*) n'existe pas pour les chrétiens ; elle n'existe que pour les païens qui adorent les dieux de leur choix et pour qui tout est dieu, excepté le vrai Dieu (ch. 24).

Pour répondre spécialement aux Romains, qui disaient : « Les dieux nous ont donné l'empire, donc ils existent, ils sont puissants et il faut les adorer », Tertullien montre que c'est le vrai Dieu, et non les dieux païens qui a donné l'Empire aux Romains, après l'avoir donné à d'autres nations (ch. 25-26).

Après avoir réfuté cet argument politique d'une si grande importance, Tertullien conclut enfin que, puisque les dieux n'existent pas, les chrétiens ne sauraient les offenser en s'abstenant de les honorer. Il ajoute que ce n'est d'ailleurs pas par obstination que les chrétiens refusent de leur offrir des sacrifices, même quand cet acte d'adoration extérieure suffirait pour leur sauver la vie : mais, comme les honneurs rendus aux dieux vont aux démons, les chrétiens sont tenus en conscience de s'en abstenir : c'est ainsi qu'ils triomphent de ces ennemis du genre humain (ch. 27).

II. Lèse-majesté (ch. 28-45). 1° Hostilité envers l'empereur (ch. 28-36).

Voici comment l'accusation est formulée. Les chrétiens ne sacrifient pas aux dieux pour le salut de l'empereur et ils ne participent à aucun des actes d'idolâtrie, à aucun des hommages divins (*honorem diuinitatis*, 13,8) qui constituent la « religion impériale » : serment par le Génie des Césars, oblation de l'encens à leurs images, titres de dieu et de maître décernés au prince, fêtes impériales consistant en sacrifices, supplications et réjouissances publiques.

Il faut remarquer que les juges n'informaient pas sur la conduite passée des accusés ; mais, pour établir qu'ils étaient chrétiens et pour les forcer à l'apostasie, il les sommaient, suivant la règle tracée en 112 par Trajan (*Ep. ad Trai.*, 97), d'accomplir l'un ou l'autre de ces actes d'idolâtrie. Bien qu'aucune loi ne les imposât aux simples particuliers, le refus obstiné (1) était inter-

(1) C'est le refus de sacrifier *pro salute imperatoris* qui constitue essentiellement, à l'égard des chrétiens, le grief de lèse-majesté,

prété à la fois : 1° comme une offense à la majesté et à la dignité impériales, comme une preuve de déloyauté ou d'hostilité envers le chef de l'État (*hostes publici, hostes principum Romanorum*), comme un crime de lèse-majesté ; et 2° comme une offense à la divinité impériale, comme un « autre sacrilège » ou une impiété envers l'empereur-dieu. C'était sans aucun doute étendre la lèse-majesté à des cas non prévus par la *lex Iulia de maiestate* ; c'était aussi créer un nouveau genre de sacrilège que la loi ne punissait pas plus que l'offense envers les dieux (1). En réalité, cette accusation à deux faces, l'une politique et l'autre religieuse, ne tendait, comme les autres, qu'à soulever la haine publique, à rendre les chrétiens odieux, à justifier l'arrêt de mort rendu en vertu de la loi de proscription. Elle fournissait aussi l'épreuve ordinaire destinée à amener la « confession » ou l'apostasie (ch. 9,15 : *ut foculum, ut acerram*).

Tertullien répond que, si les chrétiens refusent de participer aux différents actes du culte impérial, s'ils ne vouent pas à l'empereur des « honneurs vains, mensongers et dangereux pour lui-même » (ch. 35,1), c'est qu'ils n'adorent qu'un seul Dieu, celui dont l'empereur lui-même dépend. Mais ils ne méritent pas pour cela d'être traités d'ennemis de l'empereur ni d'ennemis publics. En effet, ils s'acquittent, à leur manière, « des devoirs de piété, de religion et de loyalisme envers le prince » (ch. 36,2), qui est pour eux le représentant de Dieu sur la terre : ils prient toujours et du fond de leur cœur pour l'empereur et pour la stabilité de l'empire.

suivant la définition du ch. 10,1 : *Pro imperatoribus sacrificia non penditis... Itaque maiestatis rei conuenimur.*

(1) A l'exemple de Mommsen, on a souvent donné un sens juridique à ces termes de « lèse-majesté » et de « sacrilège », que Tertullien emploie pour qualifier des reproches faits aux chrétiens. On a perdu de vue l'habitude constante de Tertullien qui se sert des termes juridiques pour exprimer des idées non juridiques. Voy. notre Étude sur le *Codex Fuldensis*, p. 294-311.

Les empereurs n'ont pas de sujets plus fidèles que les chrétiens (ch. 28-34 et 36). Où trouve-t-on les vrais ennemis de l'empereur, les vrais *hostes publici* ? L'histoire du passé et surtout celle du présent le montre : c'est parmi les Romains seuls, dans la plèbe romaine, parmi les chevaliers et les sénateurs romains, et jusque dans la cour impériale ! Septime-Sévère n'est-il pas occupé, en ce moment même, à poursuivre les derniers complices d'Albinus et de Niger (ch. 35) ?

2° Hostilité envers la société romaine (ch. 37-45).

A l'accusation de lèse-majesté, Tertullien en rattache d'autres qui sont plus générales et qui pouvaient moins encore constituer le fondement juridique d'un procès. Les chrétiens ne sont pas, comme on le leur reproche, les « ennemis du genre humain », accusation vague qui avait déjà été formulée sous Néron ; en effet, cruellement persécutés, ils négligent les nombreuses occasions de se venger des Romains (ch. 37). Ils ne s'associent nullement pour troubler l'État par des factions illicites, telles que les clubs politiques et les factions du cirque : leurs communautés ont un but exclusivement religieux et charitable et elles ne doivent pas porter ombrage à l'autorité (ch. 38-39). Les chrétiens ne sont pas la cause des malheurs publics ; ce sont les païens qui attirent sur l'empire romain la colère et la vengeance du vrai Dieu, qu'ils négligent (ch. 40-41) (1). Il n'est pas vrai, enfin, que les chrétiens soient des membres inutiles de la société, qu'ils nuisent à la prospérité matérielle (ch. 42-43).

Au contraire, ce sont les païens qui font le plus grand des torts à la chose publique en livrant à la mort tant

(1) Dès la fin du IIe siècle, cette accusation devient fréquente et saint Augustin la réfute encore. Minucius Félix, qui, croyons-nous, a écrit avant Tertullien, l'ignore encore. Voy. notre *Étude sur le Codex Fuldensis*, pp. 346-347.

de justes et tant d'innocents (ch. 44). Car il faut le dire : seuls, les chrétiens sont innocents et ne font aucun mal à personne. La raison est en facile à comprendre : c'est un Maître parfait et infaillible qui les instruit de leurs devoirs et ils savent qu'ils rendront compte à un Juge que nul ne peut tromper ni braver impunément. Les païens ont pour maîtres des hommes, qui peuvent se tromper et qui n'ont pas pu donner à leur loi morale une sanction efficace (ch. 45).

***III. Les croyances chrétiennes** (ch. 46-49).*

Voilà toutes les accusations réfutées. Tertullien le constate et sa tâche est remplie. Mais il ne veut pas terminer son plaidoyer sans repousser des attaques d'un autre genre. Obligé de reconnaître le bien que produit la religion chrétienne, on veut l'amoindrir en la ravalant au rang d'une philosophie humaine ; on se moque de ses dogmes, on les déclare vains ou extravagants pour les rendre ridicules (ch. 4,2 : *uani, inridendi*), pour dire même que pareille superstition mérite le dernier supplice.

Tertullien répond d'abord à ceux qui disent : « Nous voulons bien que la religion chrétienne soit excellente, mais elle n'est pas divine : c'est une philosophie comme une autre. Les philosophes n'ont-ils pas enseigné toutes les vertus chrétiennes ? » Tertullien s'étonne d'abord que, *s'il en est ainsi*, on ne traite pas les philosophes comme on traite les chrétiens ; mais les démons n'excitent personne contre les philosophes, qui les honorent et qui altèrent la vérité comme eux (ch. 46,4-7). Il prouve qu'*il n'en est pas ainsi* : il trace un parallèle entre les philosophes et les chrétiens et il montre l'éclatante supériorité de ceux-ci, au double point de vue de la science des choses divines et de la morale (ch. 46,8-17). Si les philosophes et les poètes ont enseigné certaines vérités chrétiennes, ils les ont empruntées aux Écritures qui sont plus anciennes ; et, comme les hérésiarques, dont ils sont les maîtres, ils les ont falsifiées, à l'instigation des démons, qui ont voulu discréditer d'avance ces vérités (ch. 47). Tertullien est amené ainsi à justifier les dogmes chrétiens qui étaient les plus attaqués, les plus ridiculisés, parce qu'ils gagnaient le plus d'âmes au christianisme : le jugement dernier, qui récompensera chacun suivant ses mérites, le paradis et l'enfer (ch. 47, 12-14), et spécialement la résurrection des corps (ch. 48). Il conclut : les croyances chrétiennes sont raisonnables, et fussent-elles absurdes, il est manifeste qu'elles ne produisent que le bien et ne méritent pas le dernier supplice (ch. 49,1-4).

PÉRORAISON. LE MARTYRE CHRÉTIEN (ch. 49,4-6 et 50).

Tertullien pouvait conclure : Puisque nous sommes innocents des crimes qu'on nous reproche, puisque toutes les accusations par où l'on prétend justifier la loi de proscription ne sont que calomnies, abrogez donc cette loi inique ou du moins cessez de l'appliquer. Dans un empire païen et sous un empereur païen, laissez-nous vivre en paix, laissez-nous libres d'adorer Dieu à notre manière ; traitez-nous comme vous traitez tous les peuples soumis à vos lois. La liberté religieuse est de droit naturel ; celle des chrétiens ne nuit à personne. Le christianisme a le droit de vivre et de se répandre, de prêcher ses croyances et sa morale, qui sont la vérité. Telle est la conclusion que tireront les lecteurs non prévenus, mais ce n'est pas celle de Tertullien.

Comme il l'a dit dès le début (ch. 1,2), Tertullien ne se fait pas illusion : « la vérité ne demande point grâce pour elle, parce qu'elle ne s'étonne pas de sa condition », qui est la lutte et la persécution. Il n'a pas l'ingénuité de croire qu'il convertira les juges, qui sont d'ailleurs enchaînés par la loi, ni « l'aveugle » multitude. Aussi dédaigne-t-il le conseil des rhéteurs et l'exemple des orateurs, qui terminent leurs discours par un dernier appel à la raison et au cœur. Au lieu de réunir ses preuves en un faisceau, au lieu de chercher à toucher les juges par le spectacle de l'innocence injustement persécutée, il lance un défi aux gouverneurs ! Les juges se glorifient de leur injuste cruauté et la populace exulte : vain triomphe et vaine joie (ch. 49,4-6). Les chrétiens supportent les supplices les plus cruels, non parce qu'ils sont « des désespérés et des fous furieux », comme on le dit, mais parce que la mort est pour eux la *victoire* qui leur donne *gloire et butin* : la gloire de servir Dieu et le butin de la vie éternelle (ch. 50,1-11). Continuez donc à nous persécuter, ô bons gouverneurs ! s'écrie Tertullien. Votre iniquité est la preuve de notre innocence. Le martyre, supporté avec une héroïque constance, produit ce double effet : il hâte les progrès du christianisme : *semen est sanguis Christianorum*, et vos arrêts de mort nous ouvrent le ciel : *cum damnamur a uobis, a Deo absoluimur* (ch. 50,12-16).

Quel effet Tertullien attendait-il donc de son apologie ? D'une part, en flétrissant l'iniquité sociale dont les chrétiens sont victimes, il espère les confirmer dans la foi, les encourager à souffrir sans défaillance le martyre, qui est pour eux la victoire. D'autre part, il espère ouvrir les yeux aux hommes justes et droits qu'une si inébranlable constance étonne et fait réfléchir. Ils voudront pénétrer le secret de cette énergie morale, en comprendre les causes.

Voilà son but, comme il l'a fait pressentir dans l'exorde (ch. 1,2). Le plaidoyer, à tout prendre, n'est qu'une forme littéraire, un cadre. Si Tertullien parle aux juges, c'est pour être entendu des chrétiens et des païens : pour les uns comme pour les autres, le martyre souffert pour la vérité était contagieux.

Comme il s'y attendait, son plaidoyer n'eut aucun effet

sur les juges, mais il dut avoir un grand retentissement dans les esprits et dans les cœurs. Il fut beaucoup lu et il eut l'honneur d'une traduction grecque, qui le rendit accessible à l'Orient. Tertullien était désormais un des hommes écoutés du monde chrétien. Dans sa *Chronique*, saint Jérôme dit en l'an 210 : *Tertullianus Afer, centurionis proconsularis filius, omnium ecclesiarum sermone celebratur*. Tertullien était devenu célèbre dans toutes les Églises, dans celles de l'Orient comme dans celles de l'Occident. L'*Apologétique* continua d'être publié à part et de produire son effet à travers les siècles. Bossuet s'en inspire souvent. Il est resté le chef-d'œuvre de l'ancienne apologie chrétienne.

III. Le texte.

L'*Apologétique* de Tertullien nous met en présence d'un cas très rare en paléographie latine : celui de deux traditions manuscrites absolument différentes. On peut même dire que le cas est unique. A la vérité, il y a d'autres écrivains dont les manuscrits présentent des variétés telles qu'on a pu conclure à l'existence de deux éditions ou du moins d'une nouvelle recension, c'est-à-dire d'une revision d'ensemble avec corrections conscientes, opérées par l'auteur lui-même ou par un autre. Mais chez aucun écrivain latin, on ne trouve, entre deux traditions manuscrites, une différence aussi grande, aussi profonde, aussi continue au point de vue du style et même de la pensée. C'est la constatation que le lecteur pourra faire aisément en lisant avec attention notre apparat critique.

C'est Sigebert Havercamp qui a le premier reconnu et affirmé, dans son édition de 1718, qu'il existe deux traditions manuscrites de l'*Apologétique*.

L'une de ces traditions est représentée par une trentaine de manuscrits : elle est commune à tous les écrits de Tertullien. Seule connue jusqu'en 1597, elle a servi jusque-là et même jusqu'à N. Rigault [Rigaltius] (1637) de base unique à toutes les éditions de l'*Apologétique*, et l'on peut dire que jusqu'à la deuxième édition de Rauschen (1912) elle en est restée la base principale. On peut l'appeler la *tradition commune* et donner le nom de *vulgate* au texte qui est fondé sur elle.

L'autre tradition est propre à l'*Apologétique* ; on peut donc l'appeler la *tradition spéciale*. On peut aussi lui donner le nom de *tradition de Fulda*, parce qu'elle n'est représentée que par un seul manuscrit connu, un *Codex Fuldensis*.

A. La tradition commune.

Nous n'avons pas entrepris de collationner tous les manuscrits qui représentent cette tradition. Nous ne pouvons considérer ici que deux manuscrits, le *Codex Parisinus* 1623 et le *Codex Montepessulanus* H 54. Le *Parisinus* 1623, que nous désignerons par P, ne contient que l'*Apologétique*. Il est en parchemin et d'une belle **P** écriture du xe siècle. Sur la première page, nous lisons : *Claudii Puteani* ; ce codex a donc appartenu à Cl. Dupuy († 1594). Le titre est : *Apologyticum Tertulliani de ignorantia in Christo Iesu*.

M A la même famille appartient le *Codex Montepessulanus* H, 54 (M), en parchemin, d'une écriture très lisible, mais beaucoup moins soignée, du xie siècle. C'est un grand in-folio à deux colonnes. Il reste 1213 colonnes. Après six autres écrits de Tertullien, l'*Apologétique* remplit les colonnes 1119 à 1213, mais la fin manque, depuis les mots *inculcationibus densamus* (XXXIX,3). En tête du manuscrit, on lit : *Tertulliani opera ex libris collegii Oratorii Trecensis* (Troyes) ; à la dernière page : *P. Pithoei*. Il a donc appartenu à Pierre Pithou, et, après la mort du célèbre jurisconsulte (1596), il passa à la bibliothèque de la ville de Montpellier. En tête de l'*Apologétique*, on lit : *Apologiticum Tertulliani Cap*(ut) *de ignorantia in Christo Iesu.*

Nous avons collationné ces deux manuscrits sur la première édition de G. Rauschen (Bonn, 1906). Il en résulte que M est beaucoup moins correct que P. On y retrouve les variantes distinctives de la tradition commune, mais le texte est défiguré par de nombreuses fautes de copie. Cependant, il vient quelquefois appuyer heureusement les variantes de P, et il a même conservé l'une ou l'autre leçon meilleure que celles de P. Nous n'avons pas cru nécessaire de le citer continuellement.

B. La tradition spéciale.

F

La tradition spéciale est représentée par un manuscrit [*Codex Fuldensis* = F (ɪxᵉ siècle ?)] qui contenait l'*Apologétique* et le *Contra Iudaeos.* Ce manuscrit qui appartenait à la bibliothèque du monastère bénédictin de Fulda, s'est perdu lors de la dispersion de cette bibliothèque au xᴠɪɪᵉ siècle. Il n'en reste à l'heure actuelle que dix feuillets (*Contra Iudaeos*, 6-9), identifiés par E. Kroymann, dans un manuscrit composite, le *Parisinus* 13047 (1).

Heureusement, si la partie du manuscrit qui contenait l'*Apologétique* doit être regardée comme perdue à jamais, nous en avons une collation très complète, faite en 1584 par Modius (nom latinisé de François de Maulde, 1556-1597) et publiée en 1597 par Junius (François du Jon).

La collation de Modius

Le gentilhomme François de Maulde était un ardent chercheur et collationneur de manuscrits. Chassé par les troubles qui agitaient son pays, il se

(1) *Rhein. Museum*, N.F., Bd LXXVIII, p. 130, n. 1.

rendit en Allemagne en 1580, et vécut à Cologne, Francfort et Wurzbourg jusqu'en 1584. Partant de Wurzbourg, il s'arrêta à Fulda du 13 septembre au 12 décembre 1584, pour dépouiller la riche bibliothèque de manuscrits du monastère bénédictin. Parmi les manuscrits qu'il y découvrit et qu'il collationna s'en trouvait un qui contenait l'*Apologeticum* et le *Contra Iudaeos* de Tertullien. Il le collationna, avec grand soin, sur l'édition que René Laurent de la Barre (Barraeus) venait de publier à Paris en 1580. Il dressa une liste de variantes, dans laquelle il transcrivit les passages du texte de De la Barre, en les faisant suivre de la leçon du *Codex Fuldensis*.

Imprimée par Junius

Modius ne fit aucun usage de sa précieuse collation. En 1591 ou 1592, il la donna au richissime et savant patricien Marc Velser d'Augsbourg. Velser la garda un certain temps, jusque vers 1597, puis la remit à Gaspar Schoppe, philologue très jeune encore, mais déjà très érudit. Celui-ci l'envoya à Junius (François du Jon), alors occupé à faire imprimer une nouvelle édition de Tertullien, à Franeker, en Hollande. L'impression étant trop avancée, Junius ne put faire entrer les variantes dans son texte, mais il les publia *in extenso* en appendice au second volume, qui parut l'année même de la mort de Modius (1597) (1).

Est-ce l'autographe de Modius qui passa de main en main et qui fut enfin remis à Junius ?

Br

Celui-ci ne le dit pas formellement. Ce qui est sûr, c'est que Schoppe avait joint des notes personnelles à la collation, et qu'il existait plus d'un exemplaire de cette collation comme le prouve

(1) A la suite de notre *Étude sur le Codex Fuldensis*, nous avons donné une édition annotée de cette collation, pp. 420-469.

la copie partielle conservée à Brême (Br.). Cette copie, le *Bremensis* C 48, œuvre d'un humaniste du xvie siècle, ne contient que le début (I-XV) de la collation de Modius. Le copiste, en commençant son travail, ignorait probablement que Junius était en train ou avait fini de publier les notes de Modius. Il l'apprit sans doute au cours de son travail, qu'il arrêta à la fin de chap. xv par les mots : *Cetera uide in editione Juniana.* Les différences sont trop grandes pour que nous puissions admettre que Br ait copié soit Junius, soit le modèle sur lequel travaillait Junius. Assez souvent, la copie de Brême est plus correcte que l'impression de Junius, et grâce à elle nous pouvons affirmer que Junius n'a pas toujours reproduit exactement la collation de Modius.

Il reste à parler d'un fragment qui, pour une mince partie de l'*Apologétique*, constitue un second témoin

R de la tradition spéciale. La bibliothèque cantonale de Zurich possède un manuscrit (xcv), originaire de l'ancienne abbaye de Rheinau. C'est une sorte de florilège, qui contient des extraits de différents auteurs latins, parmi lesquels on trouve (p. 175-184) les chapitres 38-40 (jusqu'à *tantos ad unum*) de l'*Apologétique.* Nous désignerons par la lettre R ce fragment de Rheinau, qui date vraisemblablement du xe siècle. Alex. Souter (1) en a publié une collation soignée et l'a comparée avec celle de Modius. De cette comparaison on peut tirer plusieurs conclusions fort intéressantes. R (xe siècle) est si souvent d'accord avec F seul (ixe siècle) que s'il en différait seulement par ses fautes de transcription, on pourrait admettre qu'il en dérive directement ou indirectement. Mais comme il a conservé certaines leçons plus correctes que celles de F, cette opinion devient insoutenable, et il faut croire qu'il dérive d'un autre manuscrit de la même famille. Au xe siècle,

(1) *Journ. of theological Stud.*, VIII, 1907, p. 297-300.

la tradition spéciale de l'*Apologétique* était donc représentée par plus d'un manuscrit.

Résumons en un tableau schématique les données exposées dans les pages qui précèdent :

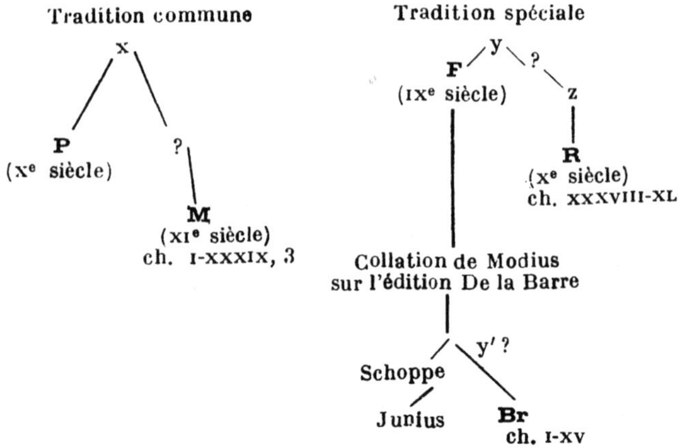

Reconstruction de F

Il résulte de là que pour reconstituer le manuscrit F perdu, nous devrons comparer la collation de Modius avec l'édition de De la Barre. Un examen très attentif des variantes données par Modius, démontre : 1° que sa collation a été faite avec un soin extrême et que 2°, *en principe*, il a voulu relever toutes les différences entre F et l'édition de De la Barre, et que celles qu'il n'a pas relevées lui ont échappé ou qu'il les a considérées comme tout à fait négligeables. Lorsque Modius spécifie que le *Codex Fuldensis* portait telle ou telle leçon, et non telle autre qu'il trouvait imprimées par De la Barre, nous pouvons être sûrs d'avoir affaire à une leçon authentique de F. Il n'en est malheureusement pas toujours ainsi, et c'est ce qui constitue une des plus grosses difficultés qui se présentent à l'éditeur de l'*Apologétique*.

Il arrive, souvent, en effet, que l'édition De la Barre porte des leçons différentes de la vulgate (P), et

f

que Modius n'a pas notées dans sa liste de variantes. Comment faut-il considérer ces leçons ? Nous pouvons, dans une certaine mesure, contrôler le travail de Modius par R, pour les chapitres XXXVIII à XL, et celui de Junius par Br, pour les chapitres I à XV. Ainsi, pour la plus grande partie de l'*Apologétique*, nous devons, pour reconstituer F, admettre non seulement la fidélité de la collation de Modius mais encore, ce qui est plus dangereux, l'identité Junius-Modius. Les leçons de De la Barre, différentes de P, et non relevées par Modius, ne sont donc pas à coup sûr des leçons authentiques de F ; mais comme il reste, malgré tout, une présomption d'authenticité, nous estimons qu'il est du devoir d'un éditeur de noter toutes ces leçons supposées de F. Telle est la valeur du symbole f qui, dans notre apparat critique, ne répond à aucun manuscrit connu, et qui n'est que le substitut hypothétique du *Codex Fuldensis*.

Tradition F et Tradition P

Supposé qu'avec ces éléments, nous ayons pu reconstituer le manuscrit F, il reste un autre problème, beaucoup plus grave, à résoudre, celui de savoir ce que sont, en réalité, les deux traditions si différentes représentées par les manuscrits F et P.

Nous avons un certain nombre de témoins indirects du texte de l'*Apologétique*, antérieurs à F et à P, et que nous pouvons interroger, pourvu que nous le fassions avec discrétion. Pour composer son *Apologétique*, en 197, Tertullien a souvent repris, sous un forme très peu différente, les idées qu'il avait déjà exposées au commencement de la même année dans l'*Ad Nationes*. Nous pouvons utiliser aussi d'autres témoignages : la traduction grecque de l'*Apologétique*, dont Eusèbe nous a conservé cinq fragments ; les passages que Rufin a empruntés à l'original latin ; ceux dont saint Cyprien, l'auteur du traité *Quod idola dii non sint*, et Lactance ont fait leur profit, celui que l'*Altercatio Heracliani* a presque textuellement reproduit ; enfin les emprunts d'Isidore de Séville (1).

D'autre part, pour reconstituer la tradition spéciale dont F n'est qu'un témoin, nous devons éventuellement corriger F par P. Entre les deux manuscrits, il y a des variantes intentionnelles et des variantes accidentelles, entre lesquelles il est très délicat de faire un départ. Les variantes accidentelles de F et de P ne prouvent rien pour la diversité des traditions que ces manuscrits représentent. Ce qui distingue les deux traditions ce sont les variantes intentionnelles.

Parmi les très nombreuses différences qui séparent les traditions F et P, nous avons essayé (2) de démêler celles qui sont dues à un accident. Les altérations que nous avons relevées ne proviennent ni de l'auteur, ni d'un remanieur qui s'applique à rendre le texte plus clair et plus facile, mais ce sont des inadvertances de scribe. La langue et le style de Tertullien sont difficiles. Rien d'étonnant, par conséquent, que son texte ait été défiguré par les scribes successifs. Le scribe qui copie sans comprendre toute la pensée, se trompe facilement parce qu'il devient vite distrait. Sur les marges d'un texte obscur, les gloses se multiplient, et le scribe s'imagine souvent qu'elles font partie du texte. De là, ces nombreuses omissions, additions, transpositions, graphies fautives et incorrections de tout genre que nous avons relevées. Les deux traditions ont été à peu près également maltraitées par le temps, mais dans des passages différents : F et P représentent des traditions différentes, et la séparation entre les deux traditions s'est faite de

(1) Sur tous ces emprunts, voir notre *Étude sur le Codex Fuldensis*, Liége-Paris, 1914-1917, pp. 32-33 et les notes.

(2) Dans notre *Étude sur le Codex Fuldensis*, p. 35-128.

bonne heure ; puis, chacune a suivi sa destinée sans être influencée par l'autre.

Si l'on corrige toutes les fautes accidentelles, une notable partie des différences disparaît. Mais ce travail d'épurement ne suffit pas pour ramener les deux traditions à un texte unique que l'on puisse regarder comme l'original de l'une ou de l'autre. Loin de là : il subsiste un plus grand nombre de variantes, où l'on reconnaît, plus ou moins clairement, une intention de corriger, d'améliorer, de remanier, pour une raison souvent facile à deviner, soit la pensée, soit le style. C'est en grande partie par l'examen de ces variantes que nous pouvons répondre aux questions suivantes : A quand remonte la séparation entre les deux traditions et quelle en est l'origine ? Est-elle due à l'auteur lui-même, autrement dit, Tertullien a-t-il publié deux éditions successives de son *Apologétique* ? Ou plutôt est-elle due à des remaniements intentionnels faits plus tard ? Et dans ce cas, chacune des deux traditions a-t-elle subi des retouches, ou l'une des deux présente-t-elle un texte authentique ? Si elles ont subi toutes les deux des retouches, les ont-elles subies dans la même mesure, ou l'une des deux doit-elle être regardée comme plus pure que l'autre ?

Conclusion Nous avons examiné ailleurs (1) toutes les variantes intentionnelles, et essayé d'en tirer les réponses aux questions que nous venons de poser. Nous avons conclu que Tertullien n'a donné qu'une seule édition de l'*Apologétique*. De bonne

(1) Voir notre *Étude sur le Codex Fuldensis*, pp. 151 sqq. Le présent § III n'est qu'un résumé de notre *Étude*, à laquelle nous renvoyons pour plus de détails. Récemment G. Thörnell a soutenu, après Sigisbert Haverkamp, Fr. Oehler et H. Schrörs, que les différences entre les deux traditions, entre F et P, proviennent de Tertullien lui-même, qui aurait publié successivement deux éditions de son ouvrage (*Studia Tertullianea*, IV, *De Tertulliani Apologetico bis edito*, Uppsala, 1926, 154 pp.).

heure, il s'est formé deux traditions du texte de cet ouvrage tant lu et tant admiré. Ces deux traditions n'ont plus eu de rapports entre elles, c'est-à-dire que jamais personne ne s'est efforcé de les mettre d'accord, n'a corrigé l'une d'après l'autre. Mais chacune a subi, de son côté, la révision, souvent maladroite, d'un ou de plusieurs remanieurs qui, pour rendre le texte plus clair, plus facile à comprendre, ont méconnu souvent le style et la pensée de l'auteur. Cependant, ce travail de révision a été beaucoup moins fatal à F qu'à P. C'est F qui nous a conservé le texte le plus pur, et c'est sur F que doit être fondée une édition de l'*Apologétique* ; mais il faut se servir de F lui-même avec précaution.

J.-P. W.

IV. L'apparat critique.

Bien que l'apparat critique de la présente édition soit modelé sur les règles établies par L. Havet pour les volumes de la *Collection Budé*, je crois nécessaire d'indiquer ici les quelques principes très simples que j'ai appliqués pour qu'il soit complet, tout en restant concis et clair.

— 1. L'apparat n'est pas un commentaire : il doit se borner à renseigner le lecteur sur l'état de la tradition manuscrite et à justifier les leçons adoptées par l'éditeur. Il n'a donc pas à citer une conjecture de savant, lorsque le texte admet la leçon d'un manuscrit. Car admettre la leçon d'un manuscrit, c'est reconnaître tacitement que la conjecture est inutile. Dès lors, à quoi bon propager ce que l'on considère comme chose inexacte, voire nuisible ?

— 2. A cette règle draconienne, il faudra faire exception lorsque, la tradition manuscrite étant irrémédiablement gâtée, l'éditeur se voit réduit à proposer au lecteur une série de conjectures parmi lesquelles lui-même, faute de mieux, a dû choisir.

— 3. Il est inutile de faire entrer dans l'apparat les *testimonia* anciens, quand ils ne servent pas à la constitution du texte. Ils ne doivent prendre place dans l'apparat que lorsqu'ils donnent une leçon meilleure que celle ou celles des manuscrits P et F, ou lorsqu'ils confirment la leçon de l'un au détriment de celle de l'autre. S'ils ne font que confirmer une leçon commune à F et P, ils encombrent inutilement l'apparat (1).

— 4. Du même principe découle cette autre règle, qu'une leçon ne peut être justifiée, dans l'apparat critique, par le symbole FP, si ce n'est lorsque le texte contient une leçon différente provenant d'un autre manuscrit ou d'une conjecture de savant.

— 5. Étant donné que M n'est cité que quand il diffère de P, et que f, par définition, est différent de P, l'apparat ne contiendra pas de groupes fP, PM ou fPM.

— 6. Lorsque le texte corrige une simple faute d'orthographe, l'apparat reprend le mot tel qu'il est imprimé dans le texte, et le fait suivre d'un crochet droit — ce qui épargne à l'éditeur la besogne fastidieuse de rechercher le premier auteur d'une correction que tout lecteur attentif serait à même de faire.

— 7. L'apparat critique respectant scrupuleusement l'ordre dans lequel les mots se présentent dans le texte

(1) L'idéal serait évidemment un double apparat, l'un pour les *testimonia*, l'autre pour les *uariae lectiones*. Si l'on groupe ces deux séries de renseignements en un seul apparat, il faut nécessairement faire un choix.

imprimé, j'ai, autant que possible, réduit l'unité critique à un seul mot. Ce système a l'avantage de montrer, d'une manière saisissante, le balancement perpétuel du texte entre les deux traditions F et P.

(XLV,4) Texte imprimé : ut antiquiore, formam mutuatas.
Leçon de F : ut antiquiorem formam mutatas
Leçon de P : ut antiquiore forma mutuatas.

L'apparat notera :

||antiquiore P : -em F|| formam F : -a P||

Cette règle comportera naturellement quelques exceptions.

a) *Un manuscrit a transposé un ou plusieurs mots* :

(II,8) Texte imprimé : ad conscios usque inquisitio extenditur
Leçon de P : ad conscios usque inquisitio extenditur
Leçon de f : ad conscios inquisitio usque extenditur

En vertu de la règle 7, l'apparat aurait pu être rédigé comme il suit :

|| usque P : inquisitio f|| inquisitio P : usque f||

mais j'ai préféré la notation

|| usque inquisitio P : inquisitio usque f||

plus claire et plus brève, lorsque les deux mots se touchent dans le texte. Je n'ai pas suivi de règles fixes lorsque les deux mots intervertis sont séparés par un nombre plus ou moins grand d'autres mots, mais j'ai toujours veillé à ce que la clarté ne souffre pas de la brièveté.

b) *Deux ou plusieurs mots sont nécessaires pour montrer l'origine d'une faute* :

(VII, 12) Texte imprimé : cetera rumoris obscurat
Leçon de F : cetera rumoris obscurat
Leçon de P : ceterarum oris obscurat

Un apparat

|| cetera F : ceterarum P|| rumoris F : oris P||

voilerait complètement la cause, pourtant si claire, de la faute de P. Il faut donc écrire, malgré la règle 7 :

||cetera rumoris F : ceterarum oris P||

c) *A un seul mot d'un manuscrit correspondent plusieurs mots d'un autre manuscrit* :

(VI,2)|| cum quae f : cumque P||
(IX,5)||sed et F : ecce P||
(XXXII,3)|| id iuramento P : adiuramento F||

L'inverse :

(II,15)|| ceditur F : opus est P||
(XLV,3)|| dicere P : dictum est F||
(XLVII,6) || qua F : ut tam P||

Ce cas est différent du cas examiné ci-dessous, §8.

d) *La clarté même exige que l'unité critique contienne plusieurs mots* :

Prenons comme exemple le texte de L, 4, dans lequel nous soulignerons les mots pour lesquels existent des variantes.

Merito itaque uictis non placemus, *merito* « desperati et perditi » existimamur. Sed haec « desperatio *et* perditio » penes uos in *causa* gloriae et famae uexillum uirtutis extollunt

En appliquant rigoureusement la règle 7, on aurait l'apparat :

|| merito F : propterea enim P|| et f : atque P|| causa P : -am F||

Cet apparat serait deux fois amphibologique, car on pourrait croire ainsi que P a une variante *propterea enim itaque*, et une variante *desperati atque perditi*. En pareil cas, l'unité critique doit s'allonger d'un mot pour bien situer les variantes :

|| merito desperati F : propterea enim desperati P|| et perditio f : atque perditio P|| causa P : -am F||

— 8. Comment faut-il rédiger l'apparat, lorsque la leçon adoptée renferme un ou plusieurs mots de moins que la leçon rejetée ?

Exemple II, 12 :

Texte imprimé : Si non ita agitis circa nocentes
Leçon de F : Si non ita agitis circa nocentes
Leçon de P : Si non ita agitis circa nos nocentes

Cet état du texte peut être noté de trois manières différentes :

|| nos *ante* nocentes *add* P|| (1)
|| circa F : circa nos P|| (2)
|| nocentes F : nos nocentes P|| (3)

Comme il ne faut recourir à la notation (1) que quand il n'y a pas moyen de faire autrement, j'ai eu à choisir entre (2) et (3). Je me suis déterminé pour la troisième manière. Ceci est affaire de pure convention, mais il importe que le lecteur sache que j'ai appliqué ce principe partout où c'était possible. J'ai admis la notation (2) dans quelques cas déterminés, où elle est plus claire ou plus commode que la notation (3) courante.

a) *Raison de clarté* :

(XVII,2) Texte imprimé : ceterum quod uideri, quod comprehendi, quod
Leçon de F : ceterum quod uideri, quod comprehendi, quod
Leçon de P : : ceterum quod uideri communiter quod comprehendi, quod

La notation ordinaire (2) donnerait l'apparat :

|| quod F : communiter quod P||

qui, vu le contexte, pourrait être interprété de trois manières différentes. Il faut donc préférer la notation (2) :

‖ uideri F : uideri communiter P ‖

qui joint la brièveté à la clarté.

b) *Raison de ponctuation* (voir ci-dessous, § 11).

c) *Cas très particuliers* :

(XXI,1) Texte imprimé : quam aliquanto nouellam
Lecon de P : quam aliquanto nouellam
Leçon de F : quam scient aliquando nouellam

La difficulté provient de ce que, dans F, le mot ajouté précède directement une variante. Un apparat :

‖ aliquanto P : scient aliquando F ‖

attirerait l'attention sur l'addition *scient*, mais ferait perdre de vue la variante *aliquando*. En pareil cas, il faut dédoubler l'unité critique (cf. § 7), et noter l'addition par le système (2) :

‖ quam P : quam scient F ‖ aliquanto P : –quando F ‖

C'est pour des raisons analogues qu'une situation comme :

(XLVII,6) Texte imprimé : neminem rebus humanis
Leçon de P : neminem humanis rebus
Leçon de F : neminem in rebus humanis

a été traduite de la manière suivante :

‖ neminem P : neminem in F ‖ rebus humanis F : humanis rebus P ‖

— 9. Comment faut-il rédiger l'apparat, lorsque la leçon adoptée renferme un ou plusieurs mots de plus que que la leçon rejetée ?

Soit l'exemple I, 10 :

Texte imprimé : bonum praeiudicatur quia
Leçon de F : bonum praeiudicatur quia
Leçon de P : bonum quia

Trois notations possibles :

|| praeiudicatur F : *om* P|| (1)
|| praeiudicatur quia F : quia P|| (2)
|| bonum praeiudicatur F : bonum P|| (3)

J'ai usé et abusé de la première notation, plus commode, plus claire et plus brève que les deux autres — à condition toutefois de comprendre l'abréviation *om* dans un sens très large, car un mot absent dans un manuscrit, n'est pas nécessairement une *omission* du scribe.

Cependant, j'ai renoncé à cette abréviation si pratique, chaque fois que la clarté l'exigeait, et, en ce cas, j'ai toujours employé la notation (2), plus claire, à mon avis, que la notation (3), c'est-à-dire que l'unité critique commence toujours par le mot omis dans le second manuscrit.

Ainsi, en I, 1 :

Texte imprimé : in aperto et edito, in ipso fere
Leçon de F : in aperto et edito in ipso fere
Leçon de P : in aperto et edito ipso

j'ai rédigé l'apparat de la manière suivante :

|| in ipso F : ipso P||

— 10. A l'intérieur d'un paragraphe, l'apparat ne tient pas compte de la ponctuation admise dans le texte.

La ponctuation n'appartient pas à la tradition, et l'*Apologétique* nous fournit précisément un exemple frappant de cette vérité depuis longtemps reconnue :

Texte imprimé : sui par. XI, 1. Sed quoniam
Leçon de F : sui par sed quoniam
Leçon de P : sui paret quoniam

L'absence complète de ponctuation explique la bévue de P.

Le lecteur n'aura donc pas à s'étonner de voir un texte comme :

(XLVI, 10) mutat. Noui et

expliqué par un apparat :

|| noui F : christianus noui P||

à première vue incohérent, mais qui ne fait qu'appliquer, d'une manière très logique, la règle 8 (notation 3) etl a présente règle 10.

— 11. Entre deux paragraphes ou entre deux chapitres, l'apparat tient compte de la ponctuation admise dans le texte (1). Par là j'évite les complications typographiques qu'aurait amenées une application trop rigide de la règle 8 (voir ci-dessus, § 8 b). Exemple :

XXVIII, 3] mortuo potior. (4) Sed nec hoc uos
Leçon de P : mortuo potior sed nec hoc uos
Leçon de F : mortuo potior est sed nec hoc uos

L'apparat sera rédigé comme il suit :

|| potior P : potior est F||

et non point :

|| sed P : est (4). Sed F||

malgré la règle établie précédemment. Voici quelques autres passages où j'ai opéré comme ici même : I,8 (*iudicantes*) ; XXX,7 (*deuotio*) ; XLI, 5 (*nostrae*) ; XLV, 5 (*necessitate*) ; XLVI,1 (*ueritate*), etc.

(1) Exception faite, naturellement, pour l'exemple unique X, 11 *Sui par*, XI.1, *Sed quoniam*, cité dans le paragraphe précédent.

Telles sont les quelques règles que je me suis efforcé d'appliquer, pour rendre aussi clair et aussi bref que possible un apparat qui aurait pu prendre des proportions énormes. Elles ne sont que le résultat d'un examen très attentif des difficultés multiples qui se présentent à l'éditeur de l'*Apologétique*. Je n'ai pas eu la prétention de les résoudre toutes ; mais si la solution que j'ai proposée pour quelques-unes d'entre elles pouvait servir à faciliter la tâche à d'autres éditeurs, je serais amplement dédommagé des peines que m'a coûtées ce travail souvent fastidieux.

A. S.

AUTEURS CITÉS DANS L'APPARAT CRITIQUE (1)

De La Barre R. L.	Édition de Tertullien, Paris, 1580 (*Barraeus*).
Gesner, J. M.	Dans G.-H. Schaefer, édition des *Lettres* de Pline, Leipzig, 1805, p. 565.
Hartel W.	*Patristische Studien*. II. Vienne, 1890. *Sitzungsber. der Wiener Akad.*, Bd. 120.
Havercamp S.	Édition de l'*Apologétique*, Leyde, 1718.
Heinze R.	*Tertullians Apologeticum*, Leipzig, Teubner, 1910. *Ber. über die Verh. der sächs. Ges. der Wiss.* LXII, p. 279-490.
Heraldus (*De Hérault*).	Édition de l'*Apologétique*, Paris, Plantin, 1613.
Iunius (*Fr. du Jon*).	Édition de Tertullien, Franeker, 1597.

(1) Pour une bibliographie complète de Tertullien et de l'*Apologétique* (éditions, commentaires, dissertations), voir notre *Étude sur le Codex Fuldensis*, p. 489-493, et notre édition de l'*Apologétique* (Liége-Paris, 1919, p. 142). Depuis la publication de ces deux volumes il faut ajouter à la bibliographie :

Einar Löfstedt, *Zur Sprache Tertullians*, Lund, 1920, 117 pp.

Gösta Thörnell, *Studia Tertullianea*, II (1921), III (1922), IV (1926), Uppsala.

Alex. Souter. *Q. Septimi Florentis Tertulliani Apologeticus*, edited, Aberdeen, 1926.

S. Colombo *Q. Septimii Florentis Tertulliani Apologeticum recensuit*. Turin [1926]. (*Corpus scriptorum Latinorum Paravianum*).

Lagarde P. de	*Abh. der Ges. der Wiss. zu Gött.*, XXXVII, 1891, p. 77-84.
Loefstedt E.	*Kritische Bemerk. zu Tert. Apolog.*, Lund, Gleerup, 1918, 118 p.
Modius (*Fr. de Maulde*).	*In Tertull. Apol. lectiones variae* (à la suite de l'édition de Junius).
Oehler Fr.	Édition de l'*Apologétique*, Halle, Anton, 1849.
Rauschen G.	Édition de l'*Apologétique*, Bonn, Hanstein, 1906 et 1912.
Rhenanus Beatus.	Édition de Tertullien, Bâle, Froben, 1521 ; 3e éd. 1539.
Rigaltius (*Rigault N.*).	Édition de Tertullien, Paris, 1634.
Van der Vliet J	*Studia ecclesiastica*, I, Leyde Brill, 1891

SIGLA

A

P = Parisinus 1623. Saec. x (*Continet Apol. totum*). Cf. *Intr.*, p. LII.

M = Montepessulanus H, 54. Saec. XI./XII (*Cont Apol.*, I-XXXIX,3). Cf. *Intr.*, p. LII.

B

F = Fuldensis, nunc deperditus. Saec. IX (*Continebat Apol. totum*). Cf. *Intr.*, p. LII.

f = Variae lectiones editionis Barraeanae quae codici F tribui possunt. Cf. *Intr.*, p. LVII.

Br = Bremensis C,48. Saec. XVI (*Apol.*, I-XV). Cf. *Introd.*, p. LIV,

R = Rhenaugiensis. Saec. x (*Apol.*, XXXVIII-XL). Cf. *Intr.*, p. LV.

TERTULLIEN

APOLOGÉTIQUE

I. EXORDE
Raison de ce plaidoyer écrit.

I Magistrats de l'Empire romain, qui présidez, pour rendre la justice, dans un lieu découvert et éminent, presque au sommet même de la cité, s'il ne vous est pas permis d'examiner devant tout le monde et de peser sous les yeux de tous la cause des chrétiens pour la tirer au clair ; si, dans cette espèce seule, votre autorité craint ou rougit d'informer en public, avec une attentive justice ; si enfin, comme il est arrivé naguère, la haine pour notre secte, trop pressée d'accueillir les délations domestiques, ferme la bouche à la défense : qu'il soit du moins permis à la vérité de parvenir à vos oreilles, silencieusement, par la voie secrète d'un plaidoyer muet.

Iniquité de la haine publique contre les chrétiens, prouvée :

2 La vérité ne demande point grâce pour elle, parce qu'aussi bien elle ne s'étonne pas de sa condition. Elle sait qu'elle vit dans ce monde en étrangère ; que, parmi des étrangers, elle trouve facilement des ennemis, mais qu'elle a sa famille, sa demeure, son espérance, son crédit et sa gloire dans les cieux. En attendant, elle n'a qu'un désir, c'est de ne pas être condamnée sans être connue. **3** Qu'ont

I, 1 P a *iudiciis* « jugements domestiques » rendus par le gouverneur dans son palais. Beatus Rhenanus (1521) et De la Barre (1580) ont imprimé *indiciis* « délations » des esclaves contre leurs maîtres chrétiens. Cf. VII, 3, et notre *Étude sur le Cod. Fuldensis*, p. 136-142.

SEPTIMI FLORENTIS TERTVLLIANI

APOLOGETICVM

I. Si non licet uobis, Romani imperii antistites, in aperto et edito, in ipso fere uertice ciuitatis praesidentibus ad iudicandum, palam dispicere et coram examinare, quid sit liquido in causa Christianorum ; si ad hanc solam speciem auctoritas uestra de iustitiae diligentia in publico aut timet aut erubescit inquirere ; si denique, quod proxime accidit, domesticis indiciis nimis operata infestatio sectae huius os obstruit defensioni : liceat ueritati uel occulta uia tacitarum litterarum ad aures uestras peruenire.

2 Nihil de causa sua deprecatur, quia nec de condicione miratur. Scit se peregrinam in terris agere, inter extraneos facile inimicos inuenire, ceterum genus, sedem, spem, gratiam, dignitatem in caelis habere. Vnum gestit interdum, ne ignorata damnetur. **3** Quid hic deperit le-

APOLOGYTICVM TERTVLLIANI DE IGNORANTIA IN CHRISTO IESV P : APOLOGETICVM TERTVLLIANI CAPVT DE IGNORANTIA IN CHRISTO IESV M

I 1 Romani f : o Romani (o *s. l. m. s.*) P|| in ipso F : ipso P|| dispicere FP : describ– M|| speciem P : tantum speciem F|| indiciis *Rhenanus* : iud– FP|| nimis P : animis F|| os F : *om* P|| **2** nihil P: nihil illa f

ici à perdre vos lois, qui commandent souverainement dans leur propre empire, si la vérité était entendue ? Leur puissance éclatera-t-elle mieux, si elles condamnent la vérité sans même l'entendre ? Mais, si elles la condamnent sans l'entendre, outre l'odieux de l'iniquité, ne s'attireront-elles pas le soupçon d'une arrière-pensée, en refusant d'entendre une chose qu'elles ne pourraient plus condamner après l'avoir entendue ?

1° par l'ignorance obstinée des juges ;

4 Voici donc le premier grief que nous formulons contre vous : l'iniquité de la haine que vous avez du nom de chrétien. Le motif qui paraît excuser cette iniquité est précisément celui qui l'aggrave et qui la confond, à savoir votre ignorance. Car quoi de plus inique que de haïr une chose qu'on ignore, même si elle mérite la haine ? En effet, elle ne mérite votre haine que si vous savez si elle la mérite. 5 Si la connaissance de ce qu'elle mérite fait défaut, comment prouver que la haine est juste ? Cette justice, en effet, ne peut se prouver par l'événement, mais par la certitude intime. Quand donc les hommes haïssent parce qu'ils ne connaissent pas l'objet de leur haine, pourquoi cet objet ne serait-il pas tel qu'ils ne doivent pas le haïr ? Par conséquent, nous confondons à la fois leur haine et leur ignorance, l'une par l'autre : ils restent dans l'ignorance, parce qu'ils haïssent, et ils haïssent injustement, parce qu'ils ignorent.

6 La preuve de leur ignorance, qui condamne leur iniquité précisément en lui servant d'excuse, est dans ce fait que tous ceux qui jusqu'ici haïssaient parce qu'ils ignoraient, cessent de haïr aussitôt qu'ils cessent d'ignorer. Ceux-là deviennent chrétiens, et ils le deviennent assurément en connaissance de cause ; et alors ils commencent à haïr ce qu'ils étaient et à professer ce qu'ils haïssaient et ils sont aussi nombreux que vous constatez que nous sommes. 7 La ville, s'écrie-t-on, est envahie ; jusque dans les campagnes, dans les bourgs fortifiés, dans les îles, il y a des chrétiens ; tout sexe, tout âge, toute condition, tout rang même passe au nom chrétien, et l'on s'en afflige comme d'un dommage !

gibus in suo regno dominantibus, si audiatur ? Hoc magis gloriabitur potestas earum, quod etiam inauditam damnabunt ueritatem ? Ceterum inauditam si damnent, praeter inuidiam iniquitatis etiam suspicionem merebuntur alicuius conscientiae, nolentes audire quod auditum damnare non poterant.

4 Hanc igitur primam causam apud uos collocamus iniquitatis odii erga nomen Christianorum. Quam iniquitatem idem titulus et onerat et reuincit, qui uidetur excusare, ignorantia scilicet. Quid enim iniquius, quam ut oderint homines quod ignorant, etiam si res meretur odium ? Tunc etenim meretur, cum cognoscitur, an mereatur. **5** Vacante autem meriti notitia, unde odii iustitia defenditur, quae non de euentu, sed de conscientia probanda est ? Cum ergo propterea oderunt, quia ignorant, quale sit quod oderunt, cur non liceat eiusmodi illud esse, quod non debeant odisse ? Ita utrumque ex alterutro redarguimus, et ignorare illos, dum oderunt, et iniuste odisse, dum ignorant.

6 Testimonium ignorantiae est, quae iniquitatem dum excusat, condemnat, cum omnes, qui retro oderant, quia ignorabant, simul desinunt ignorare, cessant et odisse. Ex his fiunt Christiani, utique de comperto, et incipiunt odisse quod fuerant, et profiteri quod oderant, et sunt tanti, quanti et denotamur. **7** Obsessam uociferantur ciuitatem ; in agris, in castellis, in insulis Christianos ; omnem sexum, aetatem, condicionem, etiam dignitatem transgredi ad hoc nomen quasi detrimento maerent.

3 hoc F : an hoc P|| quod f : quo P|| inauditam f : aud- P|| poterant F : possint P|| **4** igitur F : itaque P|| res meretur P : res merer- f|| **5** propterea oderunt F : propterea oderunt homines P|| **6** simul F : quale sit quod oderant simul P|| et denotamur P : denotamur F

8 Et pourtant, malgré ce fait, ils ne s'avisent pas de présumer l'existence de quelque bien caché. Il ne leur est pas *permis* d'être plus justes dans leurs soupçons ; il ne leur *plaît* pas de s'assurer de plus près. En cette occasion seule, la curiosité humaine est engourdie ! Ils aiment à ignorer, alors que d'autres sont ravis de connaître ! Combien plus Anacharsis aurait-il blâmé ces gens qui ne savent pas et se font juges de ceux qui savent ! **9** Ils aiment mieux ne pas connaître, parce que déjà ils haïssent. Ils préjugent ainsi que ce qu'ils ne connaissent pas est tel que, s'ils le connaissaient, ils n'auraient pu le haïr. En effet, si l'on ne découvre aucun juste motif de haïr, le mieux est, à coup sûr, de renoncer à une haine injuste ; si, au contraire, on acquiert la certitude que le juste motif existe, non seulement la haine ne perd rien de sa force, mais on trouve une raison de plus pour y persévérer, précisément parce qu'on peut se glorifier d'être juste.

10 Mais, dites-vous, on ne peut préjuger que la chose est bonne, de ce qu'elle attire beaucoup d'hommes : que de gens, en effet, se laissent convertir au mal, que de gens passent au vice comme des transfuges ! — Qui le nie ? Mais pourtant, si une chose est vraiment mauvaise, ceux-là mêmes qu'elle entraîne n'osent pas la défendre comme bonne. La nature a rempli de crainte ou couvert de honte tout ce qui est mal. **11** Après tout, les malfaiteurs cherchent à se cacher, ils évitent de se montrer ; pris sur le fait, ils tremblent ; accusés, ils nient ; même soumis à la torture, ils n'avouent pas facilement ni toujours ; condamnés sans espoir, ils se désolent, ils énumèrent les assauts de l'esprit mauvais contre eux-mêmes, ils imputent leur faiblesse au destin ou aux astres. En effet, ils ne veulent pas être les auteurs de ce qu'ils reconnaissent pour mauvais. **12** Un chrétien fait-il rien de semblable ? Aucun ne rougit, aucun ne se repent, si ce n'est, naturellement, de ne pas avoir été chrétien auparavant. S'il est dénoncé, le chrétien s'en fait gloire ; s'il

I, 8. Sur Anacharsis, philosophe scythe, v. Plutarque, *Solon*, 5.

8 Nec tamen hoc ipso ad aestimationem alicuius latentis boni promouent animos. Non licet rectius suspicari, non libet propius experiri! Hic tantum curiositas humana torpescit! Amant ignorare, cum alii gaudeant cognouisse. Quanto magis hos Anacharsis denotasset imprudentes de prudentibus iudicantes! **9** Malunt nescire, quia iam oderunt! Adeo quod nesciunt, praeiudicant id esse, quod si sciant, odisse non poterant; quando, si nullum odii meritum deprehendatur, optimum utique sit, desinere iniuste odisse; si vero de merito constet, non modo nihil odio detrahatur, sed amplius adquiratur ad perseuerantiam etiam iustitiae ipsius gloria.

10 Sed non ideo, inquit, bonum praeiudicatur, quia multos conuertit: quanti enim ad malum reformantur! Tamen quod uere malum est, ne ipsi quidem, quos rapit defendere pro bono audent. Omne malum aut timore aut pudore natura perfudit. **11** Denique malefici gestiunt latere, deuitant apparere, trepidant deprehensi, negant accusati, ne torti quidem facile aut semper confitentur, certe damnati maerent: enumerant in semetipsos mentis malae impetus; ignauiam uel fato uel astris imputant. Nolunt enim suum esse, quia malum agnoscunt. **12** Christianus uero quid simile? Neminem pudet, neminem paenitet, nisi plane retro non fuisse; si denotatur, gloriatur; si accusatur, non defendit;

8 hoc ipso M : hoc modo P : ex hoc ipso modo F|| propius f : propr– P|| iudicantes F : iudicantes quam inmusicos de musicis P|| **9** nescire P : *om* F|| quia P : qui F|| quod nesciunt *edd uel* : quod nesciant P : *om* F|| si sciant P : non poterant F|| non poterant P : si sciant F|| meritum F : deb– P|| odio F : –ii P|| gloria *nos* : –iae F : auctoritate P|| **10** praeiudicatur F : *om* P|| reformantur F : perf– P|| **11** deprehensi P : adpr– F|| enumerant F : din– P|| impetus P : *om* F|| ignauiam F : *om* P|| quia P : quod F|| **12** Christianus Br P : –os F|| quid P : nihil F

est accusé, il ne se défend pas ; interrogé, il confesse de lui-même sa foi ; condamné, il rend grâces. **13** Quel est donc ce mal, qui n'a pas les caractères naturels du mal, ni crainte, ni honte, ni irrésolution, ni repentir, ni regret ? Quel est ce mal, dont l'accusé se réjouit, dont l'accusation est l'objet de ses vœux et le châtiment une victoire ? Tu ne peux appeler *folie* ce que tu es convaincu d'ignorer !

2° par la procédure anormale appliquée aux chrétiens accusés.

II Enfin, s'il est certain que nous sommes de grands criminels, pourquoi sommes-nous traités autrement par vous-mêmes que nos pareils, c'est-à-dire que les autres criminels ? En effet, si le crime est le même, le traitement devrait être aussi le même. **2** Quand d'autres sont accusés de tous ces crimes dont on nous accuse, ils peuvent, et par eux-mêmes et par une bouche mercenaire, prouver leur innocence ; ils ont toute liberté de répondre, de répliquer, puisqu'il n'est jamais permis de condamner un accusé sans qu'il se soit défendu, sans qu'il ait été entendu. **3** Aux chrétiens seuls, on ne permet pas de dire ce qui est de nature à réfuter l'accusation, à soutenir la vérité, à empêcher le juge d'être injuste ; on n'attend qu'une chose, celle qui est nécessaire à la haine publique : l'aveu de leur nom, et non une enquête sur leur crime. **4** Pourtant si vous faites une enquête sur quelque criminel, il a beau s'avouer homicide, ou sacrilège, ou inceste, ou ennemi public — pour ne parler que des crimes dont nous sommes inculpés — cet aveu ne vous suffit pas pour prononcer aussitôt. Vous l'interrogez aussi sur les circonstances, la qualité du fait, le nombre, le lieu, le mode, le temps, les témoins, les complices. **5** Avec nous, rien de semblable, et pourtant il faudrait également nous arracher par la torture l'aveu de ces crimes qu'on nous impute faussement : de combien d'infanticides chacun a déjà goûté, combien d'incestes il a commis à la faveur des ténèbres, quels cuisiniers, quels chiens ont assisté. Quelle gloire

II. Sur la procédure, v. C. Callewaert, *Rev. des Quest. hist.*, t. 74 et 76.

interrogatus uel ultro confitetur ; damnatus gratias agit. **13** Quid hoc mali est, quod naturalia mali non habet, timorem, pudorem, tergiuersationem, paenitentiam, deplorationem ? Quid hoc mali est, cuius reus gaudet, cuius accusatio uotum est et poena uictoria ? Non potes dementiam dicere, quod reuinceris ignorare.

II Si certum est denique nos nocentissimos esse, cur a uobis ipsis aliter tractamur quam pares nostri, id est ceteri nocentes, cum eiusdem noxietatis eadem tractatio deberet interuenire ? **2** Quodcumque dicimur, cum alii dicuntur, et proprio et mercennario ore utuntur ad innocentiae suae commendationem ; respondendi, altercandi facultas patet, quando nec liceat indefensos et inauditos omnino damnari. **3** Sed Christianis solis nihil permittitur loqui, quod causam purget, quod ueritatem defendat, quod iudicem non faciat iniustum ; sed illud solum exspectatur, quod odio publico necessarium est : confessio nominis, non examinatio criminis ; **4** quando, si de aliquo nocente cognoscatis, non statim confesso eo nomen homicidae vel sacrilegi uel incesti uel publici hostis (ut de nostris elogiis loquar) contenti sitis ad pronuntiandum, nisi et consequentia exigatis, qualitatem facti, numerum, locum, modum, tempus, conscios, socios ? **5** De nobis nihil tale, cum aeque extorqueri oporteret quod de falso iactatur, quot quisque iam infanticidia degustasset, quot incesta contenebrasset, qui coqui, qui canes adfuissent. O quanta illius prae-

13 naturalia F : natura alia P‖ quid f : qđ (= quod) P‖ mali f : –um P‖ uictoria F : felicitas P‖ quod F : qui P

II 1 noxietatis F : noxae P‖ deberet P : d. (= deberet) F‖ **2** et mercenario ore F : ore et mercennaria aduocatione P‖ **4** cognoscatis P : –itis f‖ modum f : *om* P‖ **5** II. CONTRA INQVISITIONEM P‖ extorqueri P : –ere f‖ de F : cum P‖ si P : fuisset si F

pour un gouverneur, s'il déterrait un chrétien qui aurait déjà goûté de cent petits enfants !

Digression historique. La lettre de Pline.

6 Mais nous avons trouvé la preuve qu'il a même été défendu de nous rechercher. En effet, Pline le Jeune, gouvernant une province, après avoir condamné quelques chrétiens, après en avoir fait apostasier quelques-uns, effrayé toutefois de leur grand nombre, consulta l'empereur Trajan, sur ce qu'il devait faire dans la suite. Il lui exposait que, sauf l'obstination des chrétiens à ne pas sacrifier, il n'avait pu découvrir, au sujet de leurs mystères, que des réunions tenues avant le jour pour chanter des cantiques en l'honneur du Christ comme en l'honneur d'un dieu, et pour s'astreindre tous ensemble à une discipline qui défend l'homicide, l'adultère, la fraude, la perfidie et tous les autres crimes.

Le rescrit de Trajan à Pline : ses contradictions.

7 Alors Trajan lui répondit que les gens de cette sorte ne devaient pas être recherchés, mais que, s'ils étaient déférés au tribunal, il fallait les punir. 8 Oh ! l'étrange sentence, illogique par nécessité ! Elle dit qu'il ne faut pas les rechercher, comme s'ils étaient innocents, et elle prescrit de les punir, comme s'ils étaient criminels ! Elle épargne et elle sévit, elle ferme les yeux et elle punit. Pourquoi t'exposer toi-même à la censure ? Si tu les condamnes, que ne les recherches-tu pas aussi ? Si tu ne les recherches pas, pourquoi ne les absous-tu pas aussi ? Pour la recherche des brigands, il y a dans chaque province un détachement militaire désigné par le sort ; contre les criminels de lèse-majesté et les ennemis publics, tout homme est soldat, et la recherche s'étend aux complices, aux confidents. 9 Le chrétien seul, il n'est pas permis de le rechercher, mais il est permis de le déférer au juge, comme si la recherche avait un autre but que de déférer au juge ! Vous condamnez donc un homme dénoncé, alors que personne n'a voulu qu'il fût recherché !

II, 6-8. Pline le Jeune, gouverneur de la province de Pont et Bithynie (111 à 113). Voy. ses *Lettres*, l. X, 96-97 (en l'an 112).

sidis gloria, si eruisset aliquem, qui centum iam infantes comedisset !

6 Atquin inuenimus inquisitionem quoque in nos prohibitam. Plinius enim Secundus, cum prouinciam regeret, damnatis quibusdam Christianis, quibusdam de gradu pulsis, ipsa tamen multitudine perturbatus, quid de cetero ageret consuluit tunc Traianum imperatorem, adlegans, praeter obstinationem non sacrificandi nihil aliud se de sacramento eorum comperisse, quam coetus antelucanos ad canendum Christo *u*t deo et ad confoederandam disciplinam homicidium, adulterium, fraudem, perfidiam et cetera scelera prohibente*m*.

7 Tunc Traianus rescripsit, hoc genus inquirendos quidem non esse, oblatos uero puniri oportere. **8** O sententiam necessitate confusam ! Negat inquirendos ut innocentes et mandat puniendos ut nocentes. Parcit et saevit, dissimulat et animaduertit. Quid temetipsam censura circumuenis ? Si damnas, cur non et inquiris ? si non inquiris, cur non et absoluis ? Latronibus uestigandis per uniuersas prouincias militaris statio sortitur ; in reos maiestatis et publicos hostes omnis homo miles est : ad socios, ad conscios usque inquisitio extenditur. **9** Solum Christianum inquiri non licet, offerri licet, quasi aliud esset actura inquisitio quam oblationem. Damnatis itaque oblatum, quem nemo uoluit requisitum ; qui,

5 comedisset P : comedisset. Sed nec in isto ex forma malorum iudicandorum agitis F (*est initium* § 10 *scribae errore huc translatum*)|| **6-7** Plin., Epist., 10, 96-97 ; Evseb., Hist. eccl., 3, 33, 1-3|| atquin] ad– P : atqui Br : atque F : καίτοι Evsebivs|| de gradu F : gradu P|| cetero P (λοιπόν Evsebivs) : –is F|| sacramento F : –tis P|| ut deo *Heraldus* (quasi deo Plinivs): et deo P|| prohibentem *Gesner* : –tes P|| **8** temetipsam P : –um f|| usque inquisitio P : inquisitio usque f|| **9** itaque P : ergo f

Et je le crains bien, s'il mérite un châtiment, ce n'est pas parce qu'il est coupable, mais parce qu'il s'est fait prendre, alors qu'il ne devait pas être recherché.

Torquemur confitentes.

10 Mais voici un autre point où vous ne nous traitez pas non plus d'après les formes de la procédure criminelle : quand les autres accusés nient, vous leur appliquez la torture pour les faire avouer ; aux chrétiens seuls vous l'appliquez pour les faire nier. Et pourtant, s'il y avait crime, nous nierions et vous auriez recours à la torture pour nous forcer d'avouer. Et en effet, ne dites pas que vous croiriez inutile de rechercher par la torture les crimes des chrétiens, parce que l'aveu du nom de chrétien vous donnerait la certitude que ces crimes sont commis : car vous-mêmes, chaque jour, si un meurtrier avoue, bien que vous sachiez ce que c'est que l'homicide, vous lui arrachez par la torture les circonstances de son crime. **11** Et puisque vous présumez nos crimes par l'aveu de notre nom, il est doublement contraire aux règles de la justice de nous forcer par la torture de rétracter notre aveu ; car avec notre nom, vous nous faites nier, sans aucun doute, tous les crimes que l'aveu du nom vous avait fait présumer.

12 Mais peut-être ne voulez-vous pas que nous périssions, nous que vous considérez comme de grands scélérats. C'est ainsi, en effet, que vous avez coutume de dire à un homicide : « Nie » ; et un sacrilège, vous le faites déchirer, s'il persiste à avouer. Si vous n'en agissez pas ainsi envers les criminels, vous nous jugez donc tout à fait innocents ; car c'est parce que vous nous croyez innocents que vous ne voulez pas nous laisser persévérer dans un aveu que vous croyez devoir condamner par nécessité et non par justice. **13** Un homme crie : « Je suis chrétien ». Il dit ce qu'il est, et toi, tu veux entendre ce qu'il n'est pas ! Vous qui présidez pour arracher la vérité, de nous seuls vous vous efforcez d'entendre le mensonge ! « Tu me demandes, dit l'accusé, si je suis chrétien, je le suis. Pourquoi me tortures-tu au mépris des règles de la justice ? J'avoue, et tu me tortures. Que ferais-tu,

puto, iam non ideo meruit poenam, quia nocens est sed quia non requirendus inuentus est.

10 Sed nec in isto ex forma malorum iudicandorum agitis erga nos, quod ceteris negantibus tormenta adhibetis ad confitendum, solis Christianis ad negandum, cum, si malum esset, nos quidem negaremus, uos uero confiteri tormentis compelleretis. Neque enim ideo non putaretis requirenda quaestionibus scelera, quia certi essetis admitti ea ex nominis confessione, qui hodie de confesso homicida, scientes homicidium quid sit, nihilominus ordinem extorquetis admissi. **11** Quod peruersius est, cum praesumatis de sceleribus nostris ex nominis confessione, cogitis tormentis de confessione decedere, ut negantes nomen pariter utique negemus et scelera, de quibus ex confessione nominis praesumpseratis.

12 Sed, opinor, non uultis nos perire, quos pessimos reditis. Sic enim soletis dicere homicidae : « Nega », laniari iubere sacrilegum, si confiteri perseuerauerit. Si non ita agitis circa nocentes, ergo nos innocentissimos iudicatis, cum quasi innocentissimos non uultis in ea confessione perseuerare, quam necessitate, non iustitia damnandam a uobis putatis. **13** Vociferatur homo : « Christianus sum ». Quod est, dicit ; tu uis audire quod non est. Veritatis extorquendae praesides de nobis solis mendacium laboratis audire ! « Hoc sum, inquit, quod quaeris en sim. Quid me torques in peruersum ? Confiteor, et torques : quid faceres, si negarem ? » Plane aliis

9 ideo meruit P : meruit ideo f|| **10** sed F : itaque P|| isto F : illo P|| tormenta adhibetis P : adhibetis tormenta f|| extorquetis P : exquirit– F|| **11** quod F : quo P|| est F : *om* P|| **12** iubere P : debere F|| nocentes F : nos nocentes P|| ergo P : –a F|| iudicatis P : *om* F|| cum Br P : *om* F|| putatis F : sciatis P|| **13** laboratis audire] elaboratis audire P : audire laboratis F

si je niais ? » Il faut en convenir, quand les autres nient, vous ne les croyez pas facilement ; et nous, si nous nions, vous nous croyez aussitôt !

Absoluimur negantes.

14 Un tel illogisme doit vous être suspect : demandez-vous s'il n'y a pas quelque puissance cachée qui se sert de vous contre les formes judiciaires, contre la nature des jugements, contre les lois elles-mêmes. En effet, si je ne me trompe, les lois ordonnent de découvrir les malfaiteurs, non de les cacher ; elles prescrivent de les condamner quand ils avouent, non de les acquitter. Voilà ce que disent formellement les décrets du sénat et les mandats des princes. Le pouvoir dont vous êtes les ministres est un pouvoir libéral, et non un pouvoir tyrannique. **15** Chez les tyrans, en effet, la torture était employée même comme châtiment ; chez vous, elle ne sert qu'à l'enquête. Observez bien votre loi à l'égard de la torture, qui n'est nécessaire que jusqu'à l'aveu, et si elle est prévenue par l'aveu, elle sera inutile : il faut céder le pas à la sentence. Il ne faut rayer le nom du coupable qu'après justice faite et non pour le soustraire à la peine.

16 Enfin, pas un juge ne désire acquitter le criminel qui avoue ; il n'est pas permis de le vouloir. C'est aussi pourquoi on ne contraint personne de nier. Un chrétien, tu le crois coupable de tous les crimes, ennemi des dieux, des empereurs, des lois, des mœurs, de la nature entière, et tu le forces de nier, pour l'acquitter, ne pouvant l'acquitter que s'il nie. **17** Tu trahis les lois ! Tu veux qu'il nie son crime, pour le rendre innocent, et cela malgré lui, et voilà son passé même pur de tout crime ! D'où vient cet étrange aveuglement qui fait que vous ne réfléchissez même pas qu'il faut plutôt croire un accusé qui avoue spontanément que celui qui nie par force ; et que vous ne vous demandez pas si, contraint de nier, il ne nie pas sans sincérité et si, absous, à l'instant même, après avoir quitté le tribunal, il ne rira pas de votre haine, chrétien comme devant ?

II, 15. A Rome, la torture (*quaestio*) sert à arracher un aveu.

negantibus non facile fidem accommodatis : nobis, si negauerimus, statim creditis.

14 Suspecta sit uobis ista peruersitas ne qua uis lateat in occulto, quae uos aduersus formam, aduersus naturam iudicandi, contra ipsas quoque leges ministret. Nisi fallor enim, leges malos erui iubent, non abscondi, confessos damnari praescribunt, non absolui. Hoc senatus consulta, hoc principum mandata definiunt. Hoc imperium, cuius ministri estis, ciuilis, non tyrannica dominatio est. **15** Apud tyrannos enim tormenta etiam pro poena adhibebantur : apud uos soli quaestioni temperantur. Vestram illis seruate legem usque ad confessionem necessariis, et iam, si confessione praeueniantur, uacabunt, sententiae ceditur ; debito poenae nocens expungendus est, non eximendus.

16 Denique nemo illum gestit absoluere ; non licet hoc uelle. Ideo nec cogitur quisquam negare. Christianum hominem omnium scelerum reum, deorum, imperatorum, legum, morum, naturae totius inimicum existimas et cogis negare, ut absoluas, quem non poteris absoluere, nisi negauerit. **17** Praeuaricaris in leges. Vis ut neget se nocentem, ut eum facias innocentem, et quidem inuitum, iam nec de praeterito reum. Vnde ista peruersitas, ut etiam illud non recogitetis, sponte confesso magis credendum esse quam per uim neganti ; uel ne compulsus negare non ex fide negarit et absolutus ibidem post tribunal uestrum de uestra rideat aemulatione iterum Christianus ?

14 fallor enim P : enim fallor f|| **15** soli P : –os F|| temperantur *De La Barre* : –atur FP|| necessariis etiam F : [necessariam etiam] P (*cancellos add. m. s.*)|| sententiae F : –ia P|| ceditur F : opus est P|| **17** uis ut F : uis ergo P|| uestrum F : *om* P|| iterum P : inter f|| Christianus P : –os f

Nominis proelium est

18 Puisque donc, en toutes choses, vous nous traitez autrement que les autres criminels et que tous vos efforts ne tendent qu'à nous faire perdre le *nom* chrétien (nous le perdons, en effet, si nous faisons ce que font ceux qui ne sont pas chrétiens), vous pouvez comprendre que ce n'est pas un *crime* qui est en cause, mais un *nom*, et ce nom est poursuivi par une œuvre de haine qui n'a qu'un seul but : c'est d'amener les hommes à refuser de connaître à fond une chose qu'ils sont sûrs de ne pas connaître à fond. **19** S'ils croient sur notre compte des choses qui ne sont pas prouvées, et s'ils refusent de s'en enquérir, c'est de crainte qu'on ne leur prouve le contraire de ce qu'ils veulent croire, afin de pouvoir condamner ce nom si odieux à cette même œuvre de haine, non pas en prouvant les crimes, mais en les présumant, et sur un simple aveu. Si l'on nous met à la torture quand nous avouons, si l'on nous punit quand nous persévérons, et si l'on nous acquitte quand nous nions, c'est parce qu'on fait la guerre au *nom* seul. **20** Car enfin, pourquoi, quand vous lisez votre arrêt sur la tablette, qualifiez-vous un tel de « chrétien » ? Pourquoi ne l'appelez-vous pas aussi « homicide », si un chrétien est un homicide ? pourquoi pas aussi « incestueux » ? pourquoi enfin ne lui donnez-vous pas les noms de tous ces crimes que vous nous imputez ? Pour nous seuls, rougissez-vous ou dédaignez-vous donc, en prononçant l'arrêt, de nommer les crimes ? Si le nom de « chrétien » n'est le nom d'aucun crime, c'est le comble de l'absurdité de faire un crime de ce nom.

3° par l'aveu inconscient du bien que produit le nom chrétien.

III Que dis-je ? la plupart ont voué à ce nom de chrétien une haine si aveugle, qu'ils ne peuvent rendre à un chrétien un témoignage favorable, sans y mêler le reproche de porter ce nom. « C'est un honnête homme, dit l'un, que Gaius Seius ; quel dommage qu'il soit chrétien ! » Un autre dit de même : « Pour ma part, je m'étonne que Lucius Titius, un homme si éclairé, soit tout à coup devenu

18 Cum igitur in omnibus aliter nos disponitis quam ceteros nocentes, ad unum contendendo, ut de isto nomine excludamur (excludimur enim, si faciamus quae faciunt non Christiani) intellegere potestis, non scelus aliquod in causa esse, sed nomen, quod quaedam ratio aemulae operationis insequitur, hoc primum agens, ut homines nolint scire pro certo, quod se nescire pro certo sciunt. **19** Ideo et credunt de nobis quae non probantur, et nolunt inquiri, ne probentur non esse quae malunt credidisse, ut nomen illius aemulae operationis inimicum praesumptis, non probatis criminibus de sua sola confessione damnetur. Ideo torquemur confitentes et punimur perseuerantes et absoluimur negantes, quia nominis proelium est. **20** Denique quid de tabella recitatis illum « Christianum ? » cur non et « homicidam », si homicida Christianus ? cur non et « incestum » uel quodcumque aliud esse nos creditis ? In nobis solis pudet aut piget ipsis nominibus scelerum pronuntiare ? « Christianus » si nullius criminis nomen est, ualde ineptum, si solius nominis crimen est.

III Quid quod ita plerique clausis oculis in odium eius impingunt, ut bonum alicui testimonium ferentes admisceant nominis exprobrationem ? « Bonus uir Gaius Seius, tantum quod Christianus ». Item alius : « Ego miror Lucium Titium, sapientem uirum, repente factum Christianum ». Nemo retractat, ne ideo bonus Gaius et prudens Lucius, quia Christianus, aut ideo

18 cum P : cur F|| aliter nos F : nos aliter P|| isto F : eo P|| **19** operationis F : rat– P|| damnetur P : –net F|| **20** incestum *Havercamp* : –us P|| nomen F : nomine reus P|| ineptum F : incest– P

III 1 DE NOMINIS EXPROBRATIONE P|| miror Lucium F : *om* P|| ne P : non f

chrétien. » Personne ne se demande si Gaius n'est honnête et Lucius éclairé que parce qu'ils sont chrétiens, ni s'ils ne sont pas devenus chrétiens, parce que l'un est honnête et l'autre éclairé ! **2** On loue en eux ce que l'on connaît, on blâme ce qu'on ignore, et, ce que l'on connaît, on l'attaque à cause de ce qu'on ignore : il est plus juste pourtant de préjuger ce qui est caché par ce qui est manifeste que de condamner d'avance ce qui est manifeste d'après ce qui est caché.

3 D'autres blâment, du jour où ils les louent, ceux qu'ils avaient connus naguère libertins, méprisables et malhonnêtes avant qu'ils portassent le nom chrétien. Aveuglés par la haine, ils leur donnent, sans le savoir, un suffrage favorable. « Cette femme, disent-ils, comme elle était libre, comme elle était galante ! Ce jeune homme, comme il était joueur, comme il était débauché ! Les voilà devenus chrétiens. » Ainsi donc le nom de chrétien est regardé comme la cause de leur amendement ! **4** Quelques-uns vont jusqu'à sacrifier leurs intérêts à cette haine, se résignant à un dommage, pourvu qu'ils n'aient pas chez eux ce qu'ils détestent. Une femme devenue chaste est répudiée par le mari qui n'a plus besoin d'être jaloux ; un fils devenu docile est déshérité par le père qui supportait auparavant ses désordres ; un esclave devenu fidèle est chassé loin des yeux du maître qui le traitait naguère avec douceur : dès qu'on s'amende en prenant le nom de chrétien, on devient odieux. Le bien qui en résulte ne fait pas contrepoids à la haine qu'on a des chrétiens.

4° par la guerre déclarée à une secte à cause de son nom.

5 Eh bien ! si c'est le nom qu'on déteste, quelle peut donc être la culpabilité des noms ? De quoi peut-on accuser des mots, sinon de ce que le vocable est barbare, ou de mauvais augure, ou injurieux ou inconvenant ? Le mot *Christianus*, au contraire, à considérer son étymologie, dérive du mot « onction ». Même quand vous le prononcez de travers *Chrestianus* — car vous n'avez pas même une exacte connaissance de ce nom — il signifie à la fois « douceur et bonté ». On hait donc chez des gens inoffensifs un nom qui est tout aussi inoffensif.

Christianus, quia prudens et bonus. **2** Laudant quae sciunt, uituperant quae ignorant, et id quod sciunt, eo quod ignorant, irrumpunt, cum sit iustius occulta de manifestis praeiudicare quam manifesta de occultis praedamnare. **3** Alii quos retro ante hoc nomen uagos, uiles, improbos nouerant, ex hoc ipso denotant, quo laudant : caecitate odii in suffragium inpingunt. « Quae mulier, quam lasciua, quam festiua ! Qui iuuenis, quam lusius, quam amasius ! Facti sunt Christiani ». Ita nomen emendationi imputatur. **4** Nonnulli etiam de utilitatibus suis cum odio isto paciscuntur, contenti iniuria, dum ne domi habeant quod oderunt. Vxorem iam pudicam maritus iam non zelotypus eiecit, filium iam subiectum pater retro patiens abdicauit, seruum iam fidelem dominus olim mitis ab oculis relegauit : ut quisque hoc nomine emendatur, offendit. Tanti non est bonum, quanti odium Christianorum !

5 Igitur, si nominis odium est, quis nominum reatus ? Quae accusatio uocabulorum, nisi si aut barbarum sonat aliqua vox nominis, aut infaustum, aut maledicum, aut impudicum ? Christianus uero, quantum interpretatio est, de unctione deducitur. Sed et cum perperam « Chrestianus » pronuntiatur a uobis (nam nec nominis certa est notitia penes uos) de suauitate uel benignitate compositum est. Oditur itaque in hominibus innocuis etiam nomen innocuum.

6 At enim secta oditur in nomine utique sui auctoris. Quid noui, si aliqua disciplina de magistro cognomentum sectatoribus suis inducit ? Nonne philosophi de

3 hoc ipso F : ipso P|| quo fM : quod P|| inpingunt P : enarrantes F|| qui F : quis P|| lusius F : luc– P|| **4** eiecit filium iam F : *om* P|| relegauit fM : relig– P|| quanti P : quam F|| **5** igitur F : nunc igitur P|| si aut P : aut f|| barbarum fM : –am P|| certa est P : est certa f|| itaque P : ergo f

6 Mais, dira-t-on, on hait la secte dans le nom de son fondateur. — Qu'y a-t-il d'étrange, si une doctrine donne à ses sectateurs un surnom tiré de celui du maître ? Les philosophes ne s'appellent-ils pas, du nom de leur maître, Platoniciens, Épicuriens, Pythagoriciens ? Ou encore, du lieu où ils se réunissent ou séjournent, Stoïciens, Académiciens ? De même, les médecins ne tirent-ils pas leur nom d'Érasistrate, les grammairiens d'Aristarque, les cuisiniers eux-mêmes d'Apicius ? **7** Et pourtant personne ne se sent choqué de ce que ceux-là professent un nom transmis par le maître avec la doctrine. Sans doute, si l'on prouve que l'auteur est mauvais et que la secte est mauvaise, on prouvera que le nom aussi est mauvais, digne de haine, à cause de la culpabilité de la secte et de l'auteur. Et par conséquent, avant de haïr le nom, il eût convenu de s'enquérir de la secte par l'auteur ou de l'auteur par la secte. **8** Mais ici on néglige de s'enquérir de l'un et de l'autre, de les connaître, et on accuse le nom, on persécute le nom, et un mot seul suffit pour condamner d'avance une secte inconnue, un auteur inconnu, parce qu'ils portent tel nom, et non pas parce qu'ils sont convaincus.

II. PROPOSITION
Les chrétiens sont innocents, les païens sont criminels.

IV Aussi bien, après cette sorte d'introduction destinée à flétrir l'injustice de la haine publique dont nous sommes l'objet, je veux maintenant plaider la cause de notre innocence. Je ne réfuterai pas seulement les reproches qu'on nous fait, mais je les rétorquerai contre leurs auteurs ; les hommes sauront ainsi qu'on ne trouve pas chez nous autres chrétiens ces crimes dont ils se savent eux-mêmes coupables, et en même temps ils rougiront de voir, ne disons pas que c'est le crime qui accuse la vertu, mais qu'ils accusent des hommes qui sont leurs pareils, à les entendre.

III. DIVISION
1° Actes secrets ; 2° Actes publics.

2 Nous répondrons successivement sur chacun des actes qu'on nous accuse de commettre en secret, sur les actes qu'on nous voit commettre en public, sur les actes à propos desquels nous passons pour criminels, pour extravagants, pour punissables, pour ridicules.

auctoribus suis nuncupantur Platonici, Epicurei, Pythagorici ? etiam a locis conventiculorum et stationum suarum Stoici, Academici ? aeque medici ab Erasistrato et grammatici ab Aristarcho, coqui etiam ab Apicio ? **7** Nec tamen quemquam offendit professio nominis cum institutione transmissi ab institutore. Plane, si qui probet malum auctorem et malam sectam, is probabit et nomen malum, dignum odio de reatu sectae et auctoris ; ideoque ante odium nominis competebat prius de auctore sectam recognoscere uel auctorem de secta. **8** At nunc utriusque inquisitione et agnitione neglecta nomen detinetur, nomen expugnatur, et ignotam sectam, ignotum et auctorem uox sola praedamnat, quia nominantur, non quia reuincuntur.

IV Atque adeo, quasi praefatus haec ad suggillandam odii erga nos publici iniquitatem, iam de causa innocentiae consistam ; nec tantum refutabo quae nobis obiciuntur, sed etiam in ipsos retorquebo, qui obiciunt, ut ex hoc quoque sciant homines, in Christianis non esse quae in se non nesciunt esse, simul uti erubescant accusantes, non dico pessimi optimos, sed et iam, ut uolunt, compares suos.

2. Respondebimus ad singula, quae in occulto admittere dicimur, quae palam admittentes inuenimur, in quibus scelesti, in quibus uani, in quibus damnandi, in quibus irridendi deputamur.

7 transmissi F : –ssa P‖ probet F : –bauit P‖ malum — sectam F : malam sectam et ita malum et auctorem P‖ **8** nominantur P : –atur f‖ reuincuntur P : –citur f

IV 1 non nesciunt F : nesciunt P‖ esse — optimos P : *om* F‖ et iam] etiam F : iam P‖ **2** palam F : illos palam P‖ admittentes inuenimur *Loefstedt* : admittentes inuenimus P : ad. (mittentes) inueniuntur Br : adinueniuntur F *teste Junio*

IV. PRÉMUNITION
***On nous dit : La loi est contre vous,* Non licet esse uos.**
Réponse : 1° En principe : la loi ne peut défendre que le mal ;

3 Mais puisque, quand la vérité répond à tout par notre bouche, on lui oppose finalement l'autorité des lois, en disant ou bien qu'après les lois il n'y a plus rien à examiner ou bien que, bon gré mal gré, la nécessité d'obéir est au-dessus de la vérité, je vais d'abord discuter ce qui regarde les lois, avec vous qui êtes les tuteurs des lois. **4** Et d'abord, quand vous posez, en vertu de la loi, ce principe : « Il n'est pas permis que vous existiez », et que vous nous opposez cette fin de non-recevoir sans aucune considération d'humanité, vous faites profession de violence et d'une domination inique, comme un tyran qui commande du haut de sa citadelle, si du moins vous prétendez que cela ne nous est pas permis parce que tel est votre bon plaisir, et non pas parce qu'en effet cela ne devait pas être permis. **5** Que si vous ne voulez pas que cela soit permis, parce que cela ne *doit* pas être permis, je vous répondrai : sans aucun doute, ce qui est mauvais ne doit pas être permis, et l'on peut conclure de là, assurément, que ce qui est bien est permis. Si je découvre que ce que ta loi a défendu est bon, d'après le principe que je viens d'énoncer, n'est-il pas vrai qu'elle ne peut pas me défendre ce qu'elle me défendrait à bon droit si cela était mauvais ? Si ta loi s'est trompée, c'est, je suppose, qu'elle a été rédigée par un homme ; et en effet, elle n'est pas tombée du ciel.

2° En fait : le législateur s'est souvent trompé : à Sparte, à Rome.

6 Est-il étonnant qu'un homme ait pu se tromper en établissant une loi, ou que, revenant à de meilleurs sentiments, il l'ait répudiée ? Et en effet, les lois de Lycurgue lui-même ne furent-elles pas corrigées par les Lacédémoniens, et leur auteur n'en fut-il pas affecté d'une si grande douleur qu'il se fit justice à lui-même en se laissant mourir d'inanition dans sa retraite ? **7** Et vous-mêmes, tous les jours, quand la lumière de l'expérience éclaire les ténèbres de l'antiquité, ne fouillez-vous pas et n'émondez-vous pas toute cette vieille et confuse forêt de vos lois, en y portant la hache de nouveaux rescrits et édits impériaux ? **8** La loi *Papia*, loi vaine et absurde,

3 Sed quoniam, cum ad omnia occurrit ueritas nostra, postremo legum obstruitur auctoritas aduersus eam, ut aut nihil dicatur retractandum esse post leges, aut ingratis necessitas obsequii praeferatur ueritati, de legibus prius consistam uobiscum, ut cum tutoribus legum. **4** Iam primum, cum iure definitis dicendo : « Non licet esse uos ! » et hoc sine ullo retractatu humaniore praescribitis, uim profitemini et iniquam ex arce dominationem, si ideo negatis licere, quia non uultis, non quia debuit non licere. **5** Quodsi, quia non debet licere, ideo noluistis licere, sine dubio id non debet licere, quod male fit, et utique hoc ipso praeiudicatur licere quod bene fit. Si bonum inuenero esse, quod lex prohibuit, nonne ex illo praeiudicio prohibere me non potest, quod, si malum esset, iure prohiberet ? Si lex tua errauit, puto, ab homine concepta est ; neque enim de caelo ruit.

6 Miramini hominem aut errare potuisse in lege condenda, aut resipuisse in reprobanda ? Non enim et ipsius Lycurgi leges a Lacedaemoniis emendatae tantum auctori suo doloris incusserunt, ut in secessu inedia de semetipso iudicarit ? **7** Nonne et uos cottidie, experimentis inluminantibus tenebras antiquitatis, totam illam ueterem et squalentem siluam legum nouis principalium rescriptorum et edictorum securibus ruspatis et caeditis ? **8** Nonne uanissimas Papias leges, quae ante liberos suscipi cogunt quam Iuliae matrimonium contrahi, post tantae auctoritatis senectutem heri Seuerus, constantissimus principum, exclusit ? **9** Sed et

3 consistam F : -curram P|| ut P : et F|| **4** III. DE INLICITO P|| iure F : dure P|| non uultis F : uultis P|| **5** licere F : *om* P|| noluistis F : non uultis P|| prohibuit F : tua prohibuit P|| **7** ruspatis F : trunc- P

qui force de procréer des enfants avant le temps où la *lex Iulia* exige le mariage, malgré l'autorité que lui donnait sa vieillesse, n'a-t-elle pas été réformée naguère par Sévère, le plus conservateur des princes ? **9** Et puis encore, il existait autrefois des lois qui permettaient aux créanciers de couper en morceaux les débiteurs condamnés ; d'un commun accord, cette loi cruelle fut plus tard abolie. La peine de mort fut commuée en note d'infamie : on eut recours à la confiscation des biens et l'on préféra faire monter le sang au visage du débiteur que de le répandre.

3° Une loi inique doit être réformée.

10 Que de lois il vous reste encore à réformer, sans que vous le sachiez. Ce n'est pas le nombre des années ni la dignité de leurs auteurs, qui font les lois respectables, mais l'équité seule : et voilà pourquoi, quand elles sont reconnues injustes, elles sont à bon droit condamnées, quand bien même elles condamnent. **11** Mais pourquoi dis-je « injustes » ? Bien plus, quand elles punissent un *nom*, il faut même les appeler « insensées » ; si ce sont des actes qu'elles condamnent, pourquoi punissent-elles nos actes à cause du nom seul, elles qui poursuivent, chez les autres, les crimes prouvés par le fait et non par le nom ? Je suis incestueux : pourquoi ne fait-on pas d'enquête ? Ou infanticide : pourquoi n'applique-t-on pas la torture ? Ou je commets un crime envers les dieux, envers les Césars : pourquoi ne pas m'entendre, moi qui puis me justifier ? **12** Aucune loi ne défend d'examiner ce qu'elle interdit de commettre, parce que le juge n'est pas en droit de punir, s'il ne reconnaît qu'on a commis ce qui n'est pas permis, de même que le citoyen ne peut obéir fidèlement à la loi s'il ignore ce que la loi punit. **13** Aucune loi ne doit qu'à elle seule la conviction intime qu'elle est juste ; la loi doit cette conviction à ceux dont elle attend obéissance. Mais une loi est suspecte, si elle ne veut pas être examinée ; elle est tyrannique, si elle s'impose sans examen.

IV, 8-9. Lois d'Auguste sur le mariage : *lex Iulia de maritandis ordinibus* (an 18 av. J.-C.), *lex Papia Poppaea* (an 9 après J.-C.).

iudicatos retro in partes secari a creditoribus leges erant; consensu tamen publico crudelitas postea erasa est. In pudoris notam capitis poena conuersa est : bonorum adhibita proscriptio suffundere maluit hominis sanguinem quam effundere.

10 Quot adhuc uobis repurgandae latent leges ! Quas neque annorum numerus neque conditorum dignitas commendat, sed aequitas sola, et ideo, cum iniquae recognoscuntur, merito damnantur, licet damnent. **11** Quomodo iniquas dicimus ? Immo, si nomen puniunt, etiam stultas ; si uero facta, cur de solo nomine puniunt facta, quae in aliis de admisso, non de nomine probata defendunt ? Incestus sum : cur non requirunt ? Infanticida : cur non extorquent ? In deos, in Caesares aliquid committo, cur non audior qui habeo quo purger ? **12** Nulla lex uetat discuti quod prohibet admitti, quia neque iudex iuste ulciscitur, nisi cognoscat admissum esse quod non licet, neque ciuis fideliter legi obsequitur ignorans, quale sit quod ulciscitur. **13** Nulla lex sibi soli conscientiam iustitiae suae debet, sed eis, a quibus obsequium exspectat. Ceterum suspecta lex est, si probari se non uult, improba autem, si non probata dominatur.

V Vt de origine aliquid retractemus eiusmodi legum, uetus erat decretum, ne qui deus ab imperatore consecraretur, nisi a senatu probatus. Scit M. Aemilius de

9 retro F : *om* P|| est in P : est et in f|| proscriptio F : pre– P|| **10** latent leges P : leges latent f|| numerus P : *om* F|| damnent P : et damnent Br : et damnentur F|| **11** infanticida Br : –dia FP|| **12** uetat fM : *om* P|| quod ulciscitur F : quod ulciscitur lex P|| **13** si probari F : quae probari P|| dominatur F : –etur P

V CONTRA IDOLA P|| **1-2** EVSEBIVS *et* RVFINVS, Hist. eccl., 2, 2, 5-6|| retractemus P : –amus f|| M. Aemilius P : et M. Aemilius f|| deo propitius P RVFINVS : propitius F

4° La loi contre les chrétiens est hors d'usage : attitude des empereurs depuis Tibère.

V Pour remonter à l'origine des lois de ce genre, il existait un vieux décret qui défendait qu'un dieu fût consacré par un *imperator*, s'il n'avait été agréé par le sénat. M. Aemilius l'a bien vu à propos de son dieu Alburnus. C'est encore un point qui est utile à notre cause : chez vous, c'est le bon plaisir de l'homme qui décide de la divinité. Si un dieu n'a pas plu à l'homme, il ne sera point dieu ; voilà que l'homme devra être propice au dieu ! **2** Donc Tibère, sous le règne de qui le nom chrétien a fait son entrée dans le monde, soumit au sénat les faits qu'on lui avait annoncés de Syrie-Palestine, faits qui avaient révélé là-bas la vérité de la divinité du Christ, et il manifesta son avis favorable. Le sénat, n'ayant pas lui-même vérifié ces faits, vota contre. César persista dans son sentiment et menaça de mort les accusateurs des chrétiens. **3** Consultez vos annales et vous y trouverez que Néron le premier sévit avec le glaive impérial contre notre secte, qui se levait précisément alors à Rome. Qu'un tel prince ait pris l'initiative de nous condamner, c'est pour nous un titre de gloire. Car qui connaît Néron peut comprendre que ce qu'un Néron a condamné ne peut être qu'un grand bien. **4** Un essai fut tenté par Domitien, ce demi-Néron par la cruauté, mais comme il lui restait quelque chose de l'homme, il renonça vite à son entreprise et ceux qu'il avait exilés furent même rappelés. Tels furent toujours nos persécuteurs, des hommes injustes, impies, infâmes : vous-mêmes avez coutume de les condamner et vous réhabilitez toujours ceux qu'ils ont condamnés.

Néron et Domitien.

Marc-Aurèle et ses successeurs.

5 Mais parmi tant de princes qui suivirent jusqu'à nos jours, de tous ceux qui s'entendaient aux choses divines et humaines, citez un seul qui ait fait la guerre aux chrétiens ! **6** Nous, au contraire, nous pouvons citer parmi eux un protecteur des chrétiens, si l'on veut bien rechercher la lettre de Marc-Aurèle, ce très sage empereur, où il atteste que la soif cruelle qui désolait l'armée de Germanie fut apaisée par une pluie ac-

deo suo Alburno. Facit et hoc ad causam nostram, quod apud uos de humano arbitratu diuinitas pensitatur. Nisi homini deus placuerit, deus non erit ; homo iam deo propitius esse debebit. **2** Tiberius ergo, cuius tempore nomen Christianum in saeculum intrauit, adnuntiata sibi ex Syria Palaestina, quae illic ueritatem istius diuinitatis reuelauerant, detulit ad senatum cum praerogatiua suffragii sui. Senatus, quia non ipse probauerat, respuit ; Caesar in sententia mansit, comminatus periculum accusatoribus Christianorum. **3** Consulite commentarios uestros, illic reperietis primum Neronem in hanc sectam cum maxime Romae orientem Caesariano gladio ferocisse. Tali dedicatore damnationis nostrae etiam gloriamur : qui enim scit illum, intellegere potest non nisi grande aliquod bonum a Nerone damnatum. **4** Temptauerat et Domitianus, portio Neronis de crudelitate ; sed, quia homo, facile coeptum repressit, restitutis etiam quos relegauerat. Tales semper nobis insecutores, iniusti, impii, turpes, quos et ipsi damnare consuestis, a quibus damnatos restituere soliti estis.

5 Ceterum de tot exinde principibus ad hodiernum diuinum humanumque sapientibus edite aliquem debellatorem Christianorum ! **6** At nos e contrario edimus protectorem, si litterae Marci Aurelii, grauissimi impe-

2 in saeculum P Rvfinvs : i<n> s<eculum> Br : sec<ulum> F|| intrauit F Rvfvinvs : introiuit P|| adnuntiata F Rvfinvs: –tum P|| istius F Rvfinvs : ipsius P|| reuelauerant F Rvfinvs: –erat P|| **3-4** Evsebivs *et* Rvfinvs, Hist. eccl., 2, 25, 4 ; 4, 26, 9|| cum maxime P Br Rvfinvs : ἡνίκα μάλιστα Evsebivs : maxime F|| tali F Rvfinus : τοιούτῳ Evsebivs : sed tali P|| grande aliquod bonum P^2 : μέγα τι ἀγαθόν Evsebivs : aliquod bonum grande FP^1|| **4** Evsebivs *et* Rvfinvs 2, 25, 4 ; 3, 20, 7|| quia homo F Rvfinvs Evsebivs : qua et homo P|| semper nobis P : nobis semper Rvfinvs

cordée aux prières de soldats par hasard chrétiens. S'il n'a pas révoqué ouvertement l'édit de persécution, il en a ouvertement neutralisé les effets d'une autre manière, en menaçant même les accusateurs d'une peine, et d'une peine plus rigoureuse encore. **7** Que penser donc de ces lois que seuls exécutent contre nous des princes impies, injustes, infâmes, cruels, extravagants, insensés, que Trajan éluda en partie en défendant de rechercher les chrétiens, que ne fit jamais appliquer un Vespasien, bien qu'il fût le destructeur des Juifs, jamais un Hadrien, scrutateur de toutes les choses curieuses, jamais un Antonin le Pieux, jamais un Vérus ? **8** Et pourtant, il était assurément plus naturel que des scélérats fussent exterminés par les meilleurs princes, leurs ennemis naturels, que par leurs pareils.

5° Les Romains ont laissé tomber dans l'oubli beaucoup de leurs lois.

VI Je voudrais maintenant que ces très scrupuleux protecteurs et vengeurs des lois et des institutions nationales me répondissent au sujet de leur fidélité, de leur respect et de leur obéissance envers les sénatus-consultes de leurs pères : s'ils n'en ont abandonné aucun, s'ils ne se sont écartés d'aucun, s'ils n'ont pas laissé tomber dans l'oubli précisément les règles les plus nécessaires et les plus aptes à maintenir la discipline morale.

a) Lois somptuaires ;

2 Que sont donc devenues ces lois qui réprimaient le luxe et l'ambition, qui défendaient de dépenser plus de cent as pour un repas, et de servir plus d'une volaille, encore ne devait-elle pas être engraissée ; ces lois qui exclurent du sénat un patricien, parce qu'il avait eu dix livres d'argent, comme si c'était une preuve éclatante de son ambition ;

b) loi sur les théâtres ;

qui faisaient démolir aussitôt les théâtres élevés pour corrompre les mœurs ;

c) sur les insignes de noblesse.

qui ne permettaient pas qu'on usurpât sans droit

V, 7. Sur Trajan, voy. II, 6-9. — VI, 2. Lois somptuaires contre le luxe de la table : *lex Fannia* et *lex Licinia* (161 et 103 av. J.-C.). Le premier théâtre en pierres (185 av. J.-C.) fut démoli par ordre du sénat (Tac., *Ann.*, 14,21.)

ratoris, requirantur, quibus illam Germanicam sitim Christianorum forte militum precationibus impetrato imbri discussam contestatur. Sicut non palam ab eiusmodi hominibus poenam dimouit, ita alio modo palam dispersit, adiecta etiam accusatorum damnatione, et quidem taetriore. **7** Quales ergo leges istae, quas aduersus nos soli exsequuntur impii iniusti, turpes truces, uani dementes, quas Traianus ex parte frustratus est uetando inquiri Christianos, quas nullus Vespasianus, quamquam Iudaeorum debellator, nullus Hadrianus, quamquam omnium curiositatum explorator, nullus Pius, nullus Verus impressit ? **8** Facilius utique pessimi ab optimis quibusque, ut ab aemulis, quam a suis sociis eradicandi iudicarentur.

VI Nunc religiosissimi legum et paternorum institutorum protectores et ultores respondeant uelim de sua fide et honore et obsequio erga maiorum consulta, si a nullo desciuerunt, si in nullo exorbitauerunt, si non necessaria et aptissima quaeque disciplinae oblitterauerunt. **2** Quonam illae leges abierunt sumptum et ambitionem comprimentes, quae centum aera non amplius in cenam subscribi iubebant, nec amplius quam unam inferri gallinam et eam non saginatam ; quae patricium, quod decem pondo argenti habuisset, pro magno ambitionis titulo senatu submouerunt ; quae theatra stuprandis moribus orientia statim destrue-

6 imbri P : –e f|| accusatorum F : –toribus P|| **7** VI. De legibvs P|| Evsebivs, Hist. eccl., 5, 5, 7|| exsequuntur F : ἕπονται Evsebivs : exercent P|| quas nullus P : quos nullus F|| Vespasianus — explorator F : *in* P *exemplum Hadriani ante Vespasiani legitur* : *Traianum inter Vesp. et Hadr. posuit* Evsebivs|| omnium curiositatum P : curiositatum omnium f

VI 2 quonam f : quō (= quoniam) P|| ambitionis titulo P : titulo ambitionis f|| submouerunt F : –ebant P

et impunément les insignes des dignités et de la noble naissance ? **3** Je vois, en effet, que maintenant, si les repas méritent le nom de *repas centenaires*, c'est parce qu'ils coûtent cent mille sesterces, et que l'argent des mines est converti en plats, je ne dis pas chez des sénateurs, mais chez des affranchis ou chez des gens qu'on déchire encore à coups de fouet. Je vois aussi qu'un seul théâtre par ville ne suffit pas, ni des théâtres tout nus. Pour empêcher, même en hiver, l'impudique volupté de grelotter, les Lacédémoniens les premiers inventèrent l'odieuse pénule... pour assister aux jeux. Je vois enfin qu'entre les matrones et les prostituées il n'y a plus aucune différence quant au vêtement.

Actuellement : luxe de table, des théâtres, du vêtement.

4 Au sujet des femmes, ils sont également tombés, ces règlements de vos ancêtres qui protégeaient la modestie et la tempérance. Autrefois, aucune femme ne portait de l'or, si ce n'est à un seul doigt, où le fiancé avait mis l'anneau nuptial comme un gage. Les femmes s'abstenaient de vin, au point que ses proches firent mourir de faim une matrone, parce qu'elle avait descellé les loges d'un cellier. Au temps de Romulus, une femme n'avait fait que goûter du vin et Méténnius, son mari, la tua impunément. **5** C'est aussi pourquoi c'était une obligation pour les femmes d'embrasser leurs proches, afin qu'on pût les juger par leur haleine. **6** Qu'est devenue cette antique félicité des mariages, heureuse suite des mœurs, grâce à laquelle pendant près de six cents ans depuis la fondation de Rome, pas une maison ne signifia le divorce ? Aujourd'hui, au contraire, les femmes ont tous les membres chargés d'or, elles n'osent embrasser sans crainte à cause du vin ; quant au divorce, il est devenu l'objet de leurs vœux, comme un fruit du mariage !

d) lois concernant les femmes : usage de l'or, du vin, divorce.

7 Et les sages décrets de vos pères au sujet de vos dieux eux-mêmes, c'est vous encore qui les avez abolis, vous qui êtes si pleins de respect pour eux ! Le vénérable Liber avec ses mystères

e) concernant le culte de Liber, d'Isis et des dieux nationaux.

bant ; quae dignitatum et honestorum natalium insignia non temere nec impune usurpari sinebant ? **3** Video enim et centenarias cenas a centenis iam sestertiis dicendas, et in lances (parum est, si senatorum et non libertinorum uel adhuc flagra rumpentium) argentaria metalla producta. Video et theatra nec singula satis esse nec nuda. Ne uel hieme uoluptas impudica frigeret, primi Lacedaemonii odium paenulae ludis excogitauerunt. Video et inter matronas atque prostibulas nullum de habitu discrimen relictum.

4 Circa feminas quidem etiam illa maiorum instituta ceciderunt, quae modestiae, quae sobrietati patrocinabantur, cum aurum nulla norat praeter unico digito, quem sponsus oppignerasset pronubo anulo ; cum mulieres usque adeo uino abstinerentur, ut matronam ob resignatos cellae vinariae loculos sui inedia necarint, sub Romulo uero quae uinum attigerat, impune a Metennio marito trucidata sit. **5** Idcirco et oscula propinquis offerre etiam necessitas erat, ut spiritu diiudicarentur. **6** Vbi est illa felicitas matrimoniorum, de moribus utique prosperata, qua per annos ferme sexcentos ab urbe condita nulla repudium domus scripsit ? At nunc in feminis prae auro nullum leue est membrum, prae uino nullum liberum est osculum, repudium uero iam et uotum est, quasi matrimonii fructus.

7 Etiam circa ipsos deos uestros quae prospecte decreuerant patres uestri, iidem uos obsequentissimi rescidistis. Liberum patrem cum mysteriis suis consules senatus auctoritate non modo urbe, sed uniuersa

2 dignitatum f : –tem P|| **3** ne F : nam ne P|| odium F : *om* P|| penulae F : –am P|| **4** adeo P *et* Br *ut uid* : a F|| Metennio P : Mec– f|| **5** diiudicarentur F : iud– P|| **6** qua f : quae P|| **7** prospecte P : specte F|| iidem f : idem P

fut banni par les consuls en vertu d'un sénatus-consulte, non seulement de Rome, mais de toute l'Italie. **8** Sérapis et Isis et Harpocrate avec leur Cynocéphale furent tenus loin du Capitole, c'est-à-dire chassés de la curie des dieux, par les consuls Pison et Gabinius, qui n'étaient pas chrétiens assurément. Ces consuls renversèrent même leurs autels et ils repoussèrent ces dieux, voulant refréner les désordres de ces infâmes et oiseuses superstitions. Vous les avez rappelés de l'exil et vous leur avez conféré la majesté suprême !

f) oubli des coutumes des ancêtres.

9 Où est le respect religieux, où est la vénération due par vous à vos ancêtres ? Par votre habillement, par votre genre de vie, par votre train de maison, par vos sentiments, enfin par votre langage même, vous avez renié vos ancêtres. Vous ne cessez de vanter l'antiquité, et de jour en jour vous adoptez une nouvelle manière de vivre. On peut voir par là que, vous écartant des sages institutions de vos ancêtres, vous retenez et vous conservez ce que vous ne deviez pas retenir et conserver, et vous n'avez pas gardé ce que vous deviez garder. **10** Il est une tradition de vos pères, que jusqu'ici vous paraissez garder le plus fidèlement, et que vous accusez surtout les chrétiens de violer, je veux dire le zèle pour le culte des dieux, en quoi l'antiquité est tombée dans la plus grossière erreur. Or, bien que vous ayez reconstruit les autels de Sérapis devenu un dieu romain, bien que vous immoliez vos fureurs à Bacchus devenu un dieu italique, cette tradition elle-même est pareillement méprisée, négligée, abolie par vous, en dépit de l'autorité des ancêtres. C'est ce que je montrerai en son temps.

PREMIÈRE PARTIE : *Les crimes secrets ou rituels.*

11 Maintenant, en effet, je vais répondre à l'infâme calomnie des crimes secrets, afin de me préparer la voie pour discuter les crimes publics.

La triple accusation : 1° infanticide, 2° repas de sang, 3° banquet suivi d'inceste.

VII Nous sommes, dit-on, les plus grands des criminels, à cause du rite de l'infanticide, à cause de la pâture que nous en tirons et de l'inceste com-

Italia eliminauerunt. **8** Serapidem et Isidem et Arpocratem cum suo Cynocephalo Capitolio prohibitos, id est curia deorum pulsos, Piso et Gabinius consules, non utique Christiani, euersis etiam aris eorum abdicauerunt, turpium et otiosarum superstitionum vitia cohibentes. His uos restitutis summam maiestatem contulistis !

9 Vbi religio, ubi ueneratio maioribus debita a uobis ? Habitu, uictu, instructu, sensu, ipso denique sermone proauis renuntiastis. Laudatis semper antiquitatem, et noue de die uiuitis. Per quod ostenditur, dum a bonis maiorum institutis deceditis, ea uos retinere et custodire, quae non debuistis, cum quae debuistis non custodistis. **10** Ipsum adhuc quod uidemini fidelissime tueri a patribus traditum quo principaliter reos transgressionis Christianos destinatis, studium dico deorum colendorum, de quo maxime errauit antiquitas, licet Serapidi iam Romano aras restruxeritis, licet Baccho iam Italico furias uestras immoletis, suo loco ostendam proinde despici et neglegi et destrui a uobis aduersus maiorum auctoritatem.

11 Nunc enim ad illam occultorum facinorum infamiam respondebo, ut uiam mihi ad manifestiora purgem.

VII Dicimur sceleratissimi de sacramento infanticidii et pabulo inde et post conuiuium incesto, quod euersores luminum canes, lenones scilicet tenebrarum, in libidinum impiarum uerecundiam procurent.

2 Dicimur tamen semper, nec uos quod tamdiu di-

8 et Isidem P : Isidem f|| id F : inferri id P|| **9** antiquitatem P : –quos F|| et noue P : sed noue F|| cum quae f : cumque P|| **10** ipsum F : *om* P|| destinatis F : –astis P|| immoletis F : –laretis P|| proinde P : per– f

VII. 1 in F : *om* P|| uerecundiam F : inu– P

mis après un banquet, inceste organisé, dit-on, par des chiens dressés, en véritables entremetteurs des ténèbres, à renverser les lumières pour jeter un voile discret sur ces débauches impies.

Réfutation : Preuves externes : aucun témoin.

2 Mais on le dit toujours, et cependant, ce que depuis si longtemps on dit de nous, vous n'avez cure de le démontrer. Démontrez-le donc, si vous y croyez, ou n'y croyez pas, si vous ne le démontrez pas. Votre négligence à le faire prouve d'avance contre vous qu'il n'y a rien de réel dans ce que vous n'osez pas rechercher vous-mêmes. C'est un office tout différent que vous imposez au bourreau à l'égard des chrétiens : il doit les forcer non pas à dire ce qu'ils font, mais à nier ce qu'ils sont.

3 L'origine de notre doctrine, comme nous l'avons déjà dit, remonte à Tibère. La vérité a été détestée, dès qu'elle est née : aussitôt qu'elle a paru, elle est traitée en ennemi. Autant d'étrangers, autant d'ennemis, et spécialement les Juifs par haine, les soldats par besoin d'exactions, et nos serviteurs eux-mêmes par nature. **4** Tous les jours nous sommes assiégés, tous les jours nous sommes trahis, et bien souvent, jusque dans nos réunions et nos assemblées même, nous sommes surpris. **5** Qui donc, en survenant ainsi, a jamais entendu les vagissements d'un enfant ? Qui donc a jamais pu conserver, pour les montrer au juge, les lèvres couvertes de sang, de ces Cyclopes et de ces Sirènes ? Qui a surpris dans des épouses chrétiennes quelque trace immonde ? Qui donc, ayant découvert de pareils faits, les a tenus secrets ou a vendu son silence, tout en traînant les auteurs devant les tribunaux ? Si nous nous cachons toujours, quand donc les crimes que nous commettons ont-ils été trahis ?

6 Bien plus qui a pu les trahir ? En effet, ce ne sont pas les coupables eux-mêmes, assurément, puisque la règle formelle de tous les mystères impose un silence inviolable. Les mystères de Samothrace et d'Éleusis sont tenus secrets : à combien plus forte raison le sont des mystères dont la révélation provoquerait la vengeance des hommes, en attendant celle de Dieu ? **7** Si donc les chrétiens n'ont

cimur, eruere curatis. Ergo aut eruite, si creditis, aut nolite credere, qui non eruitis. De uestra uobis dissimulatione praescribitur, non esse quod nec ipsi audetis eruere. Longe aliud munus carnifici in Christianos imperatis, non ut dicant quae faciunt, sed ut negent quod sunt.

3 Census istius disciplinae, ut iam edidimus, a Tiberio est. Cum odio sui coepit ueritas; simul apparuit, inimica est. Tot hostes eius quot extranei, et quidem proprie ex aemulatione Iudaei, ex concussione milites, ex natura ipsi etiam domestici nostri. **4** Cottidie obsidemur, cottidie prodimur, in ipsis etiam plurimum coetibus et congregationibus nostris opprimimur. **5** Quis unquam taliter uagienti infanti superuenit ? Quis cruenta, ut inuenerat, Cyclopum et Sirenum ora iudici reseruauit ? Quis uel in uxoribus aliqua immunda uestigia deprehendit ? Quis talia facinora, cum inuenisset, celauit aut uendidit, ipsos trahens homines ? Si semper latemus, quando proditum est quod admittimus ?

6 Immo a quibus prodi potuit ? Ab ipsis enim reis non utique, cum uel ex forma omnium mysteriorum silentii fides debeatur. Samothracia et Eleusinia reticentur quanto magis talia, quae prodita interim etiam humanam animaduersionem prouocabunt, dum diuina seruatur ? **7** Si ergo non ipsi proditores sui, sequitur ut extranei. Et unde extraneis notitia, cum semper etiam piae initiationes arceant profanos et ab arbitris caueant, nisi impii minus metuunt ?

2 eruitis F : –stis P|| carnifici P : –cii f|| **3** apparuit] adparuit P : *om* F|| quot P : tot F|| proprie P : –ii f|| ipsi etiam P : etiam ipsi F|| **4** etiam F : *om* P|| **5** aliqua P : unquam F|| **6** omnium F : –ibus P|| mysteriorum F : –riis P|| interim P : *om* F|| diuina P : –initas F|| seruatur F : –ntur P|| **7** proditores P : sunt proditores F|| piae F : inp– P|| et Br P : etiam F|| ab Br F : *om* P|| impii F : si impii P

pu se trahir eux-mêmes, il faut conclure que les traîtres sont des étrangers. Mais d'où les étrangers ont-ils eu connaissance de nos mystères, puisque toujours les initiations, même les initiations pieuses, éloignent les profanes et se gardent des témoins, à moins que peut-être les impies ne craignent moins ?

La renommée mensongère.

8 La nature de la renommée est connue de tous. Ce mot est d'un des vôtres : « La renommée est le plus rapide de tous les fléaux. » Pourquoi la renommée est-elle un fléau ? Parce qu'elle est rapide, parce qu'elle révèle tout, ou bien parce qu'elle est le plus souvent menteuse ? Même quand elle rapporte quelque chose de vrai, elle n'est pas exempte du reproche de mensonge, parce qu'elle retranche de la vérité, qu'elle y ajoute, qu'elle la dénature. 9 Bien plus, sa condition est telle, qu'elle ne continue à exister que si elle ment et elle n'existe aussi longtemps qu'elle ne prouve pas ce qu'elle dit. En effet, dès l'instant qu'elle a prouvé, elle cesse d'exister et, remplissant pour ainsi dire l'office de messagère, elle transmet un fait : dès lors, c'est un fait qu'on tient, c'est un fait qu'on rapporte. 10 Et personne ne dit plus, par exemple : « On *dit* que cela s'est passé à Rome », ni « Le *bruit court* qu'un tel a tiré au sort une province » ; mais bien : « Un tel a tiré au sort une province », et : « Cela *s'est passé* à Rome. »

11 La renommée, nom de l'incertain, ne peut exister là où est le certain. Est-ce que par hasard on pourrait en croire la renommée, si l'on n'est irréfléchi ? Non, car le sage ne croit pas à l'incertain. Chacun peut s'en rendre compte : quelle que soit l'étendue de sa diffusion, quelle que soit son assurance, c'est nécessairement d'un seul auteur qu'un jour elle est partie. 12 Après, elle se glisse de bouche en bouche, d'oreille en oreille, comme par autant de canaux, et le vice inhérent à cette humble semence rend si obscures les rumeurs qui circulent ensuite que personne ne se demande si la première bouche n'a pas semé le mensonge, chose qui arrive souvent grâce au génie inventif de la haine, ou par le soupçon téméraire, ou encore à cause de cette volupté du mensonge qui n'est

8 Natura famae omnibus nota est. Vestrum est :

Fama, malum, qua non aliud uelocius ullum.

Cur malum fama ? quia uelox, quia index, an quia plurimum mendax ? Quae ne tunc quidem cum aliquid ueri defert, sine mendacii uitio est, detrahens, adiciens, demutans de ueritate. **9** Quid quod ea illi condicio est, ut non nisi cum mentitur, perseueret, et tamdiu uiuit quamdiu non probat ? siquidem ubi probauit, cessat esse et, quasi officio nuntiandi functa, rem tradit : exinde res tenetur, res nominatur. **10** Nec quisquam dicit, uerbi gratia : « Hoc Romae aiunt factum », aut : « Fama est illum prouinciam sortitum » ; sed : « Sortitus est ille prouinciam », et : « Hoc factum est Romae ».

11 Fama, nomen incerti, locum non habet ubi certum est. An famae credat nisi inconsideratus, quia sapiens non credit incerto ? Omnium est aestimare, quantacumque illa ambitione diffusa est, quantacumque adseueratione constructa, quod ab uno aliquando principe exorta sit necesse est. **12** Exinde in traduces linguarum et aurium serpit, et ita modici seminis uitium cetera rumoris obscurat, ut nemo recogitet, ne primum illud os mendacium seminauerit, quod saepe fit aut ingenio aemulationis, aut arbitrio suspicionis, aut non noua, sed ingenita quibusdam mentiendi uoluptate. **13** Bene autem quod omnia tempus reuelat, testibus etiam uestris prouerbiis atque sententiis, ex dispositione diuinae na-

8 VII. De infanticidio P‖ Vergilivs, Aen., IV, 174‖ qua FP[2] Vergilivs : quia P[1]‖ quia uelox Br P : an quia uelox F‖ defert F : adf– P‖ **9** functa f : –ctā (= am) P‖ exinde F : et exinde P‖ **10** aiunt F : aut P‖ **11** famae F : uero famae P‖ inconsideratus P : si inconsideratus F‖ quia P : qui F‖ non P : est non F‖ diffusa est F : diffusa sit P‖ **12** serpit P : –at f‖ cetera rumoris F : ceterarum oris P‖ **13** diuinae F : *om* P

pas une chose si extraordinaire, mais innée à beaucoup ; **13** Heureusement que le temps dévoile tout : vos proverbes et vos maximes m'en sont témoins, et c'est une disposition de la divine nature qui a voulu que rien ne reste longtemps caché, pas même ce que la renommée n'a pas divulgué.

14 Il est donc naturel que depuis si longtemps la renommée seule soit témoin des crimes des chrétiens. Oui, c'est elle seule que vous produisez comme dénonciatrice contre nous : or, les bruits qu'elle a un jour répandus contre nous et qu'après tant d'années elle a accrédités jusqu'à en faire une opinion générale, elle n'a pu jusqu'ici les prouver !

Preuves internes : manque de vraisemblance. Appel à la nature.

VIII Pour en appeler au témoignage de la nature elle-même contre ceux qui présument qu'il faut croire de pareils bruits, eh bien ! je le concède, nous proposons une récompense de ces méfaits : c'est la vie éternelle qu'ils nous promettent ! Croyez-le pour un moment. Je demande à ce sujet : Toi qui le crois, penses-tu que cela vaille la peine d'arriver à la vie éternelle avec une pareille conscience ? **2** Viens, plonge le fer dans le corps de cet enfant, qui n'est l'ennemi de personne, qui n'est coupable envers personne, qui est le fils de tous ; ou bien, si un autre doit accomplir cet office, toi, va donc voir cet homme qui meurt avant de vivre ; attends que cette âme toute neuve s'échappe, recueille ce jeune sang, trempes-y ton pain, repais-t'en avec délices. **3** Cependant assis à table, compte les places, celle de ta mère, celle de ta sœur, note-les soigneusement, afin de ne pas te tromper, quand les chiens auront fait tomber les ténèbres. Car tu te rendras coupable d'un sacrilège si tu ne commets pas un inceste.

4 Initié à de pareils mystères, revêtu de ce sceau, tu vis éternellement. Réponds-moi, je le veux, si l'immortalité vaut ce prix. Si elle ne le vaut pas, il ne faut pas non plus croire à tout cela. Même quand tu y croirais, j'affirme que tu n'en voudrais pas ; même quand tu en voudrais, j'affirme que tu ne le pourrais pas. Pourquoi donc d'autres

turae quae ita ordinauit ut nihil diu lateat, etiam quod fama non distulit.

14 Merito igitur fama tamdiu conscia sola est scelerum Christianorum. Hanc indicem aduersus nos profertis, quae, quod aliquando iactauit tantoque spatio in opinionem corroborauit, adhuc probare non ualuit.

VIII Vt fidem naturae ipsius appellem aduersus eos, qui talia credenda esse praesumunt, ecce proponimus horum facinorum mercedem: uitam aeternam repromittunt ! Credite interim. De hoc enim quaero, an et qui credideris tanti habeas, ad eam tali conscientia peruenire. **2** Veni, demerge ferrum in infantem nullius inimicum, nullius reum, omnium filium ; uel, si alterius officium est, tu modo assiste morienti homini, antequam uixit, fugientem animam nouam exspecta, excipe rudem sanguinem, eo panem tuum satia, uescere libenter. **3** Interea discumbens dinumera loca, ubi mater, ubi soror; nota diligenter, ut, cum tenebrae ceciderint caninae, non erres. Piaculum enim feceris, nisi incestum.

4 Talia initiatus et consignatus uiuis in aeuum. Cupio respondeas, si tanti aeternitas ; aut si non, ideo nec credenda. Etiamsi credideris, nego te uelle ; etiamsi uolueris, nego te posse. Cur ego alii possint, si uos non potestis ? cur non possitis, si alii possunt ? **5** Alii nos, opinor, natura, Cynopenae aut Sciapodes : alii ordines dentium, alii ad incestam libidinem nerui! Qui ista credis de homine, potes et facere; homo es et ipse, quod et

14 Hanc P : quod dicitur semper (semper semper Br) est quia quod est desinit dici. Hanc FBr|| spatio P : temporis spatio F
VIII. 1 praesumunt. VIII. De fama incesti P|| credideris P : -iderit F|| habeas P : -at F|| **3** feceris F : admiseris P|| nisi incestum *nos* (= *Ad nationes*, I, 7) : nisi incestum feceris P|| **4** possint P : -unt f|| **5** alii nos F : alia nos P|| Cynopenae F : -pennae P|| homo es P : tu homo es f|| quod et tu f : et quod et tu P

le pourraient-ils, si vous ne le pouvez pas ? Pourquoi ne le pourriez-vous pas, si d'autres le peuvent ? **5** Nous sommes d'une autre nature, apparemment, des Cynopènes ou des Sciapodes, nous avons d'autres rangées de dents, d'autres organes pour la passion incestueuse. Toi qui crois ces horreurs d'un homme, tu peux aussi les commettre ; tu es, toi aussi, un homme, tout comme un chrétien. Toi qui es incapable de les commettre, tu ne dois pas les croire. En effet, un chrétien est un homme, il est ce que tu es.

Supercherie impossible.

6 « Mais, direz-vous, on suggère ce crime à des ignorants, on le leur impose. » — Ils ne savaient pas, en effet, qu'on affirmait pareille chose des chrétiens, eux qui devaient à coup sûr y porter leur attention et s'en assurer avec toute leur vigilance ! **7** Mais ceux qui veulent être initiés ont coutume, je pense, d'aller trouver d'abord le « père des mystères » et de fixer avec lui les préparatifs à faire. Il leur dit alors : « Il te faudra un enfant, encore tendre, qui ne sache pas ce que c'est que la mort, qui sourie sous ton couteau ; et puis, du pain pour recueillir ce jus de sang ; en outre, des candélabres, et des lampes, et quelques chiens, et des bouchées de viande pour les faire bondir et renverser les lumières. Surtout tu devras venir avec ta mère et avec ta sœur. » **8** Et si elles ne veulent pas venir ou si le néophyte n'en a pas ? Combien de chrétiens vivent seuls, sans famille ? Tu ne seras, je suppose, pas un chrétien selon les règles, si tu n'as ni sœur ni mère ? **9** « Et qu'arrivera-t-il, si tous ces préparatifs sont faits à l'insu des néophytes ? » — Du moins, ils apprennent tout dans la suite, et ils le supportent, et ils ferment les yeux ! Craignent-ils d'être punis, s'ils le proclament, eux qui mériteront d'être protégés par vous, eux qui préfèrent mourir que de vivre avec une telle conscience ? Eh bien, soit ! qu'ils aient peur : pourquoi donc persévèrent-ils ? Il est naturel, en effet, qu'on ne veuille pas continuer d'être ce qu'on n'aurait pas été, si on avait su ce que c'était.

VIII 7. Chez les païens, le *pater sacrorum* préside aux initiations

Christianus. Qui non potes facere, non debes credere. Homo est enim et Christianus, quod et tu.

6 Sed ignorantibus subicitur et imponitur. Nihil enim tale de Christianis asseuerari sciebant, obseruandum utique sibi et omni uigilantia inuestigandum. **7** Atquin uolentibus initiari moris est, opinor, prius patrem illum sacrorum adire, quae praeparanda sint describere. Tum ille : « Infans tibi necessarius, adhuc tener, qui nesciat mortem, qui sub cultro tuo rideat ; item panis, quo sanguinis iurulentiam colligas ; praeterea candelabra, et lucernae, et canes aliqui, et offulae, quae illos ad euersionem luminum extendant. Ante omnia cum matre et sorore tua uenire debebis ». **8** Quid si noluerint uel nullae fuerint ? quo*t* denique sine pignore singulares Christiani ? Non eris, opinor, legitimus Christianus nisi frater aut filius. **9** Quid nunc, et si ista omnia ignaris praeparantur ? Certe postea cognoscunt, ea sustinent et ignoscunt ! Timent plecti, si proclament, qui defendi merebuntur, qui etiam ultro perire malunt quam sub tali conscientia uiuere ? Age nunc, timeant : cur etiam perseuerant ? Sequitur enim, ne ultra uelis id te esse, quod si prius scisses, non fuisses.

IX Haec quo magis refutauerim, a uobis fieri ostendam partim in aperto, partim in occulto, per quod forsitan et de nobis credidistis.

2 Infantes penes Africam Saturno immolabantur

7 atquin P : –qui f|| describere f : di– P|| tibi f : ti P|| quo P : qui f|| iurulentiam FP[1] : uirul– P[2]|| colligas] conl– P : conligat f|| 8 noluerint P : uenire noluerint F|| quot *nos* : quod P : quid f|| sine pignore F : *om* P|| 9 malunt F : –int P|| perseuerant P : –ent f.

IX 1 quo f : quoque P

RÉTORSION.

IX Pour mieux réfuter ces calomnies, je vais montrer que c'est vous qui commettez ces crimes, partie en public, partie en secret, car c'est peut-être pour cette raison que vous les avez crus de nous.

Le meurtre rituel chez les païens

2 Des enfants étaient immolés publiquement à Saturne, en Afrique, jusqu'au proconsulat de Tibère, qui fit exposer les prêtres mêmes de ce dieu, attachés vifs aux arbres mêmes de leur temple, qui couvraient ces crimes de leur ombre, comme à autant de croix votives : je prends à témoin les soldats de mon père qui exécutèrent cet ordre du proconsul. **3** Mais, aujourd'hui encore, cet exécrable sacrifice continue en secret. Les chrétiens ne sont pas les seuls qui vous bravent : il n'est pas de crime qu'on puisse extirper pour toujours et jamais un dieu ne change de mœurs. **4** Saturne, qui n'épargna pas ses propres enfants, aurait naturellement continué à ne pas épargner les enfants étrangers ; mais c'étaient leurs propres parents qui venaient les lui offrir eux-mêmes, qui s'engageaient « de bon cœur » et qui caressaient leurs enfants, pour les empêcher de pleurer au moment où ils étaient immolés. Et pourtant, grande est la différence entre l'homicide et le parricide !

5 Chez les Gaulois, c'étaient des hommes faits qu'on sacrifiait à Mercure. Je laisse à leurs théâtres les tragédies de la Tauride. Mais jusque dans cette très religieuse cité des pieux descendants d'Énée, il y a un certain Jupiter que dans ses jeux on arrose de sang humain. « C'est le sang d'un bestiaire », direz-vous. Apparemment, c'est là moins que le sang d'un homme ! N'est-il pas encore plus honteux, que ce soit le sang d'un malfaiteur ? Ce qui est sûr, du moins, c'est qu'il est versé par un homicide. Oh ! le Jupiter chrétien et fils unique de son père par la cruauté !

6 Mais, puisqu'un infanticide est toujours un infanticide, peu importe qu'il soit commis par religion ou par caprice, à part toutefois la différence que fait le parricide, je vais m'adresser au peuple. Combien de ces hommes qui nous entourent et qui sont avides du sang des chrétiens, combien même d'entre ces gouverneurs pour

palam usque ad proconsulatum Tiberii, qui ipsos sacerdotes in eisdem arboribus templi sui obumbratricibus scelerum uotiuis crucibus uiuos exposuit, teste militia patris nostri, quae id ipsum munus illi proconsuli functa est. **3** Sed et nunc in occulto perseueratur hoc sacrum facinus. Non soli uos contemnunt Christiani, nec ullum facinus in perpetuum eradicatur, aut mores suos aliquis deus mutat. **4** Cum propriis filiis Saturnus non pepercit, extraneis utique non parcendo perseuerasset, sed quos quidem ipsi parentes sui offerebant, et libentes respondebant et infantibus blandiebantur, ne lacrimantes immolarentur. Et tamen multum homicidio parricidium differt.

5 Maior aetas apud Gallos Mercurio prosecabatur. Remitto fabulas Tauricas theatris suis. Sed et in illa religiosissima urbe Aeneadarum piorum est Iuppiter quidam, quem ludis suis humano sanguine proluunt. Sed bestiarii, inquitis. — Hoc, opinor, minus quam hominis ! An hoc turpius, quod mali hominis ? Certe tamen de homicidio funditur. O Iouem Christianum et solum patris filium de crudelitate !

6 Sed quoniam de infanticidio nihil interest, sacro an arbitrio patretur, licet de parricidio intersit, conuertar ad populum. Quot uultis ex his circumstantibus et in Christianorum sanguinem inhiantibus, ex ipsis etiam uobis iustissimis et seuerissimis in nos praesidibus

2 ipsos F : eosdem P|| uiuos F : *om* P|| patris F : –iae P|| nostri F : –ae P|| id P : ad F|| munus P : ma– F|| **3** perseueratur P : –at f|| facinus in F : scelus in P|| aliquis F : –qui P|| **4** sed F : *om* P|| **5** prosecabatur F : –catur P|| fabulas Tauricas P : Tauricas fabulas f|| sed et F : ecce P|| est Iupiter f : est est Iupiter P|| sanguine proluunt P : proluunt sanguine f || minus P : hoc minus f|| **6** patretur F : perpetretur P|| de parricidio F : parricidium homicidio P|| inhiantibus F : hiant– P

vous si justes et si sévères pour nous, voulez-vous que j'accuse devant leur conscience, parce qu'ils tuent les enfants qui viennent de leur naître ? 7 Et s'il y a encore une différence quant au genre de mort, je vous dirai qu'il est assurément plus cruel de torturer leur âme dans l'eau ou de les exposer au froid ou à la faim ou aux chiens ; c'est la mort par le fer que choisirait même un homme fait. 8 Quant à nous, l'homicide nous étant défendu une fois pour toutes, il ne nous est pas même permis de faire périr l'enfant conçu dans le sein de la mère, alors que l'être humain continue a être formé par le sang. C'est un homicide anticipé que d'empêcher de naître et peu importe qu'on arrache l'âme déjà née ou qu'on la détruise au moment où elle naît. C'est un homme déjà ce qui doit devenir un homme ; de même, tout fruit est déjà dans le germe.

Contre-partie chez les chrétiens.

Les repas de sang chez les païens.

9 Pour en venir à ce repas de sang et aux plats tragiques de ce genre, voyez s'il n'est pas rapporté quelque part — dans Hérodote, je pense — que certaines peuplades se procuraient du sang tiré des bras, que l'une et l'autre partie buvait, pour conclure un traité. Devant Catilina, il y eut aussi je ne sais quelle dégustation de ce genre. On dit encore que, chez certaines nations scythiques, tout défunt est mangé par ses parents. 10 Je cherche trop loin. Aujourd'hui même, chez vous, voyez les entaillés de Bellone : c'est du sang tiré d'une cuisse ouverte, et recueilli dans la main, qu'on leur donne à boire pour les initier. De même, ceux qui, lors d'un combat de gladiateurs, ont sucé avec une soif avide, pour guérir la maladie comitiale, le sang tout chaud, coulant de la gorge des criminels égorgés dans l'arène, où sont-ils ? 11 De même encore ceux qui dînent de la chair des bêtes fauves venant de l'arène, qui cherchent du sanglier ou du cerf. Ce sanglier, en luttant, s'est souillé du sang de l'homme qu'il a déchiré ; ce cerf s'est roulé dans le sang d'un gladiateur. On recherche même les estomacs des ours qui n'ont pas encore digéré les chairs humaines : c'est un homme qui se gorge de la chair nourrie d'un

apud conscientias pulsem, qui natos sibi liberos enecent ? **7** Si quid et de necis genere differt, utique crudelius in aqua spiritum torquetis, aut frigori aut fami aut canibus exponitis; ferro enim mori aetas quoque maior optauerit. **8** Nobis uero homicidio semel interdicto etiam conceptum utero, dum adhuc sanguis in hominem delibatur, dissoluere non licet. Homicidii festinatio est prohibere nasci, nec refert, natam quis eripiat animam an nascentem disturbet. Homo est et qui est futurus ; etiam fructus omnis iam in semine est.

9 De sanguinis pabulo et eiusmodi tragicis ferculis legite, necubi relatum sit (apud Herodotum, opinor) defusum brachiis sanguinem et alterutro degustatum nationes quasdam foederi comparasse. Nescio quid et sub Catilina tale degustatum. Aiunt et apud quosdam gentiles Scytharum defunctum quemque a suis comedi. **10** Longe excurro. Hodie istic Bellonae secatos sanguis de femore proscisso palmula exceptus et usui datus signat. Item illi, qui munere in arena noxiorum iugulatorum sanguinem recentem, de iugulo decurrentem, auida siti comitiali morbo medentes hauserunt, ub sunt ? **11** Item illi, qui de arena ferinis obsoniis cenant, qui de apro, qui de ceruo petunt ? Aper ille, quem cruentauit, conluctando detersit ; ceruus ille in gladia-

6 enecent P : enectent f|| **7** si quid F : siquidem P|| necis genere F : genere necis P|| torquetis F : ext– P|| aut fami F : et fami P|| aut canibus F : et canibus P|| exponitis P : –nentes F|| **8** homicidio semel F : semel homicidio P|| utero P : –um F|| delibatur f *et Cod. Erlang. teste Oehler* : –beratur P|| quis P : qui f|| **9** tragicis F : –oecis P|| ferculis P : fabulis F|| apud F : est apud P|| defusum P : diff– f|| sanguinem et F : sanguinem ex P|| tale : *om* P|| aiunt Br : e st aiunt FP|| **10** secatos Br : –or F : sacratus P|| palmula F : in palmulam P|| usui F : sui P || iugulatorum P : rigula– F|| iugulo P : r ig– F || auida F : exceptum auida P

homme. **12** Vous qui mangez tout cela, combien peu vous êtes loin des prétendus repas des chrétiens ! Et ceux qui, par une passion sauvage, convoitent les membres des hommes font-ils moins parce qu'ils les dévorent vivants ? N'est-ce pas par le sang humain qu'ils sont initiés à l'impudicité, parce qu'ils boivent ce qui doit seulement devenir du sang ? Ce ne sont pas des enfants, sans doute, mais plutôt des hommes faits qu'ils mangent !

Contre-partie chez les chrétiens : horreur du sang des animaux.

13 Rougissez de votre aveuglement devant nous autres chrétiens, qui ne regardons pas même le sang des animaux comme un des mets qu'il est permis de manger, et qui, pour cette raison, nous abstenons de bêtes étouffées et de bêtes mortes d'elles-mêmes, pour n'être souillés en aucune manière de sang, même de celui qui est comme enseveli dans les chairs. **14** Aussi, pour mettre les chrétiens à l'épreuve, vous leur présentez des boudins gonflés de sang, bien convaincus que ce mets est défendu chez eux et que c'est un moyen de les faire sortir du droit chemin. Comment pouvez-vous donc croire que ces hommes qui ont horreur du sang d'un animal (vous en êtes persuadés) sont avides de sang humain ? à moins peut-être que vous n'ayez trouvé vous-mêmes ce sang plus agréable au goût ! **15** Ce sang, il fallait donc l'employer aussi pour éprouver les chrétiens, aussi bien que le foyer du sacrifice, que le coffret à encens. Ils seraient, en effet, convaincus d'être chrétiens en voulant goûter le sang humain, comme en refusant de sacrifier ; il faudrait, au contraire, nier qu'ils soient chrétiens, s'ils ne le goûtaient pas, comme vous le feriez s'ils sacrifiaient. Et, assurément, le sang humain ne vous ferait pas défaut, au moment où vous interrogez les détenus et où vous les condamnez.

IX. Dans ce chap., Tertullien rétorque les accusations, suivant la tactique annoncée au ch. IV, 1. — § 13. A l'époque de Tertullien, les chrétiens s'abstenaient encore du sang des animaux. Voy. *Actus Apost.*, 15, 20. Minucius Felix, *Octau.*, 30, 6. Eusèbe, *Hist. eccl.*, V, 1, 26. — *Vel intra uiscera sepulto.* La figure hardie d'un corps servant de tombeau se trouve d'abord dans Ennius (Vahlen, 141).

toris sanguine *se* iactauit. Ipsorum ursorum aluei appetuntur cruditantes adhuc de uisceribus humanis ; ructatur ab homine caro pasta de homine. Haec qui editis, quantum abestis a conuiuiis Christianorum ? **12** Minus autem et illi faciunt, qui libidine fera humanis membris inhiant, quia uiuos uorant ? minus humano sanguine ad spurcitiam consecrantur, quia futurum sanguinem lambunt ? non edunt infantes plane, sed magis puberes.

13 Erubescat error uester Christianis, qui ne animanlium quidem sanguinem in epulis esculentis habemus, qui propterea suffocatis quoque et morticinis abstinemus, ne quo modo sanguine contaminemur uel intra uiscera sepulto. **14** Denique in tormenta Christianorum botulos etiam cruore distentos admouetis, certissimi scilicet, inlicitum esse penes illos, per quod exorbitare eos uultis. Porro quale est, ut, quos sanguinem pecudi horrere confiditis, humano inhiare credatis, nisi forte suauiorem eum experti ? **15** Quem quidem et ipsum proinde examinatorem Christianorum adhiberi oportebat, ut foculum, ut acerram. Proinde enim probarentur sanguinem humanum appetendo Christiani, quemadmodum sacrificium respuendo ; alioquin negandi, si non gustassent, quemadmodum si immolassent. Et utique non deesset uobis in auditione custodiarum et damnatione sanguis humanus !

11 sanguine P : –nem F|| se *addidi*|| iactauit F : iacuit P|| cruditantes F : –ibus P|| ructatur FP : ructuatur Br|| ab F : proinde ab P|| **13** Christianis P : –os f|| suffocatis quoque P : quoque suffocatis f|| modo P : *om* f|| **14** in tormenta F : inter temptamenta P|| distentos f : –sos P|| pecudis F : –oris P|| experti P : experti estis F|| **15** quidem P : quid F : qd. Br|| oportebat *hic* P : *post* acerram f|| Christiani F : *om* P|| quemadmodum P *et* Br *ut uid.* : qui F|| negandi FM : nec– P

3° L'inceste chez les païens.

16 De même, qui donc est incestueux plutôt que ceux qui ont reçu les leçons de Jupiter lui-même ? Les Perses ont commerce avec leurs propres mères : c'est Ctésias qui le rapporte. Mais les Macédoniens sont aussi suspects, car, comme ils voyaient pour la première fois la tragédie d'Œdipe, la douleur du roi incestueux les fit rire et ils s'écriaient : Allons, jette-toi sur ta mère ! **17** Réfléchissez, maintenant, combien vos méprises contribuent à vous faire commettre des incestes, quand la promiscuité de la débauche en multiplie les occasions. D'abord, vous exposez vos fils pour qu'ils soient recueillis par la compassion de quelque étranger qui passe, ou vous les émancipez pour qu'ils soient adoptés par des parents meilleurs. Leur famille leur devient étrangère et il est inévitable qu'un jour ils en perdent le souvenir. Et aussitôt que l'erreur aura pris racine, elle grandira et sera la cause de l'inceste, la famille s'étendant avec le crime. **18** Ensuite, en tout lieu, chez vous, à l'étranger, au delà des mers, la passion vous accompagne, et les écarts qu'elle fait partout peuvent facilement, à votre insu, vous procréer quelque part des enfants, ne fût-ce que par-ci par-là, en sorte que les membres d'une même famille ainsi disséminés, par les relations qui se nouent entre les hommes, tombent sur les leurs, sans que, dans leur ignorance d'un sang incestueux, ils les reconnaissent.

Conséquences de la promiscuité.

Contre-partie : chasteté.

19 Pour nous, nous sommes garantis d'une pareille éventualité par une très vigilante et très constante chasteté, et, autant nous sommes à l'abri de la débauche et de tout excès après le mariage, autant nous le sommes aussi du hasard de l'inceste. Beaucoup d'entre nous, plus sûrs encore, écartent tout le danger de cette erreur par une continence virginale, vieillards purs comme des enfants.

Conclusion.

20 Si vous considériez que vous commettez ces crimes, vous verriez aussi clairement qu'ils n'existent pas chez les chrétiens. Les mêmes yeux vous auraient appris l'un et l'autre. Mais il

16 Proinde incesti qui magis quam quos ipse Iuppiter docuit ? Persas cum suis matribus misceri Ctesias refert. Sed et Macedones suspecti, quia, cum primum Oedipum tragoediam audissent, ridentes incesti dolorem : « Ἔλαυνε, aiebant, εἰς τὴν μητέρα » **17** Age iam recogitate, quantum liceat erroribus uestris ad incesta miscenda, suppeditante materias passiuitate luxuriae. Imprimis filios exponitis suscipiendos ab aliqua praetereunte misericordia extranea, uel adoptandos melioribus parentibus emancipatis. Alienati generis necesse est quandoque memoriam disper*gi*. Et simul error impegerit, exinde iam tradux proficiet incesti serpente genere cum scelere. **18** Tunc deinde quocumque in loco, domi, peregre, trans freta, comes est libido, cuius ubique saltus facile possunt alicubi ignaris filios pangere uel ex aliqua seminis portione, ut ita sparsum genus per commercia humana concurrat in memorias suas, neque eas caecus incesti sanguinis agnoscat.

19 Nos ab isto euentu diligentissima et fidelissima castitas saepsit, quantumque ab stupris et ab omni post matrimonium excessu, tantum et ab incesti casu tuti sumus. Quidam multo securiores totam uim huius erroris uirgine continentia depellunt, senes pueri.

20 Haec in uobis esse si consideraretrs, proinde in Christianis non esse perspiceretis. Iidem oculi renuntiassent utrumque. Sed caecitatis duae species facile con-

16 ἔλαυνε-μητέρα] ἐλαγγαε aiebant isten μετεραν Br : ἐλαγγαε aiebant μετεραν F : ελλυνε dicebant εις την αλιγερα (?) P|| **17** age F : iam P|| iam F : nunc P|| uestris F : *om* P|| materias P : –ia F|| dispergi : *Junius* : –perci F : –sipari P|| simul P : semel F|| **18** cuius P : cuiusque F|| ut ita F : uti P|| spersum F : sparsum Br : asparsum P|| concurrat P : –it F|| neque P : nequis F|| **19** uirgine P : –ea f|| **20** haec P : si haec f|| iidem f : id– P|| caecitatis P :-ti f|| species P : spe <cies ? >F

y a deux espèces d'aveuglements qui existent facilement ensemble : on ne voit pas ce qui est et l'on croit voir ce qui n'est pas. C'est ce que je montrerai dans toute la suite. Parlons maintenant des crimes publics.

DEUXIÈME PARTIE : *les actes publics.* *1. Le sacrilège.*

X « Vous n'honorez pas les dieux, dites-vous, et ne vous acquittez pas pas des sacrifices pour les empereurs. » — Que conclure de là ? Uniquement que nous ne sacrifions pas pour d'autres par la raison qui nous empêche de sacrifier pour nous-mêmes, et cette raison, c'est qu'une fois pour toutes, nous nous abstenons d'honorer les dieux. Et voilà pourquoi nous sommes pourvuivis comme coupables de sacrilège et de lèse-majesté. C'est là le point capital de l'accusation ; ou plutôt c'est là l'accusation tout entière, et à coup sûr elle mériterait d'être examinée, n'était la prévention ou l'injustice qui nous jugent, car l'une désespère de la vérité et l'autre la rejette.

Les dieux païens ne sont pas des dieux : ils sont nés hommes.

2 Vos dieux, nous avons cessé de les honorer, du moment que nous avons reconnu qu'ils ne sont pas des dieux. Ce que vous devez donc exiger de nous, c'est que nous prouvions qu'ils ne sont pas des dieux et, partant, qu'il ne faut pas les honorer, parce qu'il ne faudrait les honorer que s'ils étaient des dieux. De même, les chrétiens ne seraient punissables que s'il était prouvé que ceux qu'ils refusent d'honorer, dans la croyance qu'ils ne sont pas des dieux, sont réellement des dieux. **3** Mais pour nous, dites-vous,

Appel à la conscience des païens ;

ils sont des dieux. — Nous protestons et nous en appelons de vous-mêmes à votre conscience : que celle-là nous juge, que celle-là nous condamne, si elle peut nier que tous vos dieux ont été des hommes ! **4** Et si elle aussi

à l'histoire.

le nie, elle sera confondue par vos propres monuments de l'antiquité, de qui elle tient la connaissance des dieux : en effet, les villes où les dieux sont nés, et les pays où ils ont laissé des traces de leurs œuvres, où l'on montre même leurs tombeaux, rendent témoignage jusqu'à nos jours.

currunt, ut qui non uident quae sunt, uidere uideantur quae non sunt. Sic per omnia ostendam. Nunc de manifestis.

X « Deos, inquitis, non colitis, et pro imperatoribus sacrificia non penditis. » — Sequitur, ut eadem ratione pro aliis non sacrificemus, qua nec pro nobis ipsis, semel deos non colendo. Itaque sacrilegii et maiestatis rei conuenimur. Summa haec causa, immo tota est, et utique digna cognosci, si non praesumptio aut iniquitas iudicet, altera quae desperat, altera quae recusat ueritatem.

2 Deos uestros colere desiuimus, ex quo illos non esse cognouimus. Hoc igitur exigere debetis, uti probemus, non esse illos deos et idcirco non colendos, quia tunc demum coli debuissent, si dei fuissent. Tunc et Christiani puniendi, si quos non colerent, quia putareut non esse, constaret illos deos esse. **3** « Sed nobis, inquitis, dei sunt. » — Appellamus et prouocamus a uobis ad conscientiam uestram ; illa nos iudicet, illa nos damnet, si poterit negare, omnes istos deos uestros homines fuisse. **4** Si et ipsa infitias ierit, de suis antiquitatum instrumentis reuincetur, de quibus eos didicit, testimonium perhibentibus ad hodiernum et ciuitatibus, in quibus nati sunt, et regionibus, in quibus aliquid operati uestigia reliquerunt, in quibus etiam sepulti demonstrantur.

20 uidere P : et uidere f|| manifestis F : manifestioribus dicam P.

X 1 VIIII. DE NON COLENDA (*os. l.*) IDOLA P || qua *Van der Vliet* : quia P|| desperat **f** : dis– P|| **2** desiuimus Br : –nimus FP|| cognouimus Br : –rimus F : –scimus P|| quos P : eos F|| constaret P : quos constaret F|| illos deos P : *om* F|| **3** nobis P : apud nos Br : apud uos F|| dei sunt P : constat deos esse illos F|| ad P : ipsis ad F|| nos damnet P : condemnet F|| **4** inficias ierit F : inficia si erit P|| didicit M : didiscit **f** : dicit P

5 Passerai-je donc maintenant en revue tous vos dieux, si nombreux et si divers, dieux nouveaux ou anciens, barbares ou grecs, romains ou étrangers, captifs ou adoptifs, particuliers ou communs, mâles ou femelles, des champs ou de la ville, marins ou guerriers ? 6 Il serait oiseux d'énumérer même leurs noms. Pour résumer brièvement — et je le ferai, non pas pour vous les faire connaître, mais pour vous les rappeler, car vous faites semblant de les avoir oubliés — avant Saturne, il n'y a chez vous aucun dieu : c'est à lui que remonte l'origine de tout ce qu'il y a même de meilleur et de plus connu en fait de divinités. Donc, ce qui aura été établi pour l'auteur de vos dieux s'appliquera aussi à des descendants 7 Or,

Saturne et ses descendants.

Saturne, si je m'en réfère aux documents écrits, n'est pas autrement mentionné que comme un homme, ni par Diodore le Grec, ni par Thallus, ni par Cassius Severus, ni par Cornélius Népos, ni par aucun des auteurs qui ont traité des antiquités religieuses. Si je m'en rapporte aux preuves tirées des faits, je n'en trouve nulle part de plus sûres qu'en Italie même, où Saturne, après de nombreuses expéditions et après avoir reçu l'hospitalité en Afrique, s'établit et fut reçu par Janus, ou, comme le veulent les Saliens, par Janis. 8 La montagne qu'il avait habitée fut appelée le mont de Saturne et la ville dont il avait tracé l'enceinte porte encore le nom de ville de Saturne ; toute l'Italie enfin, après avoir reçu le nom d'Œnotrie, portait le surnom de terre de Saturne. C'est lui qui inventa les tablettes à écrire et la monnaie marquée d'une effigie : et voilà pourquoi il préside au trésor public. 9 Et pourtant, si Saturne est un homme, il est à coup sûr né d'un homme, et né d'un homme, il n'est à coup sûr pas né du Ciel et de la Terre. Mais, comme ses parents étaient inconnus, on a pu facilement le dire fils de ceux dont nous pouvons tous paraître être les fils. Qui, en effet, ne donnerait pas au ciel ou à la terre les noms de père et de mère, par respect et par vénération, ou pour

X, 7. Min. Felix, (21,4) avait dit : Cassius, pour L. Cassius Hemina.

5 Nunc ergo per singulos decurram, tot ac tantos, nouos ueteres, barbaros Graecos, Romanos peregrinos, captiuos adoptiuos, proprios communes, masculos feminas, rusticos urbanos, nauticos militares ? **6** Otiosum est enim etiam titulos persequi : ut colligam in compendium, et hoc non quo cognoscatis, sed ut recognoscatis (certe enim oblitos agitis), ante Saturnum deus penes uos nemo est ; ab illo census totius uel potioris et notioris diuinitatis. Itaque quod de origine constiterit, id et de posteritate conueniet. **7** Saturnum itaque, quantum litterae, neque Diodorus Graecus aut Thallus, neque Cassius Seuerus aut Cornelius Nepos, neque ullus commentator eiusmodi antiquitatum aliud quam hominem promulgauerunt ; si quantum rerum argumenta, nusquam inuenio fideliora, quam apud ipsam Italiam, in qua Saturnus post multas expeditiones postque Attica hospitia consedit, exceptus ab Iano, uel Iane, ut Salii uolunt. **8** Mons, quem incoluerat, Saturnius dictus ; ciuitas, quam depalauerat, Saturnia usque nunc est ; tota denique Italia post Oenotriam Saturnia cognominabatur. Ab ipso primum tabulae et imagine signatus nummus, et inde aerario praesidet.

9. Tamen, si homo Saturnus, utique ex homine ; et quia ab homine, non utique de Caelo atque Terra. Sed cuius parentes ignoti erant, facile fuit eorum filium dici, quorum et omnes possumus uideri. Quis enim non caelum ac terram patrem ac matrem uenerationis et honoris

5 nunc P : num f|| masculos P : –linos f|| **6** enim F : *om* P|| quo P : ut F|| ut F: *om* P|| certi F : –e P|| agitis. X. De saturno et ioue P|| et P: uel f || **7** quantum F : si quantum P|| litterae] lit– F : lit-docent P|| Attica f : actica P|| **8** ciuitas P : et ciuitas F|| imagine FP : –es Br|| signatus P : et signatus F|| **9** de P : e F|| ac P : aut F|| patrem F : matrem P|| ac P : aut F|| matrem F : patrem P

se conformer à une coutume générale qui fait dire des inconnus et de ceux qui apparaissent à l'improviste, qu'ils sont tombés du ciel ? **10** Ainsi, comme Saturne apparaissait à l'improviste partout, il lui arriva d'être appelé « fils du Ciel », comme le vulgaire appelle aussi « fils de la Terre » ceux dont il ignore l'origine. Je m'abstiens de dire qu'alors les hommes menaient une vie si grossière, que l'apparition de n'importe quel homme inconnu les frappait à l'égal d'une apparition divine, puisque aujourd'hui encore, devenus civilisés, ils consacrent et mettent au nombre des dieux des hommes dont ils ont attesté la mort en leur donnant la sépulture, au milieu du deuil public, quelques jours auparavant.

Jupiter et sa race.

11 J'en ai dit assez de Saturne, bien que je l'aie fait en peu de mots. On démontrera de même que Jupiter aussi est un homme, étant fils d'un homme, et que tout l'essaim des dieux issus de cette famille est morte, étant semblable à son auteur.

Nés hommes, les dieux païens n'ont pas été faits dieux après leur mort par le dieu suprême,

XI Mais, n'osant pas nier que ces dieux étaient des hommes, vous avez pris le parti d'affirmer qu'ils sont devenus dieux après leur mort. Examinons donc les causes qui ont amené leur apothéose. **2** Tout d'abord, il faut que vous admettiez l'existence d'un Dieu suprême, en quelque sorte propriétaire de la divinité, lequel a pu changer les hommes en dieux. En effet, vos dieux n'auraient pu s'attribuer eux-mêmes la divinité qu'ils n'avaient pas, et nul autre n'aurait pu la fournir à ceux qui ne l'avaient pas, s'il ne la possédait pas personnellement. **3** Si, au contraire, il n'existe personne qui pouvait les faire dieux, c'est en vain que vous prétendez que vos dieux sont devenus dieux, car vous supprimez leur auteur. Assurément, s'ils avaient pu se faire dieux par eux-mêmes, jamais ils n'auraient revêtu la condition humaine ayant chez eux le pouvoir d'en prendre une meilleure. **4** S'il existe donc un être qui peut faire des dieux, j'en viens à

gratia appellet, uel ex consuetudine humana, qua ignoti uel ex inopinato apparentes de caelo superuenisse dicuntur ? **10** Proinde Saturno repentino ubique caelitem contigit dici ; nam et « terrae filios » uulgus uocat, quorum genus in incerto est. Taceo quod ita rudes tunc homines agebant, ut cuiuslibet noui uiri adspectu quasi diuino commouerentur, cum hodie iam politi, quos ante paucos dies luctu publico humatos mortuos sint confessi, in deos consecrent.

11 Satis iam de Saturno, licet paucis. Etiam Iouem ostendemus tam hominem quam ex homine, et deinceps totum generis ipsius examen tam mortale quam seminis sui par.

XI Sed quoniam, sicut illos homines fuisse non audetis negare, ita post mortem deos factos instituistis asseuerare, causas, quae hoc exegerint, retractemus. **2** Imprimis quidem necesse est concedatis, esse aliquem sublimiorem Deum et mancipem quendam diuinitatis, qui ex hominibus deos fecerit. Nam neque sibi illi sumere potuissent diuinitatem, quam non habebant, nec alius praestare eam non habentibus, nisi qui proprie possidebat. **3** Ceterum si nemo est, qui deos faceret, frustra praesumitis deos factos, auferendo factorem. Certe quidem, si ipsi se facere potuissent, nunquam homines fuissent, possidentes scilicet apud se melioris condicionis potestatem.

4 Igitur si est qui faciat deos, reuertor ad causas exami-

10 ubique P : aduentu ubique f|| in incerto F : incertum P|| tunc F : adhuc P|| humatos F : *om* P|| **11** ipsius F : *om* P|| **11-XI 1** par sed quoniam F : paret quoniam P

XI 2 sumere potuissent P : potuissent sumere f|| possidebat P : possed– f|| **3** est F : esset P|| apud se F : *om* P|| melioris condicionis F : condicionis melioris P

qui n'avait aucune raison de faire des dieux pour l'aider.

l'examen des raisons qu'il avait de changer des hommes en dieux ; et je n'en vois aucune, à moins que ce grand Dieu n'ait senti le besoin de ministres et d'aides pour accomplir ses fonctions divines. Or, en premier lieu, il est indigne de croire qu'il avait besoin du concours de quelqu'un, et surtout d'un mort, car il eût été plus digne de lui de créer dès le principe un dieu, prévoyant qu'il allait avoir besoin du concours d'un mort. **5** Mais encore je ne vois pas qu'il y ait eu place pour ce concours. En effet, supposez que ce vaste corps du monde soit éternel et incréé, suivant l'opinion de Pythagore, ou qu'il soit né et qu'il ait été fait, suivant celle de Platon : ce qui est certain, c'est que, dès son origine, il s'est trouvé, une fois pour toutes, disposé, pourvu, ordonné et muni du gouvernail d'une parfaite sagesse. Le principe qui a réalisé toutes choses à la perfection n'a pu être imparfait. **6** Il n'attendait nullement Saturne et la race de Saturne. Bien simples d'esprit seraient les hommes, s'ils ne croyaient pas que dès l'origine les pluies sont tombées du ciel, que les astres ont répandu leurs rayons, que les lumières ont brillé, que les tonnerres ont grondé, que Jupiter lui-même a craint les foudres que vous lui mettez dans la main ; et encore, que tous les fruits sont sortis en abondance du sein de la terre avant Liber, Cérès et Minerve, que dis-je ? avant le premier homme, parce que rien de ce qui a été prévu pour la conservation et pour l'entretien de l'homme n'a pu être introduit seulement après lui. **7** Enfin

Les dieux n'ont pas mérité la divinité ;

on ne dit pas que ces dieux ont *créé*, mais qu'ils ont *découvert* toutes les choses nécessaires à la vie. Or, une chose qu'on découvre existait déjà, et une chose qui existait déjà ne doit pas être attribuée à celui qui l'a découverte, mais à celui qui l'a créée ; car elle existait avant d'être découverte. **8** Mais, si Liber est dieu pour le motif qu'il a fait connaître la vigne, on a mal agi envers Lucullus, qui le premier apporta les cerises du Pont pour les Romains et en répandit l'usage en Italie, de ne pas l'avoir divinisé comme auteur d'un fruit nouveau,

nandas faciendorum ex hominibus deorum, nec ullas inuenio, nisi si ministeria et auxilia officiis diuinis desiderauit ille magnus Deus. Primo indignum est, ut alicuius opera indigeret, et quidem mortui, cum dignius ab initio deum aliquem fecisset, qui mortui erat operam desideraturus. **5** Sed nec operae locum uideo. Totum enim hoc mundi corpus siue innatum et infectum secundum Pythagoram, siue natum factumue secundum Platonem, semel utique in ipsa conceptione dispositum et instructum et ordinatum cum omnis rationis gubernaculo inuentum est. Imperfectum non potuit esse, quod perfecit omnia. **6** Nihil Saturnum et Saturniam gentem exspectabat. Vani erunt homines, nisi certi sint, a primordio et pluuias de caelo ruisse et sidera radiasse et lumina floruisse et tonitrua mugisse et ipsum Iouem, quae in manu eius imponitis fulmina timuisse ; item omnem frugem ante Liberum et Cererem et Mineruam, immo ante illum aliquem principem hominem de terra exuberasse, quia nihil continendo et sustinendo homini prospectum post hominem potuit inferri. **7** Denique inuenisse dicuntur necessaria ista uitae, non instituisse. Quod autem inuenitur, fuit, et quod fuit, non eius deputabitur, qui inuenit, sed eius qui instituit ; erat enim antequam inueniretur. **8** Ceterum si propterea Liber deus quod uitem demonstrauit, male cum Lucullo actum est, qui primus cerasia Romanis ex Ponto Italiae promulgauit, quod non est propterea consecratus, ut frugis nouae auctor, quia ostensor ! **9** Quam-

5 nfectum P : infac– f|| factumue P : et factum f|| ipsa F : ista P|| conceptione F : constructione P|| omnis F : –i P|| perfecit P : –icit f|| 6 hominem P : –um F|| continendo P : condendo F|| inferri P : inueniri F|| 8 cerasia P : –asa F|| Romanis F : *om* P

pour l'avoir fait connaître. **9** Par conséquent, si dès l'origine l'univers s'est maintenu, étant pourvu du nécessaire et définitivement ordonné de telle façon qu'il pouvait remplir ses fonctions, il n'existe de ce côté aucun motif d'associer l'humanité à la divinité : en effet, les emplois et les pouvoirs que vous avez répartis entre vos dieux existaient dès l'origine, aussi bien que si vous n'aviez pas créé ces dieux.

10 Mais vous vous tournez vers un autre motif et vous répondez que la divinité est un encouragement accordé pour récompenser les mérites. Et vous nous concéderez ensuite, je suppose, que ce Dieu, faiseur de dieux, se distingue surtout par sa justice, n'ayant pas dispensé une pareille récompense au hasard, ni sans qu'on la mérite, ni avec prodigalité. **11** Je veux donc les considérer ces mérites, pour voir s'ils

au contraire.

ont été de nature à élever vos dieux jusqu'au ciel et non pas plutôt à les plonger au fond du Tartare, que vous regardez, quand cela vous plaît, comme la prison des châtiments infernaux. **12** Car c'est là qu'on a coutume de reléguer tous ceux qui se sont rendus coupables d'impiété envers leurs parents, d'inceste envers une sœur, d'adultère à l'égard d'une épouse, les ravisseurs de jeunes filles, les corrupteurs de jeunes gens, les violents, les meurtriers, les voleurs, les fourbes et quiconque ressemble à un de vos dieux, car vous ne pourrez pas prouver qu'un seul d'entre eux soit pur de crimes ou de vices, à moins de dire : Ce n'est pas un homme ! **13** Mais vous ne sauriez nier que vos dieux aient été des hommes, et voici, d'autre part, des caractères qui ne permettent pas de croire non plus qu'ils soient devenus dieux après. En effet, si c'est pour punir ceux qui leur ressemblent que vous présidez vos tribunaux, si tout ce qu'il y a parmi vous d'honnêtes gens fuient le commerce, la conversation, le contact des méchants et des infâmes, et que, d'autre part, le Dieu suprême ait associé leurs pareils à sa majesté, pourquoi donc condamnez-vous ceux dont vous adorez les collègues ? **14** C'est un outrage au ciel que votre justice ! Divinisez plutôt tous les plus grands criminels, afin de plaire à vos dieux ! C'est

obrem, si ab initio et instructa et certis exercendorum officiorum suorum rationibus dispensata uniuersitas constitit, uacat ex hac parte causa allegendae humanitatis in diuinitatem, quia quas illis stationes et potestates distribuistis, tam fuerunt ab initio quam et fuissent, etiamsi deos istos non creassetis.

10 Sed conuertimini ad causam aliam, respondentes collationem diuinitatis meritorum remunerandorum fuisse rationem. Et hinc concedetis, opinor, illum Deum deificum iustitia praecellere, qui non temere nec indigne nec prodige tantum praemium dispensarit. **11** Volo igitur merita recensere, an eiusmodi sint, ut illos in caelum extulerint et non potius in imum Tartarum demerserint, quem carcerem poenarum infernarum, cum uultis, affirmatis. **12** Illuc enim abstrudi solent impii quique in parentes, et incesti in sorores, et maritarum adulteri, et uirginum raptores, et puerorum contaminatores, et qui saeuiunt, et qui occidunt, et qui furantur et qui decipiunt, et quicumque similes sunt alicuius dei uestri, quem neminen integrum a crimine aut uitio probare poteritis, nisi hominem negaueritis. **13** Atquin, ut homines illos fuisse non potestis negare etiam istae notae accedunt, quae nec deos postea factos credi permittunt. Si enim uos talibus puniendis praesidetis, si commercium, colloquium, conuictum malorum et turpium probi quique respuitis, horum autem pares Deus ille maiestatis suae consortio adsciuit, quid ergo damnatis, quorum collegas adoratis ? **14** Sug-

10 concedetis f P^2 (e *s. l.*) : –itis P^1|| qui P : quod F|| **11** demerserint F : mers– P|| **12** incesti in sorores P : in sorores incesti f|| **13** homines illos F : illos homines P|| potestis F : possitis P|| uos talibus P : talibus uos f

un honneur pour ces dieux que l'apothéose de leurs égaux !

Combien d'hommes la méritaient plus qu'eux.

15 Mais, pour laisser de côté l'exposé de ces indignités, supposons qu'ils aient été honnêtes, intègres et bons. Combien d'hommes n'avez-vous pas laissés dans les enfers, qui valent mieux qu'eux, un Socrate par la sagesse, un Aristide par la justice, un Thémistocle par ses exploits militaires, un Alexandre par sa grandeur d'âme, un Polycrate par son bonheur, un Crésus par sa richesse, un Démosthène par son éloquence ! **16** Qui, parmi vos dieux, est plus grave et plus sage que Caton, plus juste et plus vaillant que Scipion ? Qui est plus grand que Pompée, plus heureux que Sylla, plus riche que Crassus, plus éloquent que Tullius ? Combien le dieu suprême n'aurait-il pas mieux fait d'attendre de tels hommes pour les associer à sa divinité, lui qui certes connaissait d'avance les meilleurs ! Il s'est trop hâté, je suppose, il a fermé le ciel une fois pour toutes, et maintenant il rougit certainement d'entendre les meilleurs murmurer au fond des enfers !

Les dieux païens ne sont que des statues, que matière inerte.

XII En voilà assez sur ce point, car je sais que, quand je vous aurai montré ce que sont vos dieux, je vous aurai fait voir d'après l'évidence même ce qu'ils ne sont pas.

Or, pour ce qui est de vos dieux, tout ce que je vois, ce sont les noms de quelques anciens morts, je n'entends que des fables et par ces fables je m'explique leurs cultes. **2** Pour ce qui est de leurs statues, je ne découvre rien d'autre que des matières apparentées à celle des vases et des ustensiles ordinaires ; ou bien encore une matière qui provient de cette même vaisselle et de ces mêmes meubles, comme si elle changeait de destinée par la consécration, grâce à la liberté de l'art, qui la transfigure, mais d'une manière si outrageante et par un travail si sacrilège, que vraiment nous autres chrétiens surtout, qui sommes livrés aux supplices précisément à cause des

gillatio est in caelum uestra iustitia. Deos facite criminosissimos quosque, ut placeatis deis uestris. Illorum est honor consecratio coaequalium !

15 Sed, ut omittam huius indignitatis retractatum, probi et integri et boni fuerint ! Quot tamen potiores apud inferos reliquistis ! aliquem de sapientia Socratem, de iustitia Aristiden, de militia Themistoclem, de sublimitate Alexandrum, de felicitate Polycraten, de copia Croesum, de eloquentia Demosthenen ! **16** Quis ex illis deis uestris gravior et sapientior Catone, iustior et militarior Scipione ? quis sublimior Pompeio, felicior Sylla, copiosior Crasso, eloquentior Tullio ? Quanto dignius istos deos ille adsumendos exspectasset, praescius utique potiorum ? Properauit, opinor, et caelum semel clusit et nunc utique melioribus apud inferos mussitantibus erubescit.

XII Cesso iam de isto, ut qui sciam, me ex ipsa ueritate demonstraturum, quid non sint, cum ostendero, quid sint.

Quantum igitur de deis istis, nomina solummodo uideo quorundam ueterum mortuorum, et fabulas audio, et sacra de fabulis recognosco. **2** Quantum autem de simulacris ipsis, nihil amplius deprehendo, quam materias sorores uasculorum instrumentorumque communium, uel ex iisdem uasculis et instrumentis quasi fatum consecratione mutantes, licentia artis transfigurante, et quidem contumeliosissime et in ipso opere sacrilege, ut reuera nobis maxime, qui propter ipsos

14 caelum F : -o P|| **16** militarior P : –tatior F
XII. 1 XI. DE SIMVLACRIS P|| quid sint f : quod sint P|| istis F : uestris P|| quorundam P : statuas quorundam F|| **2** amplius F : aliud P|| deprehendo F : re– P|| uasculorum F : esse uasculorum P|| iisdem f : his– P|| fatum P : fact– F|| ut P : et F|| ipsos P : *om* f

dieux, nous trouvons là une consolation à nos souffrances, en voyant vos dieux subir, pour naître, les mêmes tourments que nous.

Supplice des dieux comparé à celui des chrétiens.

3 Vous attachez les chrétiens à des croix, à des poteaux : quelle est la statue qui ne soit d'abord formée par l'argile appliquée à une croix et à un poteau ? C'est sur un gibet que le corps de votre dieu est d'abord ébauché ! **4** Avec des ongles de fer, vous déchirez les flancs des chrétiens : mais tous les membres de vos dieux sont travaillés plus énergiquement par les martelines, les rabots et les limes. On nous tranche la tête : avant le plomb, la colle et les clous, vos dieux sont sans tête. Nous sommes exposés aux bêtes : ces bêtes sont celles que vous mettez à côté de Liber, de Cybèle et de Célestis. **5** On nous livre au feu : on fait subir le même sort à la matière de vos dieux sous sa forme première. On nous condamne aux mines : c'est de là que vos dieux tirent leur origine. On nous relègue dans les îles : c'est dans une île que tel de vos dieux naît ou meurt. Si tout cela confère un caractère divin quelconque, ceux que vous punissez sont donc divinisés et il faut regarder les supplices comme une apothéose.

Ces dieux sont insensibles à l'outrage comme à l'hommage.

6 Mais vos dieux ne sentent pas du tout ces outrages et ces affronts qu'ils subissent pendant qu'on les fabrique, pas plus qu'ils ne sentent les hommages qu'on leur rend. « Paroles impies, injures sacrilèges », dites-vous. Frémissez, écumez de rage ! C'est vous-mêmes qui applaudissez un Sénèque parlant de votre superstition plus longuement et en termes plus amers. **7** Si donc nous n'adorons pas les statues et les images glacées, tout à fait semblables à vos morts qu'elles représentent, et qui ne trompent pas les milans, les souris et les araignées, le fait de répudier une erreur après l'avoir reconnue ne méritait-il pas plutôt des éloges qu'un châtiment ? D'autre part, pouvons-nous passer pour offenser des dieux qui, nous en sommes certains, n'existent pas ? Ce qui n'existe pas ne peut souffrir de la part de personne, parce qu'il n'existe pas.

deos plectimur, solatium poenarum esse possit, quod eadem et ipsi patiuntur, ut fiant. **3** Crucibus et stipitibus imponitis Christianos : quod simulacrum non prius argilla deformat cruci et stipiti superstructa ? In patibulo primum corpus dei uestri dedicatur. **4** Vngulis eraditis latera Christianorum : at in deos uestros per omnia membra ualidius incumbunt asciae et runcinae et scobinae. Ceruices ponimus : ante plumbum et glutinum et gomphos sine capite sunt dei uestri. Ad bestias impellimur : certe quas Libero et Cybele et Caelesti applicatis. **5** Ignibus urimur: hoc et illi a prima quidem massa. In metalla damnamur : inde censentur dei uestri. In insulas relegamur : solet et in insula aliqui deus uester aut nasci aut mori. Si per haec constat diuinitas aliqua, ergo, qui puniuntur, consecrantur et numina erunt dicenda supplicia !

6 Sed plane non sentiunt has iniurias et contumelias fabricationis suae dei uestri, sicut nec obsequia. O impiae uoces, o sacrilega conuicia ! Infrendite, inspumate ! Iidem estis, qui Senecam aliquem pluribus et amarioribus de uestra superstitione perorantem probetis. **7** Igitur si statuas et imagines frigidas, mortuorum uestrorum simillimas, non adoramus, quas milui et mures et aranei intellegunt, nonne laudem magis quam poenam merebatur repudium agniti erroris ? Possumus autem uideri laedere eos, quos certi sumus omnino non esse ? Quod non est, nihil ab ullo patitur, quia non est.

4 eraditis F : derad– P|| glutinum P *et* Br *ut uid.* : –tini F|| gomphos P : con – Br : core– F|| **5** insulas F : –is P|| relegamur f : reli– P|| **6** fabricationis suae P : suae fabricationis f|| iidem f : id– P|| probetis F : reprehendistis P|| **7** uestrorum F : suorum P|| aranei Br : –neae FP|| autem F : enim P|| ullo P : eo F|| quia P : qui F|| non P : *om* F

Les païens ne traitent pas les dieux comme des dieux :

XIII « Mais, dit-on, pour nous ils sont des dieux. » — Comment se fait-il, d'autre part, qu'on vous trouve impies, sacrilèges, irréligieux envers ces dieux ? Vous présumez qu'ils existent et vous les négligez; vous les craignez et vous les détruisez ; vous vous faites même leurs vengeurs et vous vous en moquez ! **2** Jugez si je ne dis pas la vérité. D'abord, comme chacun de vous a ses dieux qu'il adore, vous offensez certainement ceux que vous n'adorez pas : la préférence accordée à l'un ne peut exister sans un affront pour l'autre, car il n'y a pas de choix sans réprobation. **3** Puis, vous méprisez ceux que vous réprouvez et que vous ne craignez pas d'offenser en les réprouvant. En effet, comme je l'ai dit plus haut en passant, le sort de chaque dieu dépendait du jugement du sénat. Un dieu n'était pas dieu, si un homme consulté sur lui n'en avait pas voulu et si, en n'en voulant pas, il l'avait condamné.

1° Choix fait parmi eux ;

2° Ils exploitent les dieux ;

4 Les dieux domestiques, que vous appelez Lares, vous les soumettez à l'autorité domestique : vous les mettez en gage, vous les vendez, vous les changez, faisant tantôt une marmite d'un Saturne, tantôt une écumoire d'une Minerve, à mesure qu'ils se sont usés ou bossués par suite de longs hommages, ou qu'ils ont éprouvé que la nécessité domestique était une divinité plus sainte qu'eux. **5** Vos dieux publics, vous les outragez de même en vertu du droit public. En les mettant sur vos listes d'adjudication, vous les traitez en tributaires. C'est ainsi qu'on se rend au Capitole et c'est ainsi qu'on va au marché aux légumes : c'est la même voix du crieur, la même pique, le même questeur qui prend note : la divinité est adjugée au plus offrant ! **6** Et pourtant les terres chargées de tributs perdent de leur prix, les hommes soumis à l'impôt de la capitation perdent de leur estime, car ce sont là des marques de captivité. Au contraire, plus les dieux sont tributaires, plus ils sont saints ; ou plutôt, plus ils sont saints, plus ils sont tributaires. La majesté divine devient l'objet d'un trafic infâme ; la religion fait le tour

XIII « Sed nobis dei sunt », inquis. — Et quomodo uos e contrario impii et sacrilegi et irreligiosi erga deos illos deprehendimini, qui quos praesumitis esse, neglegitis quos timetis, destruitis, quos etiam uindicatis, i*l*luditis ?

2 Recognoscite, si mentior. Primo quidem, cum alii alios colitis, utique quos non colitis, offenditis : praelatio alterius sine alterius contumelia non potest, quia nec electio sine reprobatione. **3** Iam ergo contemnitis quos reprobatis, quos reprobando offendere non timetis. Nam, ut supra praestrinximus, status dei cuiusque in senatus aestimatione pendebat. Deus non erat, quem homo consultus noluisset et nolendo damnasset.

4 Domesticos deos, quos Lares dicitis, domestica potestate tractatis, pignerando, uenditando, demutando aliquando in caccabulum de Saturno, aliquando in trullam de Minerua, ut quisque contritus atque contusus est, dum diu colitur, ut quisque deum sanctiorem expertus est domesticam necessitatem. **5** Publicos aeque publico iure foedatis, quos in hastario uectigales habetis. Sic Capitolium, sic olitorium forum petitur ; sub eadem uoce praeconis, sub eadem hasta, sub eadem annotatione quaestoris diuinitas addicta conducitur. **6** Sed enim agri tributo onusti uiliores, hominum capita stipendio censa ignobiliora, nam hae sunt notae captiuitatis ; dei uero, qui magis tributarii, magis sancti ; immo qui magis sancti, magis tributarii. Maiestas quaestuaria efficitur : circuit cauponas religio mendicans ;

XIII 1 illos F : uestros P‖ qui P : ut F‖ neglegitis P : –atis F‖ destruitis P : –uatis F‖ illuditis] inl– P‖ **2** quidem F : qui P‖ quos fM : quem P² : *om* P¹‖ potest *nos* : potest esse F : potest procedere P‖ **3** ergo P : *om* F‖ praestrinximus P : per– f‖ **4** XII. DE LARIBVS P‖ deum F : dominus P‖ **6** agri f : agi P‖ uiliores P : –oris F

des cabarets en mendiant ; vous percevez les droits, tant pour entrer dans l'enceinte sacrée, tant pour avoir accès au sanctuaire. On ne peut pas connaître les dieux pour rien, ils sont à vendre.

3° Ils les traitent comme les morts ;

7 Pour honorer vos dieux, que faites-vous que vous ne fassiez aussi pour honorer vos morts ? A eux aussi, des temples ; à eux aussi, des autels. Même attitude et mêmes insignes dans les statues des uns et des autres : le mort, devenu dieu, garde son âge, sa profession, son occupation. Quelle différence y a-t-il entre le banquet de Jupiter et le repas funèbre, entre le vase à sacrifice et le vase à libations funèbres, entre l'haruspice et l'embaumeur des morts ? En effet, l'haruspice remplit aussi des fonctions auprès des morts.

4° Indignité de certains dieux ;

8 Mais il est naturel que vous accordiez aux empereurs défunts les honneurs de la divinité, puisque vous les leur rendez déjà pendant leur vie. Vos dieux vous sauront gré, que dis-je ? ils se féliciteront de voir leurs maîtres devenir leurs égaux. 9 Mais quand c'est une Larentine, une fille publique (encore si c'était Laïs ou Phryné !) que vous adorez parmi les Junons, les Cérès et les Dianes ; quand c'est Simon le Magicien à qui vous dédiez une statue avec cette inscription : AU DIEU SAINT ; quand c'est je ne sais quel page des écoles de la cour, que vous faites entrer dans le conseil des dieux, alors vos anciens dieux, bien qu'ils ne vaillent pas mieux, regarderont comme un affront de votre part qu'il ait été donné à un autre ce que l'antiquité leur avait réservé à eux seuls !

5° Les rites, les sacrifices ;

XIV Je veux considérer aussi vos rites. Je ne parle pas de ce que vous faites dans vos sacrifices : vous n'immolez que des bêtes à demi mortes et pourries ; des victimes grasses et saines, vous ne découpez que les morceaux de rebut, c'est-à-dire les têtes et les pieds, choses que, chez vous, vous auriez destinées aux esclaves et aux chiens ; de la dîme d'Hercule, vous ne placez pas même le tiers sur son autel. Je loue plutôt le bon sens

exigitis mercedem pro solo templi, pro aditu sacri. Non licet deos gratis nosse, uenales sunt.

7 Quid omnino ad honorandos eos facitis, quod non etiam mortuis uestris conferatis ? Aedes proinde, aras proinde. Idem habitus et insignia in statuis ; ut aetas, ut ars, ut negotium mortui fuit, ita deus est. Quo differt ab epulo Iouis silicernium, a simpulo obba, ab haruspice pollinctor ? Nam et haruspex mortuis apparet.

8 Sed digne imperatoribus defunctis honorem diuinitatis dicatis, quibus et uiuentibus eum addicitis. Accepto ferent dei uestri, immo gratulabuntur, quod pares eis fiant domini sui. **9** Sed cum Larentinam, publicum scortum (uelim saltim Laïdem aut Phrynen) inter Iunones et Cereres et Dianas adoratis ; cum Simonem Magum statua et inscriptione SANCTI DEI inauguratis, cum de paedagogiis aulicis nescio quem *synodi* deum facitis, licet non nobiliores dei ueteres uestri, tamen contumeliam a uobis deputabunt, hoc et alii licuisse, quod soli ab antiquitate praeceperant.

XIV Volo et ritus uestros recensere. Non dico quales sitis in sacrificando, cum enecta et tabidosa quaeque mactatis, cum de opimis et integris superuacua quaeque truncatis, capitula et ungulas, quae domi quoque pueris uel canibus destinassetis, cum de decima Herculis nec tertiam partem in aram eius imponitis : laudo magis sapientiam, quod de perdito aliquid eripitis.

6 sacri P : sacrarii F|| gratis nosse P : nosse gratis f|| **7** honorandos P : inh– F|| obba P : abba F|| **9** Larentinam P : –tiam f|| Phrynen f : –em P|| et Dianas P : *om* F|| adoratis f : –etis P|| paedagogiis P : –gis fM|| synodi] sinhodi P : Cinhothi F|| uestri F : *om* P|| alii F : – iis P|| soli F : –is P|| ab antiquitate F : antiquitas P|| praeceperant F : contulit P.

XIV 1 XIII. DE SACRIFICANDO P|| quaeque F : et scabiosa quaeque P|| laudo f : –dabo P

que vous montrez en sauvant au moins une partie de ce qui est perdu.

6° Les légendes divines :
a) Chez les poètes ;

2 Mais, si je me tourne vers votre littérature, qui vous forme à la sagesse et à vos devoirs d'hommes libres, que de choses ridicules j'y trouve ! Vos dieux en sont venus aux mains entre eux à cause des Troyens et des Achéens et se sont battus comme des couples de gladiateurs. Vénus fut blessée par la flèche d'un mortel, alors qu'elle voulait sauver son fils Énée qui allait être tué. 3 Mars, enchaîné pendant treize mois, faillit en mourir ; Jupiter eût subi la même violence de la part des autres habitants du ciel, s'il n'avait été délivré par un certain monstre ; tantôt il pleure à cause de Sarpédon ; tantôt, honteusement épris de sa sœur, il lui rappelle ses amantes antérieures, dont aucune, dit-il, ne lui a inspiré une passion aussi vive. 4 Dans la suite, quel poète, à l'exemple de leur prince, ne voit-on pas déshonorer les dieux ? L'un voue Apollon à la garde des troupeaux d'Admète ; l'autre loue Neptune à Laomédon comme maçon. 5 Il est un poète fameux parmi les lyriques, je veux dire Pindare, qui chante qu'Esculape fut puni par la foudre à cause de sa cupidité, parce qu'il exerçait la médecine d'une manière criminelle. Jupiter fut méchant, si c'est à lui que la foudre appartient : il fut inhumain envers son petit-fils et jaloux de cet habile médecin. 6 Ces faits, s'ils sont vrais, ne devaient pas être divulgués, et, s'ils sont faux, ils ne devaient pas être inventés par des hommes si zélés pour la religion. Les poètes tragiques ou comiques ne se font pas faute non plus, dans leurs prologues, d'attribuer à un dieu les infortunes ou les égarements de quelque famille illustre.

b) Chez les philosophes ;

7 Je ne dis rien des philosophes, me contentant de citer Socrate, qui, pour faire honte aux dieux, jurait « par le chêne, par le bouc et par le chien ». « Mais, dira-t-on, Socrate fut condamné précisément parce qu'il détruisait les dieux. » Oui, depuis longtemps, ou mieux depuis toujours, la vérité est en butte à la haine. 8 Cependant les Athéniens se repentirent de leur sentence, ils frap-

2 Sed conuersus ad litteras uestras, quibus informamini ad prudentiam et liberalia officia, quanta inuenio ludibria ! Deos inter se propter Troianos et Achiuos ut gladiatorum paria congressos, depugnasse ; Venerem humana sagitta sauciatam, cum filium suum Aeneam, ne interimeretur, rapere uoluisset ; **3** Martem tredecim mensibus in uinculis paene consumptum ; Iouem, ne eandem uim a ceteris caelitibus experiretur, opera cuiusdam monstri liberatum, et nunc flentem Sarpedonis causa, nunc foede subantem in sororem sub commemoratione non ita dilectarum iampridem amicarum. **4** Exinde quis non poeta ex auctoritate principis sui dedecorator inuenitur deorum ? Hic Apollinem Admeto pascendis pecoribus addicit ; ille Neptuni structorias operas Laomedonti locat. **5** Est et ille de lyricis, Pindarum dico, qui Aesculapium canit auaritiae merito, quia medicinam nocenter exercebat, fulmine iudicatum. Malus Iuppiter, si fulmen illius est, impius in nepotem, inuidus in artificem ! **6** Haec neque uera prodi neque falsa confingi apud religiosissimos oportebat. Ne tragici quidem aut comici parcunt, ut non aerumnas uel errores domus alicuius dei praef*aren*tur.

7 Taceo de philosophis, Socrate contentus, qui in contumeliam deorum quercum et hircum et canem deierabat. « Sed propterea damnatus est Socrates, quia deos destruebat. » — Plane olim, id est semper, ueritas

2 cum F : quod P‖ ne interimeretur F : paene interfectum ab eodem Diomede P‖ rapere F : rapp– P‖ uoluisset F : uellet P‖ **3** causa F : casum P‖ subantem fP[1] : cub– P[2]‖ iampridem P : *om* F‖ **4** pascendis F : regi pascendis P‖ neptuni P : Nup– F‖ **6** uera PBr : –o F‖ prodi P : proinde F‖ ne F : nec P‖ praefarentur *Modius* : –ferantur F : –fentur P‖ **7** et hircum P : *om* F

pèrent plus tard les accusateurs de Socrate et lui élevèrent une statue d'or dans un temple : en abrogeant leur sentence, ils rendirent leur approbation à Socrate. **9** Mais Diogène se permet aussi je ne sais quelles railleries envers Hercule, et Varron, ce cynique romain, met en scène trois cents Jupiters sans tête.

7° Les dieux au théâtre : mimes, pantomimes,

XV Les autres inventions bouffonnes font même servir à vos divertissements le déshonneur des dieux. Voyez les farces élégantes des Lentulus et des Hostilius : est-ce des mimes ou de vos dieux que vous font rire ces plaisanteries et ces tours ? C'est « Anubis adultère », et « La Lune homme », et « Diane fouettée », et « L'ouverture du testament de feu Jupiter », et « Les trois Hercules affamés tournés en ridicule ». — **2** Les pièces jouées par les pantomimes montrent aussi toutes les turpitudes de vos dieux. Le Soleil pleure son fils précipité du ciel, et cela vous divertit ; Cybèle soupire pour un berger dédaigneux, et vous n'en rougissez pas ; vous supportez qu'on chante les aventures scandaleuses de Jupiter et que Junon, Vénus et Minerve aient un berger pour juge ! **3** Et quand l'image de votre dieu revêt une tête ignominieuse et infâme ; quand c'est un corps impur et dressé à cet art par une vie efféminée qui représente une Minerve ou un Hercule, la majesté divine n'est-elle pas violée et la divinité n'est-elle pas souillée, au milieu de vos applaudissements ?

XIV, 8. Sur Socrate, Voy. Diogène de Laërce, *Vies des Philosophes*, II, 5, 23.-XIV, 9. Diogène le Cynique, né à Sinope dans le Pont, en 412 av. J.-C. Citant Varron après Diogène, Tertullien l'appelle le « Cynique romain », parce qu'il avait écrit les *Satires Ménippées*, à l'imitation d'un philosophe cynique, Ménippe.

XV, 1-6. Les dieux sont bafoués au théâtre (mimes et pantomimes) et dans l'amphithéâtre. Lentulus et Hostilius sont des mimographes, qui étaient en vogue alors, mais dont il ne reste que de courts fragments. Tertullien cite (1) cinq titres de mimes (§ 1) et (2) quelques sujets de pantomimes (§ 2-3) et de scènes mythologiques jouées dans l'amphithéâtre (§ 4-5). Au § 5, il rappelle un souvenir du temps où il était encore païen. Voy. ci-dessus, p. XXIV.

odio est. **8** Tamen cum paenituerit iam sententiae Athenienses, ut criminatores Socratis postea efflixerint et imaginem eius auream in templo collocarint, rescissa damnatione, testimonium Socrati reddiderunt. **9** Sed et Diogenes nescio quid in Herculem ludit, et Romanus cynicus Varro trecentos Ioues, siue Iuppiteros dicendum, sine capitibus inducit.

XV Cetera lasciuiae ingenia etiam uoluptatibus uestris per deorum dedecus operantur.

Dispicite Lentulorum et Hostiliorum uenustates, utrum mimos an deos uestros in iocis et strophis rideatis : « moechum Anubin » et « masculum Lunam » et « Dianam flagellatam » et « Iouis mortui testamentum recitatum » et « tres Hercules famelicos irrisos ».

2 Sed et histrionum litterae omnem foeditatem eorum designant. Luget Sol filium detractum de caelo laetantibus uobis, et Cybele pastorem suspirat fastidiosum non erubescentibus uobis, et sustinetis Iouis elogia cantari, et Iunonem, Venerem, Mineruam a pastore iudicari. **3** Ipsum quod imago dei uestri ignominiosum caput et famosum uestit, quod corpus impurum et ad istam artem effeminatione productum Mineruam aliquam uel Herculem repraesentat, nonne uiolatur maiestas et diuinitas constupratur plaudentibus uobis ?

8 paenituerit *Hartel* : paenitet F : penitentia P|| iam *Hartel* : *om* FP|| efflixerint F : aff– P|| damnatione F : –tio P|| reddiderunt F : reddit P|| **9** Iuppiteros] Iupiteros F : Iupitros P|| dicendum f : –dos P|| inducit F : introd– P

XV 1 XIIII. DE FABVLIS ET MIMIS DEORVM ET FOEDITATIBVS P|| dispicite f : desp– P|| Lentulorum P : –los F|| uenustates P : uetus–F|| et Iouis— inrisos P : *om* F|| **2** detractum de caelo F : de caelo iactatum P|| pastorem f : -orum P|| **3** ipsum P : quid f|| ignominiosum P : –osissimum f|| artem P : –cem F|| plaudentibus F : laudant– P

et dans l'amphithéâtre ;

4 Vous êtes plus religieux, sans doute, dans l'amphithéâtre, où l'on voit également vos dieux danser sur du sang humain, sur les restes souillés des suppliciés, car ils fournissent aux criminels des thèmes et des légendes, à moins que les criminels n'y jouent même au naturel le personnage de vos dieux. 5 Nous avons vu naguère sur la scène Attis mutilé, votre fameux dieu de Pessinonte, et un autre, brûlé vif, qui avait pris la figure d'Hercule. Nous avons ri aussi, dans les intermèdes de midi, de Mercure qui éprouvait les morts avec le fer rouge ; nous avons vu encore le frère de Jupiter, armé d'un marteau, emmener les cadavres des gladiateurs. 6 Tous ces spectacles et ceux qu'on pourrait trouver encore, s'ils compromettent l'honneur de la divinité, s'ils jettent bas le faîte de la majesté divine, tirent leur origine du mépris de ceux qui font de pareilles choses et de ceux pour qui ils les font.

8° Profanation et spoliation des temples.

7 Mais, soit, ce ne sont là que des jeux ! Si j'ajoutais (ce que vos consciences ne désavoueront pas) que c'est dans les temples que se concertent les adultères, que c'est entre les autels que se traitent les marchés infâmes, que c'est souvent dans les cellules mêmes des gardiens du temple et des prêtres, sous les bandelettes, sous les bonnets et sous la pourpre, que la passion s'assouvit, tandis que l'encens brûle ; si j'ajoute tout cela, je me demande si vos dieux n'ont pas plus à se plaindre de vous que des chrétiens. Ce qui est sûr, c'est que, si l'on prend sur le fait des voleurs de temples, ils sont des vôtres ; car les chrétiens ne fréquentent pas vos temples, même le jour. Il est vrai que, s'ils vénéraient ces temples, ils les dépouilleraient peut-être, eux aussi !

Conclusion et transition.

8 Qu'adorent-ils donc, ceux qui n'adorent pas de pareils dieux ? Il est facile de comprendre qu'ils adorent la vérité, ceux qui n'adorent pas le mensonge, et qu'ils ne vivent plus dans l'erreur, qu'ils ont abandonnée, dès qu'ils ont reconnu qu'ils étaient dans l'erreur. Comprenez d'abord cela et puis écoutez toute l'ordonnance de

4 Plane religiosiores estis in cauea, ubi super sanguinem humanum, super inquinamenta poenarum proinde saltant dei uestri, argumenta et historias noxiis ministrantes, nisi quod et ipsos deos uestros saepe noxii induunt. **5** Vidimus aliquando castratum Attin, illum deum uestrum ex Pessinunte, et qui uiuus ardebat, Herculem induerat. Risimus et inter ludicras meridianorum crudelitates Mercurium mortuos cauterio examinantem ; uidimus et Iouis fratrem gladiatorum cadauera cum malleo deducentem. **6** Singula ista quaeque adhuc inuestigare quis posset, si honorem inquietant diuinitatis, si maiestatis fastigium adsolant, de contemptu utique censentur tam eorum, qui eiusmodi factitant, quam eorum, quibus factitant.

7 Sed ludicra ista sint ! Ceterum si adiciam, quae non minus conscientiae omnium recognoscent, in templis adulteria componi, inter aras lenocinia tractari, in ipsis plerumque aedituorum et sacerdotum tabernaculis, sub iisdem uittis et apicibus et purpuris, ture flagrante, libidinem expungi, nescio, ne plus de uobis dei uestri quam de Christianis querantur. Certe sacrilegi de uestris semper apprehenduntur ; Christiani enim templa nec interdiu norunt ; spoliarent forsitan ea et ipsi, si et ipsi ea adorarent !

8 Quid ergo colunt qui talia non colunt ? Iam quidem intellegi subiacet, ueritatis esse cultores qui mendacii non sint, nec errare amplius in eo, in quo errasse se recognoscendo cessauerint. Hoc prius capite et omnem

5 uestrum F : *om* P|| ex P : e F|| Pessinunte F : –ta P|| **6** inuestigare quis posset P : quis posset inuestigare f|| fastigium F : uestigia P|| adsolant F : obsoletant P|| **7** iisdem f : his– P|| **8** cessauerint f : –erunt P|| *Hic deficit* Br *uerbis* « cetera uide in editione Iuniana »

notre religion. Mais auparavant, je vais réfuter les opinions fausses que vous en avez.

La religion chrétienne n'est pas : 1° l'onolâtrie.

XVI En effet, avec certain de vos auteurs, vous avez rêvé qu'une tête d'âne était notre dieu. Ce soupçon d'un pareil culte, c'est Cornélius Tacite qui l'a fait entrer dans les esprits. **2** En effet, dans le quatrième livre de ses *Histoires*, qui traite de la guerre des Juifs, il remonte à l'origine de cette nation et, sur l'origine même, sur le nom et la religion de ce peuple, il expose tout ce qu'il lui plaît. Puis il raconte que les Juifs, délivrés du joug de l'Égypte ou, comme il le pense, chassés de ce pays, furent tourmentés par la soif dans les déserts de l'Arabie, tout à fait dépourvus d'eau. Prenant pour guides des ânes sauvages qui, pensaient-ils, allaient chercher à boire au sortir du pâturage, ils auraient trouvé une source. Par reconnaissance pour ce service, ils auraient consacré la figure d'un animal semblable. **3** Et voilà, je pense, d'où l'on a conclu que nous autres, étant apparentés à la religion juive, nous sommes initiés au culte de la même idole. Cependant ce même Tacite, cet intarissable conteur de mensonges, rapporte encore, dans la même histoire, que Gnaeus Pompée, ayant pris Jérusalem, entra dans le temple pour surprendre les mystères de la religion juive, mais qu'il n'y trouva aucun simulacre. **4** Et pourtant, si l'objet du culte des Juifs avait été une image quelconque, c'est dans le sanctuaire qu'ils l'auraient exposée plutôt que partout ailleurs, d'autant que leur culte, tout vain qu'il put être, n'avait pas à craindre les témoins étrangers. En effet, il n'était permis qu'aux prêtres d'entrer dans le sanctuaire, et un voile déployé en dérobait la vue aux autres.

Rétorsion : Épone.

5 Quant à vous, vous ne nierez pas que vous n'adoriez toutes les bêtes de somme et des ânes et des mulets tout entiers avec

XVI, 2. Tertullien se trompe, car il s'agit du livre V des *Histoires*.

XVI, 3. Pompée conquit la Judée en 63 av. J.-C. (Tac., *Hist.*, V, 9).

XVI, 5. Epona, divinité gauloise, protectrice des écuries.

hinc sacramenti nostri ordinem haurite, repercussis ante tamen opinionibus falsis.

XVI Nam, ut quidam, somniastis caput asininum esse deum nostrum. Hanc Cornelius Tacitus suspicionem huiusmodi inseruit. **2** Is enim, in quarto Historiarum suarum de bello Iudaico exorsus ab origine gentis et *t*am de ipsa origine quam de nomine et religione gentis quae uoluit argumentatus, Iudaeos refert Aegypto expeditos siue, ut putauit, exterminatos uastis Arabiae in locis et aquarum egentissimis cum siti macerarentur, onagris, qui forte de pastu potum petituri aestimabantur, indicibus fontis usos, ob eam gratiam consimilis bestiae superficiem consecrasse. **3** Atque ita inde praesumptum opinor, nos quoque, ut Iudaicae religionis propinquos, eidem simulacro initiari. At enim idem Cornelius Tacitus sane ille mendaciorum loquacissimus, in eadem historia refert, Gnaeum Pompeium, cum Ierusalem cepisset proptereaque templum adisset speculandis Iudaicae religionis arcanis, nullum illic repperisse simulacrum. **4** Et utique, si id colebatur, quod aliqua effigie repraesentabatur, nusquam magis quam in sacrario suo exhiberetur, eo magis, quia nec uerebatur extraneos arbitros quamquam uana cultura. Solis enim sacerdotibus adire licitum; etiam conspectui ceterorum uelo oppanso interdicebatur. **5** Vos tamen

XVI 1 XV. DE CAPITE ASININO ET DE CETERIS INSIGNIBVS QVAE VIDENTVR COLERE P ‖ ut FP¹M : et ut P² (et *add. s. l.*) ‖ huiusmodi F : eius– P ‖ **2** quarto F : quinta P ‖ de bello Iudaico F : bellum Iudaicum P ‖ et tam *nos* : etiam FP ‖ origine F : tam origine P ‖ exterminatos F : extorres P ‖ et F : *om* P ‖ aestimabantur P : –arentur F ‖ fontis F : –ibus P ‖ consimilis P : –i F ‖ superficiem P : superfaciem F ‖ **3** praesumptum opinor P : opinor praesumptum f ‖ eidem P : eo– F ‖ propterea que P : praeter –F ‖ **4** etiam P : erat etiam F ‖ conspectui F : –ctus P

leur Épone. Voici peut-être pourquoi on trouve à redire chez les chrétiens : c'est que, parmi les adorateurs de bêtes de toute espèce, nous ne soyons qu'adorateurs d'ânes.

Ni 2° la staurolâtrie.

6 Quant à celui qui croit que nous rendons un culte à une croix, il sera, lui aussi, notre coreligionnaire. Quand un morceau de bois est adoré, peu importe l'aspect qu'il nous présente, puisque la qualité de la matière est la même ; peu importe la forme du bois, pourvu que le bois lui-même soit le corps d'un dieu. Et d'ailleurs, quelle différence y a-t-il entre le montant d'une croix et Pallas d'Athènes et Cérès de Pharos, qui sont exposées aux regards du public, sans image, sous la figure d'un pieu grossier et d'un informe morceau de bois ? 7 Tout morceau de bois, qui est fixé dans une position verticale, est une partie de la croix. Après tout, si nous adorons une croix, nous adorons le dieu entier. Nous avons dit plus haut qu'à leur origine vos dieux sont ébauchés par les modeleurs au moyen d'une croix. 8 Mais vous adorez

Rétorsion.

aussi les Victoires dans les trophées bien que les trophées aient des croix pour entrailles. Toute la religion des camps révère les enseignes, adore les enseignes, jure par les enseignes, met les enseignes au-dessus de tous les dieux. Toutes ces images que vous accumulez sur les enseignes, sont les colliers des croix ; les voiles de vos étendards et de vos bannières sont le vêtement des croix. Je loue votre goût : vous n'avez pas voulu consacrer des croix sans ornements et nues !

ni 3° l'héliolâtrie.

9 D'autres, se faisant de nous une idée plus humaine et plus vraisemblable, croient que le soleil est notre dieu. Si cela est, on nous rangera parmi les Perses, bien que nous n'adorions pas le soleil peint sur une toile, ayant partout le soleil lui-même dans la voûte céleste. 10 En fin de compte, l'origine de ce soupçon, c'est le fait bien connu que nous nous tournons vers l'Orient pour prier. Mais beaucoup d'entre vous, affectant parfois d'adorer, eux aussi, les choses célestes, se tournent vers le soleil levant

non negabitis, et iumenta omnia et totos cantherios cum sua Epona coli a uobis. Hoc forsitan improbamur, quod inter cultores omnium pecudum bestiarumque asinarii tantum sumus.

6 Sed et qui crucis nos religiosos putat, consecraneus erit noster. Cum lignum aliquod propitiatur, uiderit habitus, quando materiae qualitas eadem sit ; uiderit forma, dum id ipsum dei corpus sit. Et tamen quanto distinguitur a crucis stipite Pallas Attica et Ceres Pharia, quae sine effigie rudi palo et informi ligno prostant ? **7** Pars crucis est omne robur, quod erecta statione defigitur. Nos, si forte, integrum et totum deum colimus. Diximus originem deorum uestrorum a plastis in cruce induci. Sed et Victorias adoratis in tropaeis, cum cruces intestina sint tropaeorum. **8** Religio tota castrensis signa ueneratur, signa adorat, signa iurat, signa omnibus deis praeponit. Omnes illi imaginum suggestus in signis monilia crucum sunt ; siphara illa uexillorum et cantabrorum stolae crucum sunt. Laudo diligentiam : noluistis incultas et nudas cruces consecrare !

9 Alii plane humanius et uerisimilius solem credunt deum nostrum. Ad Persas, si forte, deputabimur, licet solem non in linteo depictum adoremus, habentes ipsum ubique in suo clupeo. **10** Denique inde suspicio, quod innotuerit, nos ad orientis regionem precari. Sed et plerique uestrum, adfectatione aliquando et caelestia

6 quando F : cum P|| eadem sit P : eadem est F|| pharia F : fariam P|| informi P : -firmo F|| prostant F : -strat P|| **7** in cruce F : de cruce P|| in tropaeis cum *traieci* : cum in tropheis P : cum trophaeis F|| cruces P : *om* F|| tropaeorum] tropheorum P : *om* F|| **8** tota F : Romanorum tota P|| signa adorat F : *om* P|| signa omnibus P : omnibus f|| in signis F : insignes P|| siphara — diligentiam P : laudo diligentiam *ante* siphara F|| **10** caelestia P : certa caelestia F

en remuant les lèvres. **11** De même, si nous donnons à la joie le jour du soleil, pour une tout autre raison que pour rendre un culte au soleil, nous ne faisons que suivre, en cela, ceux d'entre vous qui vouent le jour de Saturne à l'oisiveté et à la bonne chère, et qui s'écartent d'ailleurs aussi de la coutume juive, qu'ils ignorent.

ni 4º le culte d'un dieu onocéphale.

12 Mais une nouvelle représentation de notre Dieu a été récemment publiée dans cette ville : un scélérat, qui se loue pour exciter les bêtes fauves, a exposé en public un tableau avec cette inscription : LE DIEU DES CHRÉTIENS, RACE D'ANE. Ce dieu avait des oreilles d'âne, un pied de corne, un livre à la main et portait la toge. Nous avons ri, et du nom et de la figure.

Rétorsion.

13 Mais vraiment ils auraient dû à l'instant adorer ce dieu à double forme, ceux qui ont accueilli des divinités avec des têtes de chien et de lion, avec des cornes de bouc et de bélier, boucs depuis les reins, serpents depuis les cuisses, portant des ailes aux pieds et au dos.

Transition.

14 Tout ceci était superflu, mais je n'ai pas voulu paraître sciemment négliger de réfuter une seule des rumeurs qu'on répand. Nous allons maintenant nous tourner vers l'exposé de notre religion et nous achèverons de nous laver de toutes ces calomnies.

Elle est le culte du Dieu unique, créateur du monde.

XVII Ce que nous adorons, c'est un Dieu unique, qui, par sa parole qui a commandé, par sa raison qui a disposé, par sa vertu qui a pu tout, a tiré du néant tout cet édifice gigantesque avec tout l'appareil des éléments, des corps, des esprits, pour servir d'ornement à sa majesté : c'est aussi pourquoi les Grecs ont appliqué au monde le nom de *kosmos* (ornement).

XVI, 12. On rapporte à cette calomnie le fameux dessin découvert, en 1856, sur le mur d'un édifice du Palatin et appelé le crucifix blasphématoire. Voy. L. BRÉHIER, *Les origines du crucifix*, p. 13-18.

adorandi, ad solis ortum labia uibratis. **11** Aeque si diem solis laetitiae indulgemus, alia longe ratione quam de religione solis, secundo loco ab eis sumus, qui diem Saturni otio et uictui decernunt, exorbitantes et ipsi a Iudaico more, quem ignorant.

12 Sed noua iam Dei nostri in ista proxime ciuitate editio publicata est, ex quo quidam frustrandis bestiis mercenarius noxius picturam proposuit cum eiusmodi inscriptione :

DEVS • CHRISTIANORVM • ONO*K*OITES

Is erat auribus asininis, altero pede ungulatus, librum gestans et togatus. Risimus et nomen et formam. **13** Sed illi debuerant adorare statim biforme numen, qui et canino et leonino capite commixtos, et de capro et de ariete cornutos, et a lumbis hircos et a cruribus serpentes et planta et tergo alites deos receperunt.

14 Haec ex abundanti, ne quid rumoris irrepercussum quasi de conscientia praeterissemus. Quae omnia, conuersi iam ad demonstrationem religionis nostrae, repurgabimus.

XVII Quod colimus, Deus unus est, qui totam molem istam cum omni instrumento elementorum, corporum, spirituum, uerbo quo iussit, ratione qua disposuit, uirtute qua potuit, de nihilo expressit in ornamentum maiestatis suae, unde et Graeci nomen mundo κόσμον accommodauerunt. **2** Inuisibilis est, etsi uideatur ; incom-

11 de F : *om* P|| **12** proxime ciuitate P : ciuitate proxime f|| ONOKOITES. Is] Onochoites is F : onochoitisis P|| **13** debuerant F : -bebant P|| qui f : quia P|| commixtos P : -istos f|| planta P : a planta F|| et F : uel P|| **14** repurgabimus f : -uimus P
XVII 1 XVI. DE DEO P

L'existence et l'Idée de Dieu.

2 Dieu est invisible, bien qu'on le voie ; il est impalpable, bien que sa faveur nous le rende présent ; incompréhensible, bien que les facultés humaines le conçoivent : c'est ce qui prouve son existence et sa grandeur. Les autres choses qu'on peut voir, palper, comprendre, sont moindres que les yeux qui les voient, que les mains qui les touchent, que les sens qui les découvrent ; mais ce qui est infini n'est parfaitement connu que de soi-même. **3** Ce qui fait comprendre Dieu, c'est précisément l'impossibilité de le comprendre. Ainsi l'immensité de sa grandeur le dévoile et le cache tout à la fois aux hommes. Et c'est le crime principal de ceux qui ne veulent pas connaître celui qu'ils ne sauraient ignorer.

Deux moyens naturels de connaître Dieu : ses œuvres et le témoignage de l'âme.

4-5 Voulez-vous que nous prouvions Dieu par ses œuvres, si nombreuses et si belles, qui nous conservent, qui nous soutiennent, qui nous réjouissent, par celles mêmes qui nous effraient ? par le témoignage de l'âme elle-même, qui, bien qu'à l'étroit dans la prison du corps, bien que circonvenue par une éducation mauvaise, bien qu'énervée par les passions et la concupiscence, bien qu'asservie aux faux dieux, lorsqu'elle revient à elle-même, comme au sortir de l'ivresse ou du sommeil, ou de quelque maladie, et qu'elle est dans son état normal de santé, nomme Dieu par ce seul nom, parce que c'est le nom propre du vrai Dieu. « Grand Dieu ! » « Bon Dieu ! » et « ce qu'il plaira à Dieu », voilà le cri universel. **6** Elle le reconnaît aussi pour juge : « Dieu le voit » et « Je me repose sur Dieu » et « Dieu me le rendra ». O témoignage de l'âme naturellement chrétienne ! Et, en prononçant ces paroles, ce n'est pas vers le Capitole qu'elle tourne les yeux, mais vers le ciel. Elle connaît, en effet, le séjour du Dieu vivant : c'est de Lui, c'est de là qu'elle est descendue.

XVII, 4-5. Nous pouvons connaître Dieu naturellement : 1° par la création (argument cosmologique, que Tertullien se contente d'énoncer ici) ; 2° par le témoignage de l'âme, auquel Tertullien a consacré un petit traité spécial : *De testimonio animae.*

prehensibilis, etsi per gratiam repraesentetur ; inaestimabilis, etsi humanis sensibus aestimetur ; ideo uerus et tantus ! Ceterum quod uideri, quod comprehendi, quod aestimari potest, minus est et oculis quibus occupatur, et manibus quibus contaminatur, et sensibus quibus inuenitur ; quod uero immensum est, soli sibi notum est. **3** Hoc est, quod Deum aestimari facit, dum aestimari non capit ; ita eum uis magnitudinis et notum hominibus obicit et ignotum. Et haec est summa delicti nolentium recognoscere, quem ignorare non possunt.

4 Vultis ex operibus ipsius tot ac talibus, quibus continemur, quibus sustinemur, quibus oblectamur, etiam quibus exterremur, uultis ex animae ipsius testimonio comprobemus ? **5** Quae licet carcere corporis pressa, licet institutionibus prauis circumscripta, licet libidinibus et concupiscentiis euigorata, licet falsis deis exancillata, cum tamen resipiscit, ut ex crapula, ut ex somno, ut ex aliqua ualetudine, et sanitatem suam patitur, Deum nominat hoc solo nomine, quia proprio Dei ueri. « Deus magnus, Deus bonus », et « quod Deus dederit » omnium uox est. **6** Iudicem quoque contestatur illum : « Deus uidet » et « Deo commendo » et « Deus mihi reddet ». O testimonium animae naturaliter Christianae ! Denique pronuntians haec non ad Capitolium, sed ad caelum respicit. Nouit enim sedem Dei uiui : ab illo et inde descendit.

2 ceterum F : est ceterum P‖ uideri F : uideri communiter P‖ **3** deum F : dnm (= dominum) P‖ obicit P : obe– f‖ **4** comprobemus P : *om* F‖ **5** et sanitatem P : sanitatem F‖ nomine F : *om* P‖ proprio F : –ie P‖ Dei — bonus F : uerus hic unus deus bonus et magnus P

Un moyen surnaturel : la Révélation contenue dans les Écritures.

XVIII Pour que nous puissions acquérir une connaissance plus complète et plus profonde de lui-même, de ses décrets et de ses volontés, il nous a donné par surcroît un ensemble de monuments écrits, où nous pouvons chercher Dieu, et après l'avoir cherché, le trouver, et après l'avoir trouvé, croire en lui, et après avoir cru en lui, le servir. **2** En effet, dès l'origine, il a envoyé dans le monde des hommes dignes, par leur justice et par leur innocence, de connaître Dieu et de le faire connaître, des hommes remplis de l'esprit divin, pour proclamer qu'il n'existe qu'un seul Dieu, qui a tout créé, qui a formé l'homme du limon (car c'est là le vrai Prométhée, qui a distribué le temps en périodes, commençant et finissant suivant des lois invariables), **3** pour proclamer ensuite quels signes de la majesté de ses jugements il a donnés dans les pluies et les feux du ciel, quelles lois il a établies pour bien mériter de lui, quelles peines ou quelles récompenses il a fixées pour ceux qui les ignorent ou les désertent et pour ceux qui les observent ; en effet, à la fin des temps, il viendra juger ses fidèles pour les récompenser par la vie éternelle, et les impies pour les punir par un feu également perpétuel et inextinguible, après avoir ranimé, ressuscité et passé en revue tous les hommes, morts depuis le commencement, pour rémunérer chacun suivant son mérite. **4** Il fut un temps où nous riions, comme vous, de ces vérités. Car nous sortons de vos rangs. On ne naît pas chrétien, on le devient.

Les prophètes.

Les livres des prophètes. Version des Septante.

5 Les prédicateurs que nous avons dits sont appelés prophètes, de leur mission de prédire. Leurs paroles et leurs œuvres, par lesquelles ils prouvaient la divinité de leur mission, sont conservées dans les trésors des Livres Saints, et ceux-ci ne sont pas cachés. Ptolémée, surnommé Philadelphe, roi très savant et très fin connaisseur de tout genre de littérature, rivalisant avec Pisistrate, je pense, par le goût des bibliothèques, réunit beaucoup de livres d'histoire fameux

XVIII Sed quo plenius et impressius tam ipsum quam dispositiones eius et uoluntates adiremus, adiecit instrumentum litteraturae, si qui uelit de Deo inquirere, et inquisito inuenire, et inuento credere, et credito deseruire. **2** Viros enim iustitiae innocentia dignos Deum nosse et ostendere, a primordio in saeculum emisit spiritu diuino inundatos, quo praedicarent Deum unicum esse, qui uniuersa condiderit, qui hominem de humo struxerit (hic enim est uerus Prometheus, qui saeculum certis temporum dispositionibus et exitibus ordinauit), **3** exinde quae signa maiestatis suae iudicando ediderit per imbres, per ignes, quas demerendo sibi disciplinas determinauerit, quae ignoratis et desertis et obseruatis his praemia destinarit : ut qui prodacto aeuo isto iudicaturus sit suos cultores in uitae aeternae retributionem, profanos in ignem aeque perpetem et iugem, suscitatis omnibus ab initio defunctis et reformatis et recensis ad utriusque meriti dispunctionem. **4** Haec et nos risimus aliquando. De uestris sumus : fiunt, non nascuntur Christiani.

5 Quos diximus praedicatores prophetae de officio praefandi uocantur. Voces eorum itemque uirtutes, quas ad fidem diuinitatis edebant, in thesauris litterarum manent, nec istae latent. Ptolem*a*eus, quem Philadelphum supernominant, eruditissimus rex et omnis litteraturae sagacissimus, cum studio bibliothecarum

XVIII 1 adiecit instrumentum P : instrumentum adiecit f **3** suae P : suae ediderit F|| iudicando F : –antis P|| et F : *om* P|| desertis] deseritis FP|| et F : sed P|| obseruatis F : –antibus P|| prodacto *Heraldus* : producto P : peracto F|| retributionem P : restitut– F|| recensis F : recensetis P|| **5** XVII. DE PROPHETIS P|| Ptolemaeus] Ptolemeus F : ptolemeorum P|| quem –eruditissimus F : eruditissimus *ante* quem P|| rex et *Modius* : rexit F : et P|| omnis P : –i F

par leur ancienneté ou curieux sous quelque rapport ; sur le conseil de Démétrius de Phalères, le plus célèbre des grammairiens de ce temps-là, qu'il avait fait conservateur de sa bibliothèque, il fit aussi demander des livres aux Juifs, à savoir leurs écrits à eux, conçus dans leur langue, qu'ils étaient seuls à posséder. **6** En effet, c'est aux Juifs seuls que les prophètes, qui étaient Juifs eux-mêmes, avaient parlé, au peuple adoptif de Dieu, en vertu de la grâce accordée à leurs pères. On appelait autrefois Hébreux ceux qu'on appelle Juifs maintenant, et c'est pourquoi leur littérature et leur langue s'appellent hébraïques. **7** Mais les Juifs fournirent aussi à Ptolémée le moyen de comprendre ces livres : ils lui donnèrent septante-deux interprètes, que le philosophe Ménédème lui-même, ce champion de la Providence, a admirés, en voyant combien leur sentiment s'accordait avec le sien. C'est une chose que vous affirme aussi Aristée. **8** Ainsi ces monuments, traduits en langue grecque, sont visibles, aujourd'hui encore, au temple de Sérapis, dans la bibliothèque de Ptolémée, avec l'original hébreu. **9** Mais les Juifs les lisent aussi publiquement : c'est une liberté pour laquelle ils paient tribut. Partout on va les entendre le jour du sabbat. Quiconque les entendra, trouvera Dieu ; quiconque s'efforcera de les comprendre, sera forcé de croire.

Autorité des Écritures prouvée : 1° par leur haute antiquité ;

XIX L'autorité de ces documents leur est donc assurée tout d'abord par leur haute antiquité. Chez vous aussi, on prouve la crédibilité d'une chose par son antiquité, aussi respectable que la religion.

XVIII, 5. Ptolémée I Soter, fils de Lagus, roi d'Egypte de 323-285, avait reçu l'Egypte dans le partage de l'Empire d'Alexandre. Il recueillit à Alexandrie, en 307, Démétrius de Phalères, qui avait dû s'enfuir d'Athènes ; sur son conseil, il fonda le musée d'Alexandrie et la bibliothèque, où son fils, Ptolémée II Philadelphe (285-247) fit entrer la traduction des « Septante ». Menedemus, philosophe grec, né à Erétrie, mort en 277. Aristaeus, officier de la cour de Ptolémée II, qui porta la lettre du roi au grand-prêtre Eléazar.

Pisistratum, opinor, aemularetur, inter cetera memoriarum, quibus aut uetustas aut curiositas aliqua ad famam patrocinabatur, ex suggestu Demetri*i* Phalerei, grammaticorum tunc probatissimi, cui praefecturam mandauerat, libros a Iudaeis quoque postulauit, proprias atque uernaculas litteras, quas soli habebant. **6** Ex ipsis enim et ad ipsos semper prophetae perorauerant, scilicet ad domesticam Dei gentem ex patrum gratia. Hebraei retro, qui nunc Iudaei ; igitur et litterae Hebraeae et eloquium. **7** Sed ne notitia uacaret, hoc quoque a Iudaeis Ptolemaeo subscriptum est, septuaginta et duobus interpretibus indultis, quos Menedemus quoque philosophus, prouidentiae uindex, de sententiae communione suspexit. Adfirmauit haec uobis etiam Aristaeus. **8** Ita in Graecum stilum exaperta monumenta hodie apud Serapeum Ptolemaei bibliothecae cum ipsis Hebraicis exhibentur. **9** Sed et Iudaei palam lectitant. Vectigalis libertas ; uulgo aditur sabbatis omnibus. Qui audierit, inueniet Deum ; qui etiam studuerit intellegere, cogetur et credere.

XIX Primam igitur instrumentis istis auctoritatem, summa antiquitas uindicat. Apud uos quoque religionis est instar, fidem de tempore adserere.

5 Pisistratum f : pisistratarum P || opinor P : ut opinor f || patrocinabatur] : protroci- P || Demetrii] –tri P || Phalerei f : –rii P || tunc P : *om* F || **6** XVIII. DE SCRIPTURIS DOMINICIS P || **7** a Iudaeis P : *post* Ptolemaeo f || Ptolemaeo f : ptholomeo P || subscriptum P : rescr– F || **8** exaperta] ex aperta F : ex aperto P || monumenta P : moni– F || hodie F : reliquit hodie P || Ptolemaei f : ptholomei P || exhibentur FP[1] : litteris exhibentur fP[2].

XIX 1 igitur F : *om* P || uindicat P : uend– f || tempore F : –oribus P

1* Ce qui donne l'autorité aux Écritures, c'est leur antiquité très haute. En effet, le premier prophète, Moïse, qui a raconté la création du monde et la multiplication du genre humain, et puis l'effroyable déluge, vengeur de l'iniquité de cet âge lointain, commençant par le passé, grâce à son esprit prophétique, et poursuivant son récit jusqu'à son temps ; qui a ensuite, par ses propres actes, mis au jour les figures des événements futurs ; Moïse, chez qui la succession des temps, mise en ordre depuis les origines, a fourni la chronologie du monde, est trouvé antérieur d'environ 400 ans à l'époque où le fameux Danaus, le plus ancien chez vous, émigrait à Argos. **2*** Il est antérieur d'environ mille ans à la guerre de Troie et, par conséquent, à Saturne lui-même. Car d'après l'histoire de Thallus, qui rapporte que Belus, roi des Assyriens, et Saturne, roi des Titans, firent la guerre à Jupiter, il apparaît que Belus précéda de 322 ans la ruine de Troie. C'est par ce Moïse aussi que Dieu envoya aux Juifs la loi qui leur est propre. **3*** Ensuite, d'autres prophètes ont annoncé beaucoup de choses et ils sont aussi plus anciens que votre littérature ; en effet, même celui qui prophétisa le dernier a précédé de peu par le temps (s'il n'était leur contemporain) les auteurs de la sagesse et même les législateurs. **4*** En effet, c'est sous le règne de Cyrus et de Darius que vécut Zacharie à l'époque où Thalès, le premier des physiciens, interrogé par Crésus, n'eut rien de positif à répondre sur la divinité, troublé qu'il était par les voix des prophètes. Solon prédit au même roi qu'il devait envisager la fin de sa longue vie tout comme les prophètes ont fait.

5* On peut donc voir que ces lois, comme votre philosophie, ont tiré leurs commencements de la loi et de la doctrine divines. Ce qui a existé d'abord est nécessairement l'origine de ce qui a suivi. Et voilà pourquoi vous avez des choses communes avec nous ou qui se rapprochent des nôtres. **6*** C'est de *sophia* (la sagesse) que

XIX* 1*-10*. *Fragmentum Fuldense,* copié dans le Codex Fuld. par Modius en 1584, imprimé en 1597 par Junius à la suite de son édition de Tertullien. Voy. notre *Etude sur le Codex Fuldensis,* p. 470-482.

1* Auctoritatem litteris praestat antiquitas summa. Primus enim prophetes, Moyses, qui mundi conditionem et generis humani pull*ul*ationem, et mox ultricem iniquitatis illius aeui uim cataclysmi de praeterito exorsus est per uaticinationem usque ad suam aetatem, et deinceps per res suas futurorum imagines edidit, penes quem et temporum ordo, digestus ab initio, supputationem saeculi praestitit, superior inuenitur annis circiter *quadringentis* quam ille antiquissimus penes uos Danaus in Argo*s* transuenisset. **2*** Troiano denique proelio ad mille annos ante est : unde et ipso Saturno Secundum enim historiam Thalli, qua relatum est Belum Assyriorum et Saturnum Titanorum reges cum Ioue dimicasse, ostenditur Belum CCCXX et duobus annis Iliacum exitum antecessisse. Per hunc Moysen etiam illa lex propria Iudaeis a Deo missa est. **3*** Deinceps multa et alii prophetae, uetustiores litteris uestris ; nam et qui ultimo cecinit, aut aliquantulo praecucurrit aut certe concurrit aetate sapientiae auctoribus, etiam latoribus legis. **4*** Cyri enim et Darii regno fuit Zacharias, quo in tempore Thales, physicorum princeps, sciscitanti Cr*oes*o nihil certum de diuinitate respondit, turbatus scilicet uocibus prophetarum. Solon eidem regi finem longae uitae intuendum praedicauit, non aliter quam prophetae.

5* Adeo respici potest tam iura uestra quam studia de lege deque diuina doctrina concepisse. Quod prius est, hoc sit semen necesse est. Inde quaedam nobiscum, uel prope nos habetis. **6*** De sophia amor eius philosophia

1*-10* *Hic in* F *solo legitur quod appellatur* Fragm. Fuldense|| **1*** pullulationem *Iunius* : pullatione F|| quadringentis (= CCCC) *Heinze* : trecentis (=CCC) F|| Argos *Oehler* : -go F || **2*** Belum *Lagarde* : bell- F|| **4*** Croeso *Iunius* : Cyro F||

l'amour de la sagesse fut appelé philosophie ; c'est du don prophétique que la simulation de ce don fit dériver la divination poétique. Les hommes de gloire, pour s'approprier ce qu'ils avaient trouvé chez nous, l'ont dénaturé. Aux fruits il arrive aussi de dégénérer de leur semence.

7* Je pourrais apporter encore beaucoup d'autres preuves de l'ancienneté des divines Écritures, si elles ne tiraient pas une plus grande autorité, pour s'imposer à notre foi, de la force de leur vérité que des annales du temps. Quel plus puissant patronage, en effet, en faveur de leur témoignage, que l'accomplissement journalier des événements du monde entier, quand nous voyons la succession des empires, la ruine des villes, la chute des nations, l'état des temps répondre entièrement aux prédictions faites depuis des milliers d'années ! **8*** C'est aussi ce qui vivifie notre espérance, dont vous riez, et c'est ce qui fortifie notre confiance, que vous appelez présomption. L'accomplissement des événements passés, constaté par nous, est propre, en effet, à inspirer la confiance dans les événements futurs ; ce sont les mêmes voix qui les ont prédits de part et d'autre ; ce sont les mêmes Écritures qui les ont consignés. **9*** Chez elles, il n'y a qu'un temps, qui paraît divisé pour nous. Ainsi, tous les événements qui sont encore à venir, sont déjà vérifiés par nous, puisqu'ils étaient prédits en même temps que ceux qui se sont vérifiés et qui étaient alors futurs. **10*** Vous avez, vous aussi, autant que je sache, une Sibylle, puisque ce nom de la vraie prophétesse du vrai Dieu a été usurpé généralement pour désigner tous les autres qui paraissaient prophétiser. Vos Sibylles ont emprunté mensongèrement leur nom à la vérité, comme ont fait vos dieux.

Ancienneté des livres de Moïse et des autres prophètes.

2 Or, tous les éléments et tous les matériaux, les origines, les dates, le fond même de tous vos écrits les plus anciens, la plupart de vos nations aussi et de vos villes fameuses par leur histoire et

Nous pensons que dans cet important fragment on retrouve les idées et la langue de Tertullien et que c'est une rédaction provisoire des ch. XIX-XX. [On ne sait pas comment elle est entrée dans F.]

uocitatus est : de prophetia affectatio eius poeticam uaticinationem deputauit. Gloriae homines, si quid inuenerant, ut proprium facerent, adulterauerunt. Etiam fructibus a semine degenerare contigit.

7* Multis adhuc de uetustate modis consisterem diuinarum litterarum, si non maior auctoritas illis ad fidem de veritatis suae uiribus quam de aetatis annalibus suppetisset. Quid enim potentius patrocinabitur testimonio earum, nisi dispunctio cotidiana saeculi totius, cum dispositione*s* regnorum, cum casus urbium, cum exitus gentium, cum status temporum ita omnibus respondent, quemadmodum ante milia annorum praenuntiabantur. **8*** Unde et spes nostra, quam ridetis, animatur, et fiducia, quam praesumptionem uocatis, corroboratur. Idonea est enim recognitio praeteritorum ad disponendam fiduciam futurorum : ea*e*dem *uoces* praedicauerunt utramque partem, eaedem literae notauerunt. **9*** Unum est tempus apud illas, quod apud nos separari uidetur. Ita omnia, quae supersunt, i*am* probata sunt nobis, quia cum illis quae probata sunt, tunc futuris, praedicabantur. **10*** Habetis, quod sciam, et *u*os Sibyllam, quat*e*nus appellatio ista uera*e* uat*is* Dei ueri passim super ceteros, qui uaticinari uidebantur, usurpata est ; s*un*t uestrae Sibyllae nomen de ueritate mentitae, quemadmodum et dei uestri.

2 Omnes itaque substantias omnesque materias, origines, ordines, uenas ueterani cuiusque stili uestri, gentes etiam plerasque et urbes insignes historiarum et canas

7* dispositiones *Havercamp* : –tione F ‖ **8*** eaedem *Lagarde* : ea– F ‖ uoces *Lagarde* : *om* F ‖ **9*** iam probata *Iunius* : improbata F ‖ **10*** uos *Oehler* : nos F ‖ quatenus *nos* : quatinus F ‖ uerae *Havercamp* : –ra F ‖ uatis *Havercamp* : –es F ‖ sunt *Oehler* : sicut F ‖ **2** substantias P : –tiae F ‖ materias P : –ae F ‖ uestri P : nos– F ‖ canas P : arcana F

vénérables par leurs légendes, enfin jusqu'aux caractères de l'écriture, ces témoins et ces gardiens des faits, et (car c'est trop peu dire encore) vos dieux eux-mêmes, vos dieux, je le répète, et vos temples et vos oracles et vos cérémonies — tout cela, dis-je, est surpassé en antiquité par l'écrin qui renferme les livres d'un seul prophète, écrin où est gardé le trésor de la religion juive et par conséquent aussi de la nôtre. **3** Moïse (si jamais vous avez entendu prononcer ce nom) est contemporain d'Inachus l'Argien ; il est antérieur d'environ quatre cents ans (il n'en manque que sept) à Danaus, qui est, lui aussi, un de vos plus anciens rois ; il est antérieur d'environ mille ans au désastre de Priam ; je pourrais dire encore qu'il précéda Homère de cinq cents ans de plus, et les auteurs ne me feraient pas défaut. **4** Les autres prophètes sont postérieurs à Moïse, mais les plus récents d'entre eux sont-ils moins anciens que vos sages, vos législateurs et vos historiens ?

Auteurs qui la prouvent.

5 Nous pourrions prouver tout cela par des calculs chronologiques : le travail ne serait pas difficile, mais démesuré, il ne serait pas ardu, mais trop long pour le moment. Il faut, en effet, de nombreux documents et de longs calculs sur le bout des doigts ; il faut dépouiller les archives des nations les plus anciennes, des Égyptiens, des Chaldéens, des Phéniciens. **6** Il faut consulter ceux qui nous ont fourni ces connaissances, Manéthon l'Égyptien et Bérose le Chaldéen, et aussi Hiéromus le Phénicien, roi de Tyr ; et puis encore leurs successeurs, Ptolémée de Mendès, Ménandre d'Éphèse, Démétrius de Phalères, le

XIX. 5-6. De tous les auteurs énumérés ici, Tertullien ne paraît avoir consulté directement que Flavius Josèphe (*Contre Apion.*, 1, 16, 103 et ss.). Il a trouvé les autres noms, comme les détails chronologiques des § 2-3, dans Tatien (*Ad Graec.*, 31 et 36-41) et dans Théophile (*Ad Autol.*, III, 16-29), qui les tenaient de Josèphe et des érudits alexandrins. Tert., comme il le dit plus loin, n'a voulu dresser ici que la bibliographie du sujet (§ 7), une liste d'auteurs à consulter. Cet étalage d'érudition de seconde main lui semble suffire pour faire impression, et, certes, ses lecteurs lui sauront gré de leur avoir épargné, dans un ouvrage de cette nature, une démonstration fastidieuse et intempestive.

memoriarum, ipsas denique effigies litterarum, indices custodesque rerum, et (puto adhuc minus dicimus) ipsos inquam, deos uestros, ipsa templa et oracula et sacra unius interim prophetae scrinium saeculis uincit, in quo uidetur thesaurus collocatus totius Iudaici sacramenti et inde iam et nostri. **3** Si quem audistis interim Moysen, Argiuo Inacho pariter aetate est ; quadringentis paene annis (nam septem minus) Danaum et ipsum apud uos uetustissimum praeuenit ; mille circiter cladem Priami antecedit ; possum dicere etiam quingentis amplius et Homerum, habens quos sequar. **4** Ceteri quoque prophetae etsi Moysi postumant, extremissimi tamen eorum non retrossiores deprehenduntur primoribus uestris sapientibus et legiferis et historicis ?

5 Haec quibus ordinibus probari possint, non tam difficile est nobis exponere, quam enorme, nec arduum, sed interim longum dinumerare. Multis instrumentis cum digitorum supputatoriis gesticulis asserendum est, reseranda antiquissimarum etiam gentium archiua, Aegyptiorum, Chaldaeorum, Phoenicum ; **6** aduocandi, per quos notitia subministrata est, aliqui Manethon Aegyptius et Berosus Chaldaeus, sed et Hieromus Phoenix, Tyriorum rex ; sectatores quoque ipsorum, Mendesius Ptolemaeus et Menander Ephesius et

3 XVIIII. DE MOYSE PROPHETA P‖ septem F : et septem P‖ possum F : –em P‖ dicere etiam F : etiam dicere P‖ **4** retrossiores F : retrosi– P‖ deprehenduntur f : repr– P‖ **5** XX. DE STATV TEMPORVM P‖ dinumerare F : *om* P ‖ subputatoriis F : supputariis P‖ asserendum F : adsid– P‖ reserenda f : –seruanda P‖ **6** per F : municipes eorum per P‖ aliqui F : alioquin P‖ manethon P : Manethos F‖ berosus P : Hebraeus et F‖ sed P : *om* F‖ Hieromus *Oehler* : hieronimus P : Proemis F‖ Phoenix F : f– P‖ Tyriorum F : tyrii P‖ ipsorum P : eorum f‖ Mendesius f : med– P‖ Ptolemaeus f : ptolomeus P‖ Menander f : –dar P

roi Juba, Apion, Thallus, et enfin Josèphe le Juif, historien national, qui s'est fait le vengeur des antiquités juives, et tantôt approuve, tantôt réfute les précédents. **7** Il faut aussi consulter les archivistes des peuples grecs, établir la date des événements, pour expliquer l'enchaînement des temps, chose nécessaire pour éclairer la chronologie. Il faut enfin parcourir l'histoire et la littérature universelles. Et d'ailleurs, nous venons de fournir en quelque sorte une partie de la preuve, en indiquant brièvement les moyens de la faire. **8** Mais il vaut mieux l'ajourner, de peur de ne pas l'approfondir en nous pressant, ou de nous écarter trop longtemps en voulant approfondir.

2º par les prophéties déjà réalisées.

XX Pour vous dédommager de ces ajournements, nous vous offrons maintenant quelque chose de plus important : c'est la majesté des Écritures. Elle prouvera leur divinité, si leur ancienneté ne la prouve pas, si leur antiquité est mise en doute. Et il ne faut pas chercher longtemps ni loin : vous avez sous les yeux les choses qui vous en instruiront : le monde, le siècle et les événements. **2** Tout ce qui se passe était prédit ; tout ce qu'on voit était annoncé. La terre engloutit des villes ; les mers dévorent des îles ; les guerres étrangères et civiles déchirent les peuples ; les royaumes heurtent les royaumes ; la famine et la peste et tous les désastres locaux et les nombreux cas de mort désolent certains pays ; les humbles sont élevés et les grands sont humiliés ; **3** la justice devient rare, l'iniquité devient fréquente, l'amour du bien s'engourdit ; les saisons mêmes et les corps célestes se dérangent et ne remplissent plus leur office ; l'ordre de la nature est troublé par des signes néfastes et des prodiges : or, toutes ces calamités ont été décrites d'avance. Pendant que nous les subissons, nous les lisons ; pendant que nous les lisons, elles se vérifient. La vérité d'une prophétie est, sans nul doute, une preuve solide de sa

XX, 1-5. L'autorité des Ecritures est prouvée : 1º par leur haute antiquité (ch. 19) et 2º par leur majesté résultant des prophéties déjà réalisées (ch. 20). Tert. suit ici S. Justin, I, 31-53. Tatien, 20. Athénag, 7 et 9, Théoph., I, 14 ; 19 ; 2,9.

Demetrius Phalereus et rex Iuba et Apion et Thallus et, qui istos aut probat aut reuincit, Iudaeus Iosephus, antiquitatum Iudaicarum uernaculus uindex ; **7** Graecorum etiam censuales conferendi, et quae quando sint gesta, ut concatenationes temporum aperiantur, per quae luceant annalium numeri ; peregrinandum est in historias et litteras orbis. Et tamen quasi partem iam probationis intulimus, cum per quae probari possint, adspersimus.

8 Verum differre praestat, uel ne minus persequamur festinando uel diutius euagemur persequendo.

XX Plus iam offerimus pro ista dilatione : maiestatem scripturarum, si non uetustate diuinas probamus, si dubitatur antiquitas. Nec hoc tardius aut aliunde discendum ; coram sunt quae docebunt : mundus et saeculum et exitus rerum. **2** Quicquid agitur, praenuntiabatur ; quicquid uidetur, audiebatur : quod terrae uorant urbes, quod insulas maria fraudant, quod interna et externa bella dilaniant, quod regnis regna compulsant, quod fames et lues et locales quaeque clades et frequentiae plerumque mortium uastant, quod humiles sublimitate, sublimes humilitate mutantur, **3** quod iustitia rarescit, iniquitas increbrescit, bonarum omnium disciplinarum cura torpescit, quod etiam officia temporum et elementorum munia exorbitant, quod et monstris et portentis naturalium forma turbatur, prouidentiae scripta sunt. Dum patimur, leguntur ;

6 Phalereus f : –ius P‖ qui f : si quis P‖ iosephus P : iosippus F‖ **7** ut f : aut P‖ partem f : patr– P‖ **8** uel ne P : ne uel f.

XX 1 rerum F : *om* P‖ **2** uorant P : uorarant F‖ fraudant P : –darent F‖ interna F : ext– P‖ et F : atque P‖ externa F : int– P‖ dilaniant P : –arent F‖ **3** prouidentiae F : –denter P

divinité. 4 Il en résulte que nous pouvons aussi avoir foi, en toute sûreté, dans les prédictions qui doivent encore se réaliser ; car elles sont déjà vérifiées, parce qu'elles ont été faites avec celles qui se vérifient tous les jours. Ce sont les mêmes voix qui retentissent, les mêmes livres qui notent, le même esprit qui inspire ; pour le prophète qui prédit l'avenir, le temps est un. 5 Aux yeux des hommes, en tout cas, le temps est distingué, pendant qu'il s'écoule, et l'on oppose le présent au futur, et le passé au présent. Quel tort avons-nous, je vous le demande, de croire à l'avenir, puisque nous avons appris à croire au temps en ce qui concerne ses deux premières périodes ?

Les chrétiens adorent Dieu par le Christ. — Différences notoires entre Juifs et chrétiens.

XXI Mais comme nous venons de proclamer que notre religion est fondée sur les monuments écrits des Juifs, qui sont si anciens, alors qu'on sait généralement (et nous en convenons nous-mêmes) qu'elle est elle-même assez récente, puisqu'elle date de l'époque de Tibère, peut-être voudra-t-on discuter, pour ce motif, sa nature et dira-t-on que, sous le couvert d'une religion très illustre et certainement autorisée par la loi, notre religion cache des idées nouvelles, qui lui sont propres, surtout qu'indépendamment de l'âge, nous ne sommes pas d'accord avec les Juifs pour l'abstinence de certains aliments, ni pour les jours de fête, ni pour le signe physique, ni pour la communauté du nom, — ce qui devrait être, à coup sûr, si nous étions serviteurs du même Dieu. 3 D'autre part, il n'est pas jusqu'au peuple qui ne connaisse déjà le Christ comme un homme ordinaire, que les Juifs ont condamné comme tel, de sorte qu'on sera tenté de nous prendre plutôt pour des adorateurs d'un homme. En vérité, nous ne rougissons pas du Christ, puisque nous sommes fiers d'être rangés sous son nom et d'être condamnés pour son nom ; et pourtant nous n'avons pas de Dieu une autre conception que les Juifs. Il est donc nécessaire que je m'explique en quelques mots sur le Christ considéré comme Dieu.

dum recognoscimus, probantur. Idoneum, opinor, testimonium diuinitatis ueritas diuinationis.

4 Hinc igitur apud nos futurorum quoque fides tuta est, iam scilicet probatorum, quia cum illis, quae cottidie probantur, praedicabantur ; eaedem uoces sonant, eaedem litterae notant, idem spiritus pulsat. **5** Vnum tempus est diuinationi futura praefanti. Apud homines, si forte, distinguitur, dum expungitur, dum ex futuro praesens, dehinc ex praesenti praeteritum deputatur. Quid delinquimus, oro uos, futuro quoque credentes, qui iam didicimus illi per duos gradus credere ?

XXI Sed quoniam edidimus, antiquissimis Iudaeorum instrumentis sectam istam esse suffultam, quam aliquanto nouellam, ut Tiberiani temporis, plerique sciunt profitentibus nobis quoque : fortasse an hoc nomine de statu eius retractetur, quasi sub umbraculo insignissimae religionis, certe licitae, aliquid propriae praesumptionis abscondat ; **2** uel quia, praeter aetatem, neque de uictus exceptionibus, neque de solemnitatibus dierum, neque de ipso signaculo corporis, neque de consortio nominis cum Iudaeis agimus, quod utique oporteret, si eidem Deo manciparemur. **3** Sed et uulgus iam sciunt Christum, hominem utique aliquem, qualem Iudaei iudicauerunt : quo facilius quis nos hominis cultores existimauerit. Verum neque de Christo erubescimus, ut quos sub nomine eius deputari et damnari iuuat, neque

4 praedicabantur FM : –ebantur|| eaedem uoces *nos* : eadem uoces FP|| eaedem litterae P : eadem litterae F|| **5** praefanti M : –fandi FP|| futuro F : –a P|| illi P : –is f M.

XXI. 1 XXI. DE CHRISTO ET IVDAEIS P|| quam P : quam scient F|| aliquanto P : –quando F|| Tiberiani P : –nis F|| temporis P : –ibus F|| plerique P : ortam plerique F|| **2** agimus f : –amus P|| **3** sciunt F : scit P|| hominem F : ut hominem P|| utique F : *om* P|| ut quos F : cum P

Motif de la venue du Christ, Révélateur d'une Loi nouvelle faite pour tous les hommes.

4 Sous tous les rapports, les Juifs avaient obtenu auprès de Dieu un privilège, à cause de l'insigne justice et de la foi de leurs premiers pères : de là, la grandeur de leur race et la puissance de leur royaume ; de là aussi le bonheur si grand d'entendre la parole de Dieu, qui leur enseignait les moyens de se concilier la faveur de Dieu et les mettait en garde contre ce qui l'offense. 5 Mais, enflés par la confiance dans les mérites de leurs pères, ils s'écartèrent de la loi divine d'une manière impie et commirent toutes sortes de prévarications. S'ils ne l'avouaient eux-mêmes, leur malheur d'aujourd'hui le prouverait assez. Dispersés, vagabonds, bannis de leur sol et de leur climat, ils errent par toute la terre, n'ayant pour roi ni un homme ni un Dieu, et il ne leur est pas permis de saluer et de fouler le sol de la patrie, même à titre d'étrangers. 6 Les saints oracles, qui leur prédisaient ces destinées, ne cessaient de leur annoncer en même temps que, dans les derniers temps, Dieu se choisirait, parmi toutes les nations et tous les peuples et dans tous les lieux, des adorateurs beaucoup plus fidèles, sur qui il transporterait une grâce plus abondante, à cause de leur aptitude à recevoir une loi plus complète.

Comment est venu le Christ. lumière et guide du genre humain.

7 Il est donc venu Celui qui, suivant les prophéties, devait venir pour renouveler cette loi et pour la mettre en lumière, le Christ, Fils de Dieu. L'auteur et le maître de cette grâce et de cette loi, la lumière et le guide du genre humain, était annoncé comme étant le Fils de Dieu ; mais il ne fut pas engendré de telle façon qu'il eût à rougir de son nom de fils ou de sa filiation paternelle. 8 Il n'a pas, Lui, subi l'affront

XXI, 6. Voyez XVI, 3 (Pompée). Les Juifs soumis depuis Vespasien (voy. V, 7) se révoltèrent en 122, sous Hadrien. L'insurrection fut réprimée par Julius Severus, qui ne laissa derrière lui ni un homme, ni une maison. Aux Juifs qu'on n'avait pu ni tuer ni vendre, l'accès de la Judée fut interdit. Un jour seulement par an, celui de la destruction de Jérusalem, il leur fut permis de venir pleurer sur les ruines de la ville sainte.

de Deo aliter praesumimus. Necesse est igitur pauca de Christo ut Deo.

4 Totum Iudaeis erat apud Deum praerogativa ob insignem iustitiam et fidem originalium auctorum : unde illis et generis magnitudo et regni sublimitas floruit et tanta felicitas de Dei uocibus, quibus et docebantur de promerendo Deo et non offendendo praemonebantur. **5** Sed quanta deliquerint, ex fiducia patrum inflati ad declinandum disciplinam in profanum modum, etsi ipsi non confiterentur, probaret exitus hodiernus ipsorum. Dispersi, palabundi, et soli et caeli sui extorres uagantur per orbem sine homine, sine Deo rege, quibus nec aduenarum iure terram patriam saltim uestigio salutare conceditur. **6** Cum haec illis sanctae uoces praeminarentur, eadem semper omnes ingerebant fore, uti sub extimis curriculis saeculi ex omni iam gente et populo et loco cultores sibi allegeret Deus multo fideliores, in quos gratiam transferret pleniorem ob disciplinae auctioris capacitatem.

7 Venit igitur qui ad reformandam et illuminandam eam uenturus a Deo praenuntiabatur, Christus ille filius Dei. Huius igitur gratiae disciplinaeque arbiter et magister, illuminator atque deductor generis humani filius Dei annuntiabatur ; non quidem ita genitus, ut erubescat in filii nomine aut de patris semine. **8** Non de

3 praesumimus P : sumus F|| de P : dicamus de F|| Deo P : de Deo f|| **4** praerogatiua F : gratia P|| ob F : ubi et P|| insignem F : –is P|| iustitiam F : –tia P|| fidem F : –es P|| de F : ut de P : unde de M|| et F : *om* P|| docebantur F : edoc– P|| praemonebantur F : –nerentur P|| **5** deliquerint f : dereli– P|| ex F : *om* P|| declinandum P : delir– F|| disciplinam F : deriuantes a disciplina P|| modum P : –is F|| soli et caeli P : coeli et soli f|| salutare f : –ari P|| **6** ob F : quidem ob P|| auctioris P : –toris F|| **7** praenuntiabatur] praenuncia– f : praenuntiatur P|| in P : de F|| semine P : semine, sicut de concubitu tauri F

d'avoir, par l'inceste d'une sœur, ni par le déshonneur d'une fille ou d'une épouse étrangère, un père couvert d'écailles, encorné ou emplumé, changé en pluie d'or, comme l'amant de Danaé. Elles sont encore de Jupiter, ces infamies humaines que vous commettez ! **9** Mais le Fils de Dieu n'a point de mère par un commerce impudique ; et même la mère que nous lui voyons n'était pas mariée. Mais je vais d'abord expliquer sa substance et l'on comprendra le mystère de sa nativité.

La substance du Christ et sa nativité.

10 Nous avons déjà dit que Dieu a créé cet univers que nous voyons, par sa parole et par sa raison et par sa puissance. Vos philosophes sont aussi d'accord pour dire que c'est le *logos*, c'est-à-dire « la parole et la raison », qui est l'auteur de l'univers. Zénon le désigne comme l'artisan qui a tout formé et tout disposé ; il dit qu'on l'appelle aussi « destin, dieu, âme de Jupiter, nécessité de toutes choses ». Cléanthe réunit tout cela pour l'attribuer à l' « esprit », qui circule, dit-il, à travers tout l'univers. **11** Or, nous aussi, nous regardons la parole et la raison, et aussi la puissance par lesquelles Dieu a tout créé, nous l'avons dit, comme une substance propre que nous appelons « esprit » : la parole est dans cet esprit quand il commande, la raison le seconde quand il dispose, la puissance l'assiste quand il réalise. Nous disons que Dieu a proféré cet esprit et qu'en le proférant il l'a engendré, et que pour cette raison il est appelé Fils de Dieu et Dieu, à cause de l'unité de la substance ; car Dieu aussi est esprit. **12** Quand un rayon est lancé hors du soleil, c'est une partie qui part du tout ; mais le soleil est dans le rayon, parce que c'est un rayon du soleil, et que la substance n'est pas divisée, mais étendue, comme la lumière qui s'allume à la lumière. La matière-source

XXI, 10. *Apud nostros quoque sapientes.* Tert. n'aime pas les philosophes (voy. XLVI, 7), mais quand il discute avec les païens, il tire volontiers argument de l'opinion des philosophes plutôt que des Ecritures, dont l'autorité n'est pas reconnue des païens. Il faut tirer parti, dit-il (*De anima*, 2) du témoignage des adversaires, quand il ne profite pas aux adversaires. Le λόγος des Stoïciens (Zénon de Citium, Cléanthe d'Assus, Chrysippe de Soles) diffère, du reste, beaucoup du Verbe.

sororis incesto nec de stupro filiae aut coniugis alienae deum patrem passus est squamatum aut cornutum aut plumatum, amatorem in auro conuersum Danaes. Iouis ista sunt humana uestra. **9** Ceterum Dei filius nullam de impudicitia habet matrem ; etiam quam uidetur habere, non nupserat. Sed prius substantiam edisseram, et ita natiuitatis qualitas intellegetur.

10 Iam diximus Deum uniuersitatem hanc mundi uerbo et ratione et uirtute molitum. Apud uestros quoque sapientes λόγον, id est sermonem atque rationem, constat artificem uideri uniuersitatis. Hunc enim Zeno determinat factitatorem, qui cuncta in dispositione formauerit ; eundem et fatum uocari et deum et animum Iouis et necessitatem omnium rerum. Haec Cleanthes in spiritum congerit, quem permeatorem uniuersitatis affirmat. **11** Et nos autem sermonem atque rationem, itemque uirtutem, per quae omnia molitum Deum ediximus, propriam substantiam spiritum *ad*scribimus, cui et sermo insit pronuntianti, et ratio adsit disponenti, et uirtus praesit perficienti. Hunc ex Deo prolatum dicimus, et prolatione generatum, et idcirco filium Dei et Deum dictum ex unitate substantiae : nam et Deus spiritus. **12** Etiam cum radius ex sole porrigitur, portio ex summa ; sed sol erit in radio, quia solis est radius, nec separatur substantia, sed extenditur, ut

8 coniugis P : de coniugis F|| Danaes f : –naidis P|| ista P : et ista F|| humana F : numina P|| **10** diximus F : ed– P|| Zeno P : *om* F|| **11** sermonem F : –ni P|| rationem F : –ni P|| uirtutem F : –ti P|| spiritum P : *om* F|| adscribimus] asscr– F : inscr– P|| dicimus F : didici– P|| **12** etiam f : et P|| cum radius — Christus est (§ **14**) *habet et* ALTERCATIO (*Cf. Intr.* p. LVII)|| extenditur P ALTERCATIO : expand– F|| *in* P *sequuntur haec uerba* : ita de spiritu spiritus et de Deo Deus : *quae omiserunt* F *et* ALTERCATIO|| ut P ALTERCATIO : et F

demeure entière et ne perd rien, même si elle communique sa nature par plusieurs canaux. **13** Ainsi, ce qui est sorti de Dieu est Dieu, Fils de Dieu, et les deux ne font qu'un. Ainsi l'esprit qui vient de l'esprit et Dieu qui vient de Dieu est autre par la mesure, il est second par le rang, non par l'état, et il est sorti de sa source sans s'en être détaché. **14** Donc ce rayon de Dieu, comme il avait été toujours prédit auparavant, descend dans une Vierge et, s'étant incarné dans son sein, il naît homme mêlé à Dieu. La chair unie à l'esprit se nourrit, croît, parle, enseigne, opère, et voilà le Christ. Acceptez pour le moment cette « fable » (elle est semblable aux vôtres), en attendant que je vous montre comment le Christ est prouvé et quels sont ceux qui ont fait circuler d'avance parmi vous des fables de ce genre, pour détruire cette vérité.

Incarnation. L'Homme-Dieu. Naissance virginale.

Premier avènement du Christ, incompris des Juifs.

Les Juifs savaient aussi que le Christ devait venir, car c'est à eux que parlaient les prophètes. Et, en effet, aujourd'hui encore, ils attendent sa venue, et entre eux et nous il n'y a pas d'autre sujet de contestation plus grand que leur refus de croire qu'il est déjà venu. Car deux avènements du Christ étaient annoncés : l'un, qui s'est accompli dans l'humilité de la condition humaine ; l'autre, qui est attendu pour la consommation du siècle, dans la sublime splendeur de la puissance paternelle reçue et de la divinité clairement manifestée. Or, ne comprenant pas le premier, ils ont cru que le second était l'unique, et ils l'espéraient comme étant plus clairement prédit. **16** Par leur péché ils ont mérité, en effet, de ne pas comprendre le premier : ils l'auraient cru, s'ils l'avaient compris, et ils auraient obtenu le salut, s'ils l'avaient cru. Ils lisent eux-mêmes dans l'Écriture qu'ils ont été privés, par châtiment, de la sagesse, et de l'intelligence, et de l'usage des yeux et des oreilles.

XXI, 14. *prædicabatur* = *praedicebatur*. Cf. Is., 7,14. Matth., I, 22-23 — *dum ostendimus* : 1) par sa vie (§ 17-25) ; 2) par les démons (ch. 23, 12).

lumen de lumine accensum. Manet integra et indefecta materia matrix, etsi plures inde traduces qualitatis mutueris. **13** Ita et quod de Deo profectum est, Deus est et Dei filius et unus ambo. Ita de spiritu spiritus et de Deo Deus, modulo alter, numerum gradu, non statu fecit, et a matrice non recessit, sed excessit. **14** Iste igitur Dei radius, ut retro semper praedicabatur, delapsus in uirginem quandam et in utero eius caro figuratus nascitur homo Deo mixtus. Caro spiritu structa nutritur, adolescit, affatur, docet, operatur, et Christus est. Recipite interim hanc « fabulam » (similis est uestris), dum ostendimus, quomodo Christus probetur et qui penes uos eiusmodi fabulas ad destructionem ueritatis istius aemulas praeministrauerint.

15 Sciebant et Iudaei, uenturum esse Christum, scilicet quibus prophetae loquebantur. Nam et nunc aduentum eius exspectant, nec alia magis inter nos et illos compulsatio est, quam quod iam uenisse non credunt. Duobus enim aduentibus eius significatis, primo, qui iam expunctus est in humilitate condicionis humanae, secundo, qui concludendo saeculo imminet in sublimitate paternae potestatis acceptae *et* diuinitatis exsertae, primum non intellegendo secundum, quem manifestius praedicatum sperabant, unum existimauerunt. **16** Ne enim intellegerent pristinum, credituri, si intellexissent, et consecuturi salutem, si credidissent, meritum fuit delictorum. Ipsi legunt ita scriptum, multatos

12 materia F ALTERCATIO : –iae P‖ matrix FP : *om* ALTERCATIO‖ **13** alter F : alterum ALTERCATIO : alternum P‖ **14** mixtus P : mist– f‖ structa F ALTERCATIO : instr– P‖ ad F : aemulas ad P‖ aemulas F : modi P‖ **15** paternae potestatis acceptae F : *om* P‖ et *nos* : *om* FP‖ exsertae P : exertae F‖ sperabant F : sperant P‖ **16** ne enim P : nec F‖ intellegerent P : –exerunt F‖ delictorum f : delictum eorum P

Malgré les miracles opérés par son verbe.

17 De son abaissement, ils avaient donc conclu que ce n'était qu'un homme ; et naturellement, à cause de sa puissance, ils le prirent pour un magicien : en effet, ils le voyaient, par sa seule parole, chasser les démons du corps des hommes, donner la vue aux aveugles, purifier les lépreux, redresser les paralytiques, enfin faire revenir les morts à la vie, toujours par sa seule parole, se faire servir par les éléments, apaisant les tempêtes et marchant sur les eaux, montrant ainsi qu'il était ce Fils autrefois annoncé par Dieu, et né pour le salut de tous, ce Verbe de Dieu, éternel, premier-né, accompagné de sa puissance et de son intelligence, ayant pour support son esprit.

La Passion du Christ et miracles qui l'accompagnent.

18 En entendant prêcher sa doctrine, qui confondait les docteurs et les notables des Juifs, ceux-ci étaient exaspérés, surtout qu'ils voyaient une multitude immense affluer vers lui : au point que, finalement, ils le livrèrent à Ponce Pilate, qui gouvernait alors la Syrie au nom des Romains, et par la violence de leurs suffrages ils forcèrent le procurateur à le leur livrer pour le mettre en croix. Lui-même avait prédit qu'ils agiraient ainsi ; ce serait peu encore, si les prophètes ne l'avaient aussi prédit auparavant. **19** Et cependant, attaché à la croix, il a fait beaucoup de prodiges propres à cette mort. En effet, de lui-même il rendit l'âme avec ses dernières paroles, prévenant l'office du bourreau ; au même instant, le jour fut privé de soleil, au moment où il marquait le milieu de son orbe. On crut certainement que c'était une éclipse, et ceux qui ne savaient pas que ce prodige avait aussi été prédit pour la mort du Christ, n'en comprenant pas la raison, la nièrent, et pourtant vous trouvez consigné dans vos archives cet accident mondial. **20** Alors,

Mise au tombeau et résurrection.

les Juifs, après avoir détaché le corps et après l'avoir déposé dans un sépulcre, le firent surveiller avec grand soin par une garde militaire : comme il avait prédit qu'il ressusciterait d'entre les morts au troisième jour, ils avaient peur que ses disciples, emportant furtivement le

se sapientia et intellegentia et oculorum et aurium fruge. **17** Quem igitur hominem solummodo praesumpserant de humilitate, sequebatur uti magum existimarent de potestate, cum ille daemonia de hominibus excuteret uerbo, caecos i*l*luminaret, leprosos purgaret, paralyticos restringeret, mortuos denique uerbo redderet uitae, elementa ipsa famularet, compescens procellas et freta ingrediens, ostendens se esse Filium illum, et olim a Deo praedicatum et ad omnium salutem natum, Verbum Dei illud primordiale, primogenitum, uirtute et ratione comitatum et spiritu fultum.

18 Ad doctrinam uero eius, qua reuincebantur, magistri primoresque Iudaeorum ita exasperabantur, maxime quod ingens ad eum multitudo conflueret ut postremo oblatum Pontio Pilato, Syriam tunc ex parte Romana procuranti, uiolentia suffragiorum in crucem dedi sibi extorserint. Praedixerat et ipse ita facturos ; parum hoc, si non et prophetae retro. **19** Et tamen suffixus multa mortis illius propria ostendit insignia. Nam spiritum cum uerbo sponte dimisit, praeuento carnificis officio. Eodem momento dies, medium orbem signante sole, subducta est. Deliquium utique putauerunt, qui id quoque super Christo praedicatum non scierunt : ratione non deprehensa, negauerunt, et tamen eum mundi casum relatum in arcanis uestris habetis. **20** Tunc Iudaei detractum et sepulchro conditum magna etiam

17 hominem solummodo P : solum hominem modo f|| sequebatur P : ins– F|| magum fM : magn– P|| existimarent F : aestim– P|| daemonia F : uerbo daemonia P|| uerbo F : *om P*|| illuminaret] inl– f : rel– P|| Filium — natum F : *om* P|| illud F : id est λόγον illud P|| fultum F : fultum eundem qui uerbo omnia et faceret et fecisset P|| **18** conflueret F : deflecteret P|| Romana P : –nam F|| dedi F : Iesum dedi P|| **19** multa –nam P : *om* F|| dimisit fM : dem– P|| medium P : –ia F|| qui id f : quid P|| ratione — negauerunt F : *om* P

cadavre, ne trompassent leurs soupçons. **21** Mais au troisième jour, la terre tremble tout à coup, la pierre énorme placée sur le sépulcre s'écarte, la garde se disperse frappée de frayeur, les disciples ne se montrent nullement, et dans le sépulcre on ne trouve rien d'autre que la dépouille d'un tombeau. **22** Néanmoins

Imposture des Juifs. Vie cachée.

les notables juifs qui avaient intérêt à faire croire à un crime et détourner de la foi un peuple tributaire et placé sous leur dépendance, répandirent le bruit qu'il avait été dérobé par ses disciples. En effet, lui, de son côté, ne parut pas devant la multitude, pour ne pas arracher les impies à leur erreur et aussi pour que la foi, destinée à une si précieuse récompense, coûtât quelque peine aux hommes. **23** Mais il passa jusque quarante jours avec quelques disciples en

Mission des Apôtres. Ascension.

Galilée, de la province de Judée, leur enseignant ce qu'ils devaient enseigner. Et puis, leur ayant confié la mission de prêcher par toute la terre, enveloppé d'un nuage, il fut enlevé au ciel : ascension beaucoup plus vraie que celle que chez vous des Proculus ont coutume d'attribuer aux Romulus.

Témoignage de Pilate et des Apôtres.

24 Pilate, qui était lui-même déjà chrétien dans le cœur, annonça tous ces faits relatifs au Christ, à Tibère, alors César. Les Césars eux-mêmes auraient cru au Christ, si les Césars n'étaient pas nécessaires au siècle, ou si les Césars avaient pu être chrétiens en même temps que Césars. **25** Quant aux disciples, se répandant par le monde, ils obéirent au précepte de leur Maître divin ; après avoir, eux aussi, beaucoup souffert des Juifs persécuteurs, confiants dans la vérité, ils finirent par semer avec joie

XXI, 24. Sur Ponce Pilate, procurateur de Judée de 26 à 36 après J.-C., voy. V, 2 et XXI, 18. Suivant Tertullien, Pilate était déjà chrétien de « conviction », bien qu'il ne le fût pas extérieurement. Il n'avait trouvé aucune faute dans le Christ et avait essayé de l'arracher à la fureur des Juifs. Voilà pourquoi cette triste figure a excité de bonne heure une certaine sympathie. Les Césars auraient fait comme Pilate, sans la raison d'Etat qui les empêchait : 1° l'empereur, tel qu'il est, est nécessaire au monde, à la

militaris custodiae diligentia circumsederunt, ne, quia praedixerat tertia die resurrecturum se a morte, discipuli furto amoliti cadauer fallerent suspectos. **21** Sed ad tertium diem concussa repente terra et mole reuoluta quae obstruxerat sepulcrum,et custodia pauore disiecta, nullis apparentibus discipulis nihil in sepulcro repertum est praeter exuuias sepulturae. **22** Nihilominus tamen primores Iudaeorum, quorum intererat et scelus diuulgare et populum uectigalem et famularem sibi a fide auocare, subreptum a discipulis iactitauerunt. Nam nec ille se in uulgus eduxit, ne impii errore liberarentur, sed ut fides, non mediocri praemio destinata, difficultate constaret. **23** Cum discipulis autem quibusdam apud Galilaeam Iudaeae regionis ad quadraginta dies egit docens eos quae docerent. Dehinc ordinatis eis ad officium praedicandi per orbem, circumfusa nube in caelum est ereptus multo uerius quam apud uos asseuerare de Romulis Proculi solent.

24 Ea omnia super Christo Pilatus, et ipse iam pro sua conscientia Christianus, Caesari tunc Tiberio nuntiauit. Sed et Caesares credidissent super Christo, si aut Caesares non essent necessarii saeculo, aut si et Christiani potuissent esse Caesares. **25** Discipuli uero diffusi per orbem ex praecepto magistri Dei paruerunt, qui et ipsi a Iudaeis persequentibus multa perpessi utique pro fiducia ueritatis libenter Romae postremo

20 militaris F : –tari P|| custodiae F : manu custodiae P|| **21** ad F : ecce P|| tertium F : –ia P|| diem F : die P|| custodia f : –iae P|| praeter F : –quam P|| sepulturae F : –ulti P|| **22** Iudaeorum F : *om* P|| famularem P : famili– F|| auocare F : reu– P|| sed F : ut P|| ut F : et P|| **23** regionis F : –em P|| quadraginta P : quinqua – F|| ereptus F : recep– P|| Romulis F : –lo P|| **24** necessarii saeculo P : saeculo necessarii f|| si P : *om* F|| **25** uero F : quoque P|| persequentibus F : ins– P

le sang chrétien à Rome, pendant la cruelle persécution de Néron.

Telle est la foi des chrétiens : c'est par le Christ que Dieu a voulu être connu.

26 Mais nous vous montrerons des témoins irrécusables du Christ dans ceux-là mêmes que vous adorez. C'est un grand point, que je puisse alléguer, pour vous obliger de croire les chrétiens, ceux-là mêmes qui vous empêchent de croire les chrétiens. Pour le moment, voilà l'histoire chronologique de notre religion ; voilà, nous le déclarons, l'origine de notre secte et de notre nom, avec leur auteur. **27** Qu'on ne nous reproche plus aucune infamie, qu'on ne s'imagine pas qu'il y a autre chose, car il n'est pas même permis à personne de mentir sur sa religion. En effet, en disant qu'on adore autre chose que ce qu'on adore, on nie ce qu'on adore et l'on transporte ses hommages à un autre, et en les transportant, on n'adore plus ce qu'on a renié. **28** Or, nous disons, et nous le disons publiquement, et nous crions, quand nous sommes déchirés par vos tortures et ensanglantés : « Nous adorons Dieu par le Christ. » Croyez-le un homme, si vous voulez ; c'est par lui que Dieu a voulu être connu et adoré. **29** Pour répondre aux Juifs, je dirai que c'est par Moïse, qu'eux aussi ont appris à adorer Dieu ; aux Grecs, je dirai qu'Orphée dans la Piérie, Musée à Athènes, Mélampus à Argos, Trophonius en Béotie ont lié les hommes par des initiations; enfin, pour tourner aussi mes regards vers vous, les maîtres des nations, je vous dirai qu'il fut un homme, ce Numa Pompilius, qui chargea les Romains de si gênantes superstitions.

Les témoins irrécusables de la divinité du Christ, ce sont les démons.

30 On dira peut-être que le Christ aussi a pu inventer la divinité qui lui a servi, non à rendre humains les hommes encore grossiers et sauvages, en les frappant d'étonnement devant une si grande multitude de dieux à servir, comme a fait Numa, mais à donner aux hommes déjà polis et trompés par le raffinement même de leur

stabilité de l'Empire, et 2° la foi chrétienne était incompatible avec la dignité impériale, les chrétiens ne pouvaient pas encore se faire à l'idée d'un empire romain chrétien.

XXI, 28. Tertullien résume la foi des chrétiens par la formule : *Deum colimus per Christum*, qui complète celle du ch. 17, 1 : *Quod colimus, Deus unus est.*

per Neronis saeuitiam sanguinem Christianum seminauerunt.

26 Sed monstra*b*imus uobis idoneos testes Christi ipsos illos, quos adoratis. Multum est, si eos adhibeam, ut credatis Christianis, propter quos non creditis Christianis. **27** Interim hic est ordo nostrae institutionis, hunc edimus et sectae et nominis censum cum suo auctore. Nemo iam infamiam incutiat, nemo aliud existimet, quia nec fas est ulli de sua religione mentiri. Eo enim quod aliud a se coli dicit quam colit, negat quod colit, et honorem in alterum transfert et transferendo am non colit quod negauit. **28** Dicimus et palam dicimus et uobis torquentibus lacerati et cruentati uociferamur: « Deum colimus per Christum ». Illum hominem putate, per eum se cognosci et coli Deus uoluit. **29** Vt Iudaeis respondeam, et ipsi Deum per Moysen colere didicerunt ; ut Graecis occurram, Orpheus Pieriae, Musaeus Athenis, Melampus Argis, Trophonius Boeotiae initiationibus homines obligauerunt ; ut ad uos quoque dominatores gentium conuertar, homo fuit Pompilius Numa, qui Romanos operosissimis superstitionibus onerauit. **30** Licuerit et Christo commentari diuinitatem, non qua rupices et adhuc feros homines multitudini tot numinum demerendorum attonitos efficiendo ad humanitatem temperaret, quod Numa, sed qua iam expolitos et ipsa urbanitate deceptos in agnitio-

26 monstrabimus *edd* : –uimus P ‖ **27** XXII. DE DEO OMNIPOTENTE ET CHRISTO P ‖ edimus F : edidi– P ‖ incutiat P : conc– F ‖ eo F : ex eo P ‖ et F : et culturam et P ‖ transfert f : –feret P ‖ **28** cruentati F : –enti P ‖ se F : et in eo se P ‖ uoluit F : uult P ‖ **29** respondeam F : –eamus P ‖ Deum f : dominum P ‖ Moysen F : hominem moysen P ‖ Melampus] melamphus P ‖ Trophonius] Tryph:– F : trophe– P ‖ conuertar F : aspiciam P ‖ **30** non F : rem propriam non P ‖ qua FP[1]M : quo P[2] ‖ rupices P : rudes F ‖ numinum *Parisin.* 2616 : nom– FP ‖ quod P : quo F ‖ qua *nos* : quia P : quod F

civilisation, des yeux pour reconnaître la vérité. **31** Cherchez donc si cette divinité est vraie, si elle est telle qu'il suffit de la connaître pour qu'on renonce à la fausse divinité, surtout quand on a reconnu tout ce principe qui, se cachant sous les noms et les images de morts, ne donne d'autre garantie de sa divinité que certains signes, prodiges et oracles.

DÉMONOLOGIE.
1° Existence des démons, leur nature et leur nom.

XXII Et, en effet nous affirmons qu'il existe certaines substances spirituelles. Et le nom n'est pas nouveau. Les « démons » sont connus des philosophes et Socrate lui-même attendait le bon plaisir de son démon. Quoi d'étonnant, puisqu'on dit que, dès son enfance, un démon s'était attaché à lui ? C'était, naturellement, un empêcheur de bien agir. **2** Les démons sont connus de tous les poètes et le vulgaire ignorant lui-même les fait souvent intervenir dans ses imprécations. En effet, le nom de Satan, le prince de cette race perverse, ne le prononce-t-il pas, par une conviction naturelle de l'âme avec les mêmes accents de la malédiction ? Quant aux « anges », Platon lui-même n'a pas contesté leur existence. Les mages sont aussi là pour attester l'existence des démons et des anges. **3** Mais comment, de quelques

2° Origine des Anges et des démons.

anges volontairement pervertis, est née la race plus perverse encore des démons, condamnée par Dieu avec ses auteurs et avec son chef, que nous venons de nommer ? C'est ce qui est raconté en détail dans les Livres saints.

3° Activité ou opérations des démons. Leur but et leurs moyens.

4 Pour le moment, il suffira de parler de leur activité. Elle consiste à perdre l'homme ; aussi bien, la malice de ces esprits a-t-elle fait ses débuts, dès l'origine, pour la ruine de l'homme. Ainsi donc, ils infligent au corps des maladies et des accidents fâcheux ; à l'âme des troubles imprévus et extraordinaires, en usant de violence. Ils ont, pour s'attaquer à l'une et à l'autre substance de l'homme, leur subtilité et leur ténuité merveilleuses. **5** A des puissances spirituelles, il est beaucoup permis : invisibles et imperceptibles, elles apparaissent

nem ueritatis ocularet. **31** Quaerite ergo si uera sit ista diuinitas Christi, si ea est, qua cognita sequitur, ut falsae renuntietur, comperta imprimis illa omni ratione, quae delitiscens sub nominibus et imaginibus mortuorum quibusdam signis et miraculis et oraculis fidem diuinitatis operatur.

XXII Atque adeo dicimus esse substantias quasdam spiritales. Nec nouum nomen est : sciunt « daemonas » philosophi, Socrate ipso ad daemonis arbitrium exspectante. Quidni ? cum ipsi daemonium a pueritia adhaesisse dicatur, dehortatorium plane a bono. **2** Omnes sciunt poetae, etiam uulgus indoctum in usum maledicti frequentat. Nam et Satanan, principem huius mali generis, proinde de propria conscientia animae eadem exsecramenti uoce pronuntiat. Angelos quoque etiam Plato non negauit. Utriusque nominis testes esse uel magi adsunt. **3** Sed quomodo de angelis quibusdam sua sponte corruptis corruptior gens daemonum euaserit, damnata a Deo cum generis auctoribus et, quem diximus, principe, apud litteras sanctas ordo cognoscitur. **4** Nunc de operatione eorum satis erit exponere. Operatio eorum est hominis euersio ; sic malitia spiritalis a primordio auspicata est in hominis exitium. Itaque corporibus quidem et ualetudines infligunt et aliquos casus acerbos, animae uero repentinos et extraordinarios per uim excessus. **5** Suppetit illis ad utramque substantiam hominis adeundam mira subtilitas et te-

31 ergo f : igitur P‖ sit F : est P‖ sequitur F : ad bonum quis reformatur sequitur P‖ delitiscens P : dilet- f

XXII 1 daemonas F : –nes P‖ daemonis F : –nii P‖ ipsi F : et ipsi P‖ **2** usum fM : usu P‖ maledicti FM : –is P‖ exsecramenti] execr– F : exsacr– P‖ adsunt P : adserunt F‖ **3** quem F : cum eo quem P‖ principe P : –em F‖ apud P : aut F‖ **5** mira F : *om* P

plutôt dans leurs effets que dans leur action, soit, par exemple, que je ne sais quel poison d'un souffle invisible détruise les fruits des arbres ou de la terre dans leur fleur, les frappe de mort dans leurs fruits, les blesse dans leur épanouissement, soit que l'air vicié d'une manière inexplicable répande des miasmes pestilentiels. **6** C'est de même, par une secrète contagion, que le souffle des démons et des anges opère la corruption de l'esprit en le remplissant de fureurs et de folies affreuses, de passions terribles, d'illusions de tout genre, parmi lesquelles la principale consiste à recommander vos dieux aux esprits trompés et circonvenus, afin de procurer en même temps à eux-mêmes la nourriture qui leur est propre, à savoir la fumée et le sang des victimes offertes aux statues et aux images.

Leur science divinatoire.

7 Et quelle pâture plus exquise pour eux que de détourner l'homme de la pensée du vrai Dieu par leurs faux prestiges ? Et ces prestiges, je vais montrer comment ils les opèrent. **8** Tout esprit est ailé ; les anges et les démons le sont aussi. Donc, en un instant, ils sont partout. La terre entière n'est pour eux qu'un seul lieu ; il leur est aussi facile de savoir ce qui se fait et où cela se fait que de l'annoncer. Leur agilité passe pour divinité, parce qu'on ignore leur substance. C'est ainsi que, de temps en temps, ils veulent paraître les auteurs de ce qu'ils annoncent. Et, en réalité, ils sont parfois les auteurs du mal, j'en conviens, mais jamais du bien. **9** Les décrets mêmes de Dieu, ils les ont notés jadis, quand les prophètes parlaient au peuple, et ils les recueillent aujourd'hui encore en écoutant les lectures qui se font à haute voix. Ils tirent donc de là certains pronostics relatifs à l'avenir et ils contrefont la divinité grâce à ce larcin de la divination. **10** Dans les oracles, avec quelle ingéniosité réussissent-ils à faire concorder leurs équivoques avec les événements ? Les

XXII, 10. Crésus consulta l'oracle de Delphes avant de déclarer la guerre à Cyrus ; Pyrrhus eut recours au même oracle avant d'attaquer les Romains. Ils reçurent l'un et l'autre une réponse amphibologique Voy. Cicéron, *De divin.*, II, 56, 116.

nuitas sua. Multum spiritalibus uiribus licet, ut inuisibiles et insensibiles in effectu potius quam in actu suo appareant, si poma, si fruges nescio quod aurae latens uitium in flore praecipitat, in germine examinat, in pubertate conuulnerat, ac si caeca ratione temptatus aer pestilentes haustus suos offundit. **6** Eadem igitur obscuritate contagionis adspiratio daemonum et angelorum mentis quoque corruptelas agit furoribus et amentiis foedis aut saeuis libidinibus et erroribus uariis, quorum iste potissimus, quo deos istos captis et circumscriptis mentibus commendat, ut et sibi pabula propria nidoris et sanguinis curet simulacris et imaginibus oblata.

7 Et quae illis accuratior pascua est, nisi ut hominem a recogitatu uerae diuinitatis auertant praestigiis falsae diuinationis ? Quas et ipsas quomodo operentur expediam. **8** Omnis spiritus ales est : hoc et angeli et daemones. Igitur momento ubique sunt. Totus orbis illis locus unus est; quid ubi geratur tam facile sciunt quam annuntiant. Velocitas diuinitas creditur, quia substantia ignoratur. Sic et auctores interdum uideri uolunt eorum, quae annuntiant. Et sunt plane malorum nonnumquam, bonorum tamen numquam. **9** Dispositiones etiam Dei et tunc prophetis contionantibus exceperunt et nunc lectionibus resonantibus carpunt. Ita et hinc sumentes quasdam temporum sortes aemulantur diuinitaten dum furantur diuinationem. **10** In oraculis autem quo ingenio ambiguitates temperent in euentum, sciunt

5 latens P : –entis F|| ac P : *om* f|| offundit P : eff– f|| **6** et erroribus F : cum erroribus P|| mentibus F : hominum mentibus P|| curet F : proc– P|| et F : *om* P|| oblata P : *om* F|| **7** illis F : –i P|| nisi ut F : quam P|| a F : e P|| recogitatu F : cogit– P|| auertant F : –tat P|| falsae F : –is P|| diuinationis F : *om* P || operentur F : ut operetur P|| **8** et angeli F : angeli P|| **9** exceperun F : –cerpunt P|| **10** euentum F : –us P

Crésus et les Pyrrhus en ont fait l'expérience. D'autre part, si Apollon Pythien put annoncer que Crésus faisait cuire une tortue avec de la viande d'agneau, ce fut par le moyen que j'ai expliqué plus haut : en un instant, il avait fait le voyage de Lydie. Habitant l'air, voisins des astres et en contact avec les nuages, les démons peuvent savoir les phénomènes qui se préparent dans le ciel et prédire, par exemple, les pluies que déjà ils sentent.

Mantique médicale.

11 Dira-t-on qu'ils sont bienfaisants, qu'ils s'occupent aussi de guérir les maladies ? Ils commencent par nuire, et puis ils prescrivent des remèdes et, pour qu'il y ait miracle, des remèdes extraordinaires ou contre-indiqués ; après cela, ils cessent simplement de nuire et l'on s'imagine qu'ils ont guéri. **12** A quoi bon disserter sur les autres inventions

Oracles et prodiges.

ingénieuses ou même sur la puissance de ces esprits trompeurs dont la profession est de rendre des oracles, de faire des miracles : les fantômes de Castor et de Pollux, et l'eau portée dans un crible, et le navire tiré avec une ceinture, et la barbe rendue rousse par le simple contact, tout cela, afin de faire prendre des pierres pour des divinités, afin d'empêcher la recherche du vrai Dieu.

Identité des dieux païens et des démons. 1° Preuves internes ou argumentation logique.

XXIII Or donc, si les magiciens, eux aussi, font paraître des fantômes et vont jusqu'à déshonorer les âmes des morts, s'ils tuent des enfants pour pouvoir rendre des oracles, si par leurs jongleries charlatanesques ils opèrent, en se jouant, quantité de prestiges, s'ils envoient aussi des songes, ayant à leur service la puissance des anges et des démons, qu'ils ont invoqués une fois pour toutes et grâce à qui il y a jusqu'aux chèvres et aux tables qui prédisent l'avenir : à combien plus forte raison cette puissance, quand elle agit de sa propre volonté et pour son propre compte, ne doit-elle pas consacrer toutes ses forces à produire ce qu'elle fait ainsi pour le profit d'autrui ? **2** Mais, si les anges et les démons opèrent les mêmes prodiges que vos dieux, où est donc la précellence de la divinité, qu'il faut

Croesi, sciunt Pyrrhi. Ceterum testudinem decoqui cum carnibus pecoris, Pythius eo modo renuntiauit, quo supra diximus : momento apud Lydiam fuerat. Habent de incolatu aeris et de uicinia siderum et de commercio nubium caelestes sapere paraturas, ut et pluuias, quas iam sentiunt, repromittant. **11** Benefici plane et circa medicinas ualetudinum. Laedunt enim primo, dehinc remedia praecipiunt ad miraculum noua siue contraria ; post, quae desinunt laedere et curasse creduntur. **12** Quid ergo de ceteris ingeniis uel etiam uiribus fallaciae spiritalis edisseram, dum oracula profitetur, dum miracula exercet, phantasmata Castorum et aquam cribro gestatam et nauem cingulo promotam et barbam tactu irrufatam, ut numina lapides crederentur, ut Deus uerus non quaereretur ?

XXIII Porro si et magi phantasmata edunt et iam defunctorum infamant animas, si pueros in eloquium oraculi elidunt, si multa miracula circulatoriis praestigiis ludunt, si et somnia immittunt, habentes semel inuitatorum angelorum et daemonum assistentem sibi potestatem, per quos et caprae et mensae diuinare consuerunt : quanto magis ea potestas de suo arbitrio et pro suo negotio studeat totis uiribus operari, quod alienae praestat negotiationi ? **2** At, si eadem et angeli et daemones operantur, quae et dei uestri, ubi est ergo praecellentia diuinitatis, quae utique superior omni potestate

10 pecoris F : –cudis P|| fuerat P : –ant F|| habent *De La Barre* : –ens P : –entes F|| **11** benefici P : uene– F|| medicinas F : curas P|| post quae P : postquam f|| **12** dum oracula — exercet F : *om* P|| quaereretur P : quae effecerint F

XXIII 1 XXIII. DE FANTASMATIBUS MAGIAE ET DEMONIIS P|| elidunt P : edunt F|| **2** at *nos* : aut FP|| quae utique F : quam utique P|| superior F : –orem P

à coup sûr croire supérieure à toute autre puissance ? Ne conviendra-t-il pas de présumer que ce sont les démons qui se font dieux, en opérant ces prodiges qui les font passer pour dieux, plutôt que d'admettre que les dieux sont les égaux des anges et des démons ? 3 On dira peut-être que c'est la différence des lieux qui distingue les dieux des démons, que dans les temples vous considérez comme dieux ceux qu'ailleurs vous n'appelez pas dieux, que celui qui voltige sur les édifices sacrés n'est pas fou comme celui qui saute au-dessus des toits des voisins, et que celui qui mutile son corps ou s'ouvre les veines des bras commet une autre violence que celui qui se coupe la gorge ? Mais, dans tous les cas, le résultat est absolument le même, c'est la folie furieuse, et l'instigation procède d'un seul et même principe !

Objection.

2° Preuves externes : les faits ou aveux arrachés aux démons ; une double expérience d'exorcisme : a) d'un possédé du démon ; b) d'un possédé d'un dieu.

4 Mais assez de paroles, nous allons mettre sous vos yeux le fait lui-même, qui prouvera que sous l'un et l'autre nom se cache une seule et même nature. Qu'on produise à l'instant ici, devant votre tribunal, un homme qui soit reconnu pour être possédé du démon : si un chrétien quelconque ordonne à cet esprit de parler, celui-ci confessera qu'il est un démon, ce qu'il est en réalité, comme ailleurs il se pose faussement en dieu 5 Qu'on produise de même un de ceux qui passent pour être agités par un dieu, qui, la bouche béante sur les autels, aspirent la divinité avec la fumée des victimes, qui se guérissent à force de hoquets, qui prophétisent d'une voix haletante. 6 Oui, si votre Vierge Célestis elle-même, la prometteuse de pluies, si votre Esculape lui-même, le révélateur des remèdes, qui rendit la vie à Socordius, à Thanatius et à Asclépiodote destinés à mourir quand même le lendemain, si ces dieux, n'osant mentir à un chrétien, ne confessent pas qu'ils sont des démons, répandez à l'instant même le sang de ce chrétien effronté !

XXIII, 6. *Virgo Caelestis* et Esculape, adorés à Carthage.

credenda est ? Non ergo dignius praesumetur ipsos esse, qui se deos faciant, cum eadem edant, quae faciant deos credi, quam pares angelis et daemonibus deos esse ? **3** Locorum differentia distinguit, opinor, ut in templis deos existimetis quos alibi deos non dicitis ; ut aliter dementire uideatur qui sacras turres peruolat, aliter qui tecta uiciniae transilit ; et alia uis pronuntietur in eo, qui lacertos, alia in eo, qui sibi gulam prosecat. Compar exitus furoris, et una ratio est instigationis.

4 Sed hactenus uerba ; iam hinc demonstratio rei ipsius, qua ostendemus, unam esse utriusque nominis qualitatem. Edatur hic aliqui ibidem sub tribunali uestro, quem daemone agi constet : iussus a quolibet Christiano loqui spiritus ille tam se daemonem confitebitur, quod in uero est, quam alibi deum, quod in falso est. **5** Aeque producatur aliquis ex his, qui de deo pati existimantur, qui aris inhalantes numen de nidore concipiunt, qui ructuando curantur, qui anhelando praefantur. **6** Ista ipsa Virgo Caelestis, pluuiarum pollicitatrix, ipse iste Aesculapius, medicinarum demonstrator, alia die morituris Socordio et T*h*anatio et Asclepiodoto uitae subministrator, nisi se daemonas confessi fuerint, Christiano mentiri non audentes, ibidem illius Christiani procacissimi sanguinem fundite !

2 credenda F : –ndum P‖ angelis P : –li F‖ daemonibus P : –mones F‖ **3** distinguit F : –itur P‖ in templis F : a templis P‖ alia in eo qui F : alia qui P‖ prosecat F : –sectam P‖ compar P[2] : –para FP[1]‖ **4** qua f : quam P‖ aliqui P : *om* F‖ tribunali F : –alibus P‖ uestro F : –tris P‖ agi P : angi f‖ quod F : *om* P‖ in F : de P‖ est F : *om* P‖ deum F : dominum P‖ quod F : *om* P‖ in F : de P‖ est F : *om* P‖ **5** his P : iis f‖ inhalantes P : –tibus F‖ ructuando F : –tando P‖ **6** ipse iste P : iste ipse f‖ Aesculapius] esc- P : Aescopius F‖ demonstrator P : *om* F‖ morituris P : –urus F‖ Thanatio] tan– F : den– P‖ uitae F : *om* P‖ subministrator F : –atur P‖ daemonas F : –es P

Valeur probante de cette expérience.

7 Quoi de plus clair que cette expérience ? Quoi de plus sincère que cette preuve ? La simple vérité éclate aux yeux de tous et elle est assistée de la puissance qui lui est propre ; aucun soupçon ne sera permis. Est-ce de la magie ou quelque tromperie du même genre ? Vous pourrez l'affirmer, si vos yeux et vos oreilles vous le permettent. 8 Que peut-on objecter à ce qui se montre avec une sincérité toute nue ? D'une part, s'ils sont vraiment dieux, pourquoi disent-ils faussement qu'ils sont des démons ? Serait-ce pour nous obéir ? Voilà donc votre divinité soumise aux chrétiens ! Et à coup sûr il ne faut pas regarder comme une divinité celle qui se soumet à un homme et, ce qui est plus humiliant encore, à son ennemi. 9 D'autre part, s'ils sont des démons ou des anges, pourquoi répondent-ils qu'ils jouent ailleurs le rôle de dieux ? En effet, de même que ceux que vous regardez comme des dieux n'auraient pas voulu se dire démons, s'ils étaient véritablement dieux, pour ne pas perdre leur majesté : de même, ceux que vous connaissez positivement pour des démons n'oseraient pas ailleurs jouer le rôle de dieux, s'il existait réellement des dieux dont ils usurpent les noms, car ils craindraient d'abuser de la majesté de ceux qui, sans aucun doute, leur seraient supérieurs et qu'ils devraient craindre. 10 Aussi bien, ce que vous tenez pour divinité n'existe pas : car, si la divinité existait, elle ne serait pas simulée par les démons dans leurs aveux et elle ne serait pas désavouée par les dieux. Quand vous voyez donc les uns et les autres d'accord pour avouer qu'ils ne sont pas dieux, reconnaissez que c'est une seule et même race, c'est-à-dire des démons, de l'un et de l'autre côté.

Le témoignage des démons en faveur de Dieu et du Christ. Les aveux des démons.

11 Cherchez maintenant des dieux, car en ceux que vous prétendiez dieux, vous reconnaissez des démons. Mais, en même temps et grâce à nous, vos dieux ne vous révèlent pas seulement que ni eux ni d'autres ne sont pas dieux, mais ils vous apprennent encore, par une conséquence immédiate, quel est le vrai Dieu, si c'est celui que les chrétiens profes-

7 Quid isto opere manifestius ? Quid hac probatione fidelius ? Simplicitas ueritatis in medio est, uirtus illi sua assistit ; nihil suspicari licebit. Magia aut aliqua eiusmodi fallacia fieri dicetis, si oculi uestri et aures permiserint uobis. **8** Quid autem inici potest aduersus id, quod ostenditur nuda sinceritate ? Si altera parte uere dei sunt, cur sese daemonas mentiuntur ? An ut nobis obsequantur ? Iam ergo subiecta est Christianis diuinitas uestra ; nec utique diuinitas deputanda est quae subdita est homini et, si quid ad dedecus facit, aemulo suo. **9** Si altera parte daemones sunt uel angeli, cur se alibi pro deis agere respondent ? Nam sicut illi, qui dei habentur, daemonas se dicere noluissent, si uere dei essent, scilicet ne se de maiestate deponerent, ita et isti, quos directo daemonas nostis, non auderent alibi pro deis agere, si aliqui omnino dei essent, quorum nominibus utuntur : uererentur enim abuti maiestate superiorum sine dubio et timendorum. **10** Adeo nulla est diuinitas ista, quam tenetis, quia si esset, neque a daemoniis affectaretur in confessione neque a deis negaretur. Cum ergo utraque pars concurrit in confessionem deos esse se negans, agnoscite unum genus esse, id est daemonas utrobique.

11 Iam deos quaerite : quos enim praesumpseratis deos esse, iam daemonas esse cognoscitis. Eadem uero opera nostra ab eisdem deis uestris non tantum hoc detegentibus, quod neque ipsi sint neque ulli alii, etiam

7 dicetis F : dictis non dicetis P|| **8** inici P : niti f|| daemonas F : –nia P|| utique F : *om* P|| aemulo F : –is P|| suo F : suis P|| **9** se de maiestate deponerent P : de maiestate se deponerent f|| daemonas P : –es f|| maiestate F : –tatem P|| superiorum F : –iore P|| **10** in confessione P : neque in confessione F|| se F : *om* P|| utrobique F : uerum utrobique P|| **11** deos esse iam F : *om* P|| cognoscitis P : –scetis F

sent et celui-là seul, et s'il faut croire en lui et l'adorer, comme le prescrivent la foi et la doctrine des chrétiens. **12** En même temps, ils vous diront aussi quel est ce « Christ avec sa fabuleuse histoire », s'il n'est qu'un homme de condition ordinaire, s'il est un magicien, s'il fut secrètement enlevé du tombeau, après sa mort, par ses disciples, s'il est maintenant dans les enfers — ou s'il n'est pas plutôt dans les cieux et s'il ne viendra pas de là, tandis que le monde entier tremblera, que la terre frémira d'horreur, que tous se lamenteront, les chrétiens exceptés, — comme la puissance de Dieu et l'esprit de Dieu, et la sagesse de Dieu, comme le Fils de Dieu, comme le tout de Dieu. **13** Qu'ils rient donc avec vous de tout ce dont vous riez : qu'ils nient que le Christ jugera toutes les âmes depuis le commencement des temps, après la résurrection des corps ; qu'ils disent, si cela leur plaît, que ce sont Minos et Rhadamanthe qui ont obtenu cette mission pour leur tribunal, suivant l'opinion commune à Platon et aux poètes. **14** Que du moins ils effacent la marque de leur honteuse condamnation ! Qu'ils nient qu'ils sont des esprits immondes, chose que suffisent à prouver et leur nourriture, qui est le sang, la fumée et la chair des animaux, brûlée sur d'infects bûchers, et les langues impures de leurs devins mêmes ! Qu'ils nient que leur malice les a fait condamner d'avance pour le jour du jugement, avec tous leurs adorateurs et leurs serviteurs !

15 Mais tout l'empire et tout le pouvoir que nous avons sur eux tire sa force de ce que nous prononçons le nom du Christ et de ce que nous énumérons tous les châtiments qui les menacent et qu'ils attendent de la part de Dieu par le Christ, leur juge. Craignant le Christ en Dieu et Dieu dans le Christ, ils sont soumis aux servi-

XXIII, 13-14. Ce défi veut dire : Les démons n'osent pas alors railler et nier nos croyances : jugement dernier et résurrection des corps (cf. 48-49). Ils n'osent pas contester alors qu'ils sont des esprits immondes, condamnés d'avance. — Dans les prières d'exorcisme (Cf. S. Justin, *Dial. avec Tryphon*, 85), le chrétien menace le démon du jugement dernier, du feu éternel ; au nom du Christ, le démon tremble et fuit (§ 16) ; il reconnaît par là la vérité de ces paroles.

illud in continenti cognoscetis, qui sit uere Deus, et an ille et an unicus, quem Christiani profitemur, et an ita credendus colendusque, ut fides et disciplina disposita est Christianorum. **12** Dicent ibidem et quis ille « Christus cum sua fabula » : si homo communis condicionis si magus, si post crucem de sepulchro a discipulis subreptus, si nunc denique penes inferos, si non in caelis potius et inde uenturus cum totius mundi motu, cum orbis horrore cum planctu omnium, sed non Christianorum, ut Dei uirtus et Dei spiritus et *Dei* ratio, ut Dei filius et Dei omnia.

13 Quodcumque ridetis, rideant et illi uobiscum : negent Christum omnem ab aeuo animam restituto corpore iudicaturum ; dicant hoc tribunali, si forte, Minoen et Rhadamanthum secundum consensum Platonis et poetarum esse sortitos. **14** Suae saltim ignominiae et damnationis notam refutent : renuant se immundos spiritus esse, quod uel ex pabulis eorum, sanguine et fumo et putidis rogis pecorum et impuratissimis linguis ipsorum uatum intellegi debuit ; renuant ob malitiam praedamnatos se in eundem iudicii diem cum omnibus cultoribus et operatoribus suis.

15 Atquin omnis haec nostra in illos dominatio et potestas de nominatione Christi ualet et de commemoratione eorum, quae sibi a Deo per arbitrum Christum imminentia exspectant : Christum timentes in Deo et

11 qui f : quid P‖ fides et F : fides ut P‖ **12** dicent P : –entibus F‖ ibidem P : nobis idem F‖ crucem F : mortem P‖ si nunc P : sine hunc F‖ potius P : ocyus F‖ orbis horrore P : horrore orbis f‖ et Dei ratio ut *nos* : ut ratio ut F : et sermo et sapientia et ratio et P‖ et Dei omnia F : *om* P‖ **13** ab aeuo f : habebo P‖ tribunali F : pro tribunali P‖ esse F : hoc esse P‖ **14** notam P : –ant F‖ renuant F : –nuntiant P‖ rogis f : –iis P‖ operatoribus f : –ationibus P‖ **15** atquin P : –i f‖ nominatione P : domi– F

teurs de Dieu et du Christ. **16** Aussi, au seul contact de nos mains, au moindre souffle de notre bouche, effrayés par l'image et la pensée du feu qui les attend, ils sortent même du corps des hommes, obéissant à notre commandement, à contre-cœur et pleins de douleur, honteux surtout de votre présence.

Valeur de ces aveux des démons.

17 Croyez-les, quand ils disent la vérité sur eux-mêmes, puisque vous les croyez quand ils mentent. Personne ne ment pour se déshonorer, mais plutôt par vanité. Aussi croyons-nous plus volontiers ceux qui font des aveux à leur détriment que ceux qui nient pour leur propre intérêt. **18** Enfin, ces témoignages de vos dieux ont coutume de faire des chrétiens ; c'est le plus souvent en les croyant que nous croyons aussi en Dieu par le Christ. Ce sont eux qui enflamment notre foi dans nos Écritures, ce sont eux qui affermissent la confiance que nous avons dans nos espérances. **19** Vous les honorez même, autant que je sache, en leur offrant le sang des chrétiens. Ils ne voudraient pas vous perdre, vous qui êtes partout si utiles, si zélés pour eux, quand ce ne serait que pour ne pas être mis en déroute par vous-mêmes devenus chrétiens un jour, — si, devant un chrétien qui veut vous prouver la vérité, il leur était permis de mentir.

Conclusion.

XXIV Tout cet aveu de vos dieux, par lequel ils reconnaissent qu'ils ne sont pas dieux et attestent qu'il n'y a point d'autre dieu que celui-là seul auquel nous appartenons, est plus que suffisant pour repousser l'accusation de léser la religion publique, surtout la religion romaine. Car, s'il est certain que vos dieux n'existent pas, il est certain que votre religion n'existe pas non plus ; et s'il est certain que votre religion n'existe pas, parce que vos dieux n'existent pas, il est certain aussi que nous ne sommes pas non plus coupables de lèse-religion.

Rétorsion : ce sont les païens qui sont coupables de vraie irréligion.

2 Mais, au contraire, c'est sur vous que retombera le reproche que vous nous faites, sur vous qui adorez le mensonge et qui, non contents de négli-

Deum in Christo, subiciuntur seruis Dei et Christi. **16** Ita de contactu deque afflatu nostro, contemplatione et repraesentatione ignis illius correpti etiam de corporibus nostro imperio excedunt inuiti et dolentes et uobis praesentibus erubescentes.

17 Credite illis, cum uerum de se loquuntur, qui mentientibus creditis. Nemo ad suum dedecus mentitur, quin potius ad honorem. Magis fides proxima est aduersus semetipsos confitentes quam pro semetipsis negantes. **18** Haec denique testimonia deorum uestrorum Christianos facere consuerunt : quam plurimum illis credendo per Christum et in Deum credimus. Ipsi litterarum nostrarum fidem accendunt, ipsi spei nostrae fidentiam aedificant. **19** Colitis illos, quod sciam, etiam de sanguine Christianorum. Nollent ubique uos tam fructuosos, tam officiosos sibi amittere, uel ne a uobis quandoque Christianis fugentur, si illis sub Christiano, uolente uobis ueritatem probare, mentiri liceret.

XXIV Omnis ista confessio illorum, qua se deos negant esse quaque non alium deum respondent praeter unum, cui nos mancipamur, satis idonea est ad depellendum crimen laesae publicae et maxime Romanae religionis. Si enim non sunt dei pro certo, nec religio pro certo est : si religio non est, quia nec dei, pro certo nec nos pro certo rei sumus laesae religionis.

2 At e contrario in uos exprobratio ista resultabit, qui mendacium colentes ueram religionem ueri Dei

17 loquuntur f : loc– P|| quin P : sed F|| proxima P : prona f|| **18** quam P : quia f|| per F : in P|| Christum F : –o P|| et in Deum F : domino P|| fidentiam P : –duciam f|| **19** ubique F : itaque P|| christianis f : a christianis P

XXIV 1 publice et F : *om* P|| **2** ista *Rauschen* : re ista F : *om* P|| resultabit f : –uit P|| uerum FP : –o M

ger la vraie religion du vrai Dieu, allez jusqu'à la combattre, et qui vous rendez ainsi véritablement coupables du crime d'une véritable irréligion. **3** Maintenant, supposé qu'il fût établi que vos dieux sont des dieux, ne conviendriez-vous pas, suivant l'opinion commune, qu'il y a un Dieu plus élevé et plus puissant, le Roi du monde en quelque sorte, d'une majesté parfaite ? Car telle est l'idée que beaucoup se font de la divinité : ils veulent que le pouvoir et la souveraineté soient aux mains d'un seul, que ses offices soient aux mains d'un grand nombre ; ainsi, par exemple, Platon représente le grand Jupiter dans le ciel, accompagné d'une armée de dieux et de démons. C'est pourquoi, disent-ils, il faut que ses procurateurs, ses préfets, ses gouverneurs soient honorés comme lui. **4** Et cependant, commet-il un crime celui qui s'applique plutôt à obliger César et place toutes ses espérances en lui, et qui n'attribue le nom de dieu, comme celui d'empereur, à aucun autre qu'au maître suprême, puisqu'on regarde comme un crime capital d'appeler ou de souffrir qu'on appelle César un autre que César luimême ? **5** Que l'un soit libre d'adorer Dieu et l'autre Jupiter ; que l'un puisse lever ses mains suppliantes vers le ciel, et l'autre vers l'autel de la Bonne Foi ; qu'il soit permis à l'un de compter les nuages en priant (si vous croyez qu'il le fait), et à l'autre les panneaux des lambris ; que l'un puisse vouer à son Dieu sa propre âme, l'autre la vie d'un bouc ! **6** Prenez garde, en effet, que ce ne soit déjà un crime d'irréligion que d'ôter aux hommes la liberté de la religion et de leur interdire le choix de la divinité, c'est-à-dire de ne pas me permettre d'honorer qui je veux honorer, pour me forcer d'honorer qui je ne veux pas honorer ! Il n'est personne qui veuille des hommages forcés, pas même un homme.

7 Aussi bien, on accorde aux Égyptiens la liberté de s'adonner à leur superstition si inepte, de mettre des oiseaux et des bêtes au rang des dieux et de condamner à mort quiconque a tué un pareil dieu. Chaque province, chaque cité a aussi son dieu à elle ; ainsi la Syrie a son Atargatis, l'Arabie son Dusarès, le Norique son Bélénus, l'Afrique sa Célestis, la Maurétanie ses petits rois. **8** Ce

non modo neglegendo, quin insuper expugnando, in uerum committitis crimen uerae irreligiositatis. **3** Nunc ut constaret illos deos esse, nonne concederetis de aestimatione communi aliquem esse sublimiorem et potentiorem, uelut principem mundi perfectae maiestatis ? Nam et sic plerique disponunt diuinitatem, ut imperium summae dominationis esse penes unum, officia uero eius penes multos uelint, ut Plato Iouem magnum in caelo comitatum exercitu describit deorum pariter et daemonum : itaque oportere et procurantes et praefectos et praesides pariter suspici. **4** Et tamen quod facinus admittit qui magis ad Caesarem promerendum et operam et spem suam transfert nec appellationem Dei ita ut imperatoris, in alio quam principe confitetur, cum capitale esse iudicetur, alium praeter Caesarem et dicere et audire ? **5** Colat alius Deum, alius Iouem ; alius ad caelum manus supplices tendat, alius ad aram Fidei manus ; alius (si hoc putatis) nubes numeret orans, alius lacunaria ; alius suam animam Deo suo uoueat, alius hirci. **6** Videte enim, ne et hoc ad irreligiositatis elogium concurrat, adimere libertatem religionis et interdicere optione diuinitatis, ut non liceat mihi colere quem uelim, sed cogar colere quem nolim. Nemo se ab inuito coli uolet, ne homo quidem.

7 Atque adeo et Aegyptiis permissa est tam uanae superstitionis potestas auibus et bestiis consecrandis, et capite damnandis, qui aliquem huiusmodi deum occi-

2 irreligiositatis] inr– P : rel– F‖ **3** concederetis F : –ceditis P‖ maiestatis F : peritiae maiestatis P‖ uero F : *om* P‖ suspici P : –spicari F‖ **4** operam f : –a P‖ alio quam *Havercamp* : aliquam P : aliquem f : aliqui M‖ principe P : –em fM‖ capitale P : –alis F‖ **5** Fidei f : –diae P : –dem F‖ si hoc putatis P : *om* F‖ uoueat alius P : uoueat alias F‖ hirci P : –cum F‖ **6** elogium f : eol– P : eul– M‖ optione F : –nem P‖ **7** adeo P : id– f‖ occiderint *Junius* : –rit P

sont des provinces romaines, je pense, que je viens de nommer ; et cependant leurs dieux ne sont pas des dieux romains ; car, à Rome, ils ne sont pas plus honorés que ceux qui, dans toute l'Italie, sont créés dieux par une consécration municipale, à savoir : Delventinus à Casinum, Visidianus à Narnia, Ancharia à Asculum, Nortia à Volsinii, Valentia à Ocriculum, Hostia à Sutrium, et la Junon des Falisques, qui reçut son surnom (de Curitis) en l'honneur du vénérable Curis. **9** Nous sommes les seuls à qui l'on refuse le droit de posséder une religion à nous. Nous offensons les Romains et nous ne sommes pas regardés comme des Romains parce que le Dieu que nous adorons n'est pas un dieu des Romains. **10** Heureusement qu'il est le Dieu de tous les hommes, à qui, bon gré mal gré, nous appartenons tous. Mais chez vous, il est permis d'adorer tout, hors le vrai Dieu, comme s'il n'était pas plutôt le Dieu de tous, celui à qui nous appartenons tous.

Argument politique : les dieux ont fait la grandeur de Rome.

XXV Je crois avoir assez prouvé la fausseté de vos dieux et la vérité du nôtre, en faisant voir, non seulement par des discussions et des raisonnements, mais encore par les témoignages de ceux-là mêmes que vous croyez dieux, que ma démonstration est solide : je n'ai donc plus à revenir sur cette accusation. **2** Cependant, puisque l'autorité du nom romain intervient tout spécialement ici, je ne veux pas éviter le débat

XXV, 2. Les Romains mettent en avant une raison spéciale de croire aux dieux : ce sont les dieux, disent-ils, qui leur ont donné l'empire du monde, en récompense de leur zèle pour la religion. Donc ils existent, ils sont puissants et il faut les honorer. — C'est un argument politique, tiré de l'histoire romaine, et d'une immense valeur aux yeux des Romains. Les écrivains romains étaient convaincus : 1° que les Romains l'emportaient sur tous les peuples par leur zèle religieux (Cf. Polyb., VI, 56); 2° que les dieux les en avaient récompensés par la domination universelle. Voy. surtout Cicéron, *De harusp. resp.*, 9, 19. *De nat. deorum*, 2, 3, 8 et 3, 2, 5. Valère Maxime, 1, 8. Même argumentation dans Minucius Felix, *Octav*, c 25, 1.

der*int*. **8** Unicuique etiam prouinciae et ciuitati suus deus est, ut Syriae A*t*argatis, ut Arabiae Dusares, ut Noricis Belenus, ut Africae Caelestis, ut Mauritaniae reguli sui. Romanas, ut opinor, prouincias edidi, nec tamen Romani dei earum, quia Romae non magis coluntur quam qui per ipsam quoque Italiam municipali consecratione censentur : Casiniensium Deluentinus, Narnensium Visidianus, Asculanorum Ancharia, Volsiniensium Nortia, Ocriculanorum Valentia, Sutrinorum Hostia ; Faliscorum in honorem patris Curis et accepit cognomen Iuno. **9** Sed nos soli arcemur a religionis proprietate ! Laedimus Romanos nec Romani habemur, quia nec Romanorum deum colimus. **10** Bene quod omnium Deus est, cuius, uelimus ac nolimus, omnes sumus. Sed apud uos quoduis colere ius est praeter Deum uerum, quasi non hic magis omnium Deus sit, cuius omnes sumus.

XXV Satis quidem mihi uideor probasse de falsa et uera diuinitate, cum demonstraui, quemadmodum probatio consistat, non modo disputationibus nec argumentationibus, sed ipsorum etiam testimoniis, quos deos creditis, ut nihil iam ad hanc causam sit retractandum.

2 Quoniam tamen Romani nominis proprie intercedit

8 Atargatis] Ad– F : adstartes P|| **Dusares]** Duz– F: dys– P|| Noricis F : –ci P|| belenus P : –ienus F|| mauritaniae M : maure– P|| Romani F : –os P|| dei F : deos P|| per P : *om* F|| ipsam FP¹ : –um P²|| Casiniensium F : casan– P|| Narniensium f : narnen– P|| Asculanorum *Junius* : aesc– P|| Nortia F : –cia P|| hostia– F : norcia P|| honorem F : –ore P|| Curis] curris P : Chumis F|| **9** quia F : qui P|| nec F : non P|| **10** ac P : *om* f|| nolimus fP² : nolu– P¹|| deus P : *om* F

XXV 1 XXIIII. DE RELIGIOSITATE ROMANORVM P|| quos P : de Romanis quos F|| **2** proprie F : propriae menti P : propriae mentis M|| intercedit F : occurrit P

qu'on fait naître en prétendant que c'est en récompense de leur religion très zélée que les Romains ont été élevés et établis au faîte d'une grandeur telle qu'ils sont devenus les maîtres de la terre ; que la meilleure preuve de l'existence des dieux, c'est que ceux-là sont les plus florissants qui rendent le plus d'hommages aux dieux.

Réfutation : ce ne sont pas les dieux nationaux.

3 Eh ! oui, sans doute, ce sont les dieux qui ont accordé cette récompense au nom romain, comme un privilège ! C'est Sterculus, c'est Mutunus et Larentina qui ont étendu l'empire ! En effet, les dieux étrangers n'ont pas, je suppose, voulu plus de bien à une nation étrangère qu'à la leur, et ils n'ont pas livré à des gens d'outre-mer le sol de la patrie, où ils sont nés, où ils ont grandi, où ils se sont illustrés et où ils sont ensevelis. **4** C'est l'affaire de Cybèle, si

Ni les dieux étrangers.

elle s'est éprise de la ville de Rome en souvenir de la race troyenne, race de son pays, qu'elle protégea sans doute contre les armes des Grecs, et si elle a pris soin d'avance de se faire transférer chez des vengeurs qu'elle savait destinés à vaincre les Grecs, vainqueurs de la Phrygie ! **5** Aussi a-t-elle donné publiquement, de nos jours même, une preuve magnifique de sa majesté transportée à Rome : après la mort de Marc-Aurèle, enlevé subitement près de Sirmium le seizième jour des calendes d'avril (17 mars 180), le très respectable archigalle, faisant des libations d'un sang impur et se déchirant les bras, le neuvième jour des mêmes calendes (24 mars), ordonna les prières ordinaires pour le salut de l'empereur Marcus, qui déjà était mort ! **6** O courriers trop lents, ô somnolentes dépêches ! C'est par votre faute que Cybèle

XXV, 4-5. Marc-Aurèle avait quitté Rome en août 178 pour aller diriger la troisième guerre contre les Marcomans. Il mourut de la peste à l'âge de 60 ans, le 17 mars 180 (le 16e jour avant les kalendes d'avril), à Sirmium, ville de Pannonie inférieure, après sept jours de maladie, dit Capitolin (*Vita M. Aur.*, 28). Le grand-prêtre de Cybèle ordonna encore des prières pour l'empereur le 9e jour avant les kalendes d'avril (le 24 mars) ?

auctoritas, non omitto congressionem, quam prouocat illa praesumptio dicentium, Romanos pro merito religionis diligentissimae in tantum sublimitatis elatos et *im*positos, ut orbem occuparint, et adeo deos esse, ut praeter ceteros floreant, qui illis officium praeter ceteros faciant.

3 Scilicet ista merces Romano nomini a deis praerogatiua expensa est! Sterculus et Mutunus et Larentina prouexit imperium! Peregrinos enim deos non putem extraneae genti potius quam suae maluisse nec patrium solum, in quo nati, adulti, nobilitati sepultique sunt, transfretaneis dedisse. **4** Viderit Cybele, si urbem Romanam ob memoriam Troiani generis adamauit, uernaculi sui scilicet, aduersus Achiuorum arma protecti, si ad ultores transferre prospexit, quos sciebat Graeciam Phrygiae debellatricem subacturos. **5** Itaque maiestatis suae in urbem collatae grande documentum nostra etiam aetate proposuit, cum Marco Aurelio apud S*i*rmium subito interempto die sexto decimo kalendarum aprilium archigallus ille sanctissimus die nono kalendarum earundem, quo sanguinem impurum lacertos quoque castrando libabat, pro salute Marci iam intercepti solita aeque imperia mandauit. **6** O nuntios tardos, o somniculosa diplomata, quorum uitio exces-

2 auctoritas F : *om* P‖ omitto F : –am P‖ religionis F : –giositatis P‖ et impositos] et in positos F : *om* P‖ **3** deis F : romanis deis P‖ praerogatiua F : progratia P‖ Mutunus F : muth– P‖ Larentina P : –tia f‖ potius – nec F : magis fatum uoluisse quam suae et P‖ transfretaneis F : –tanis P‖ **4** ob F : ut P‖ uernaculi P : –is f‖ protecti P : –is f‖ transferre F : transire P‖ quos f : quo P‖ sciebat P : *om* M‖ debellatricem f : –torem P‖ **5** Sirmium] Syrm– f : serm-P‖ subito F : reipublicae P‖ interempto] : interemto F : exempto P‖ sexto decimo P : 18. F‖ sanctissimus P : impuris– F‖ Marci F : imperatoris marci P‖ intercepti P : interempti f

n'a pas appris plus tôt la mort de l'empereur, pour empêcher les chrétiens de rire d'une telle déesse ! **7** Mais Jupiter, de son côté, n'eût pas facilement permis que son île de Crète subît le choc des faisceaux romains et il n'eût pas oublié l'antre fameux du mont Ida, et les cymbales d'airain des Corybantes, et le délicieux parfum de la nourrice qu'il avait eue là-bas. N'eût-il pas préféré à tous les Capitoles son fameux tombeau, afin d'assurer l'empire du monde à cette terre qui recouvrit les cendres de Jupiter ? **8** Et Junon, aurait-elle voulu que la ville punique, qu'elle chérissait plus que Samos, fût détruite, et précisément par les descendants d'Énée ? Autant que je sache, « c'est là que furent ses armes, que fut son char ; faire de cette ville la reine des nations, si les destins le permettaient, c'étaient dès lors le but de ses efforts et son vœu ardent » (Virg., *Enéide,* I, 16-18). Et cette malheureuse, « à la fois épouse et sœur de Jupiter » (*Ibid.,* 47), n'a pu rien faire contre les Destins ! Il est vrai que « Jupiter lui-même se soumet au Destin ». **9** Et pourtant, à ces Destins qui leur ont livré Carthage en dépit de la volonté et du désir de Junon, les Romains n'ont pas rendu autant d'hommages qu'à une Larentina, infâme prostituée !

10 Plusieurs de vos dieux ont régné, cela est constant. Or, s'ils possèdent maintenant le pouvoir d'accorder l'empire, au temps où ils régnaient eux-mêmes, de qui avaient-ils reçu cette faveur ? Quel dieu Saturne et Jupiter avaient-ils adoré ? Un Sterculus, apparemment ? Mais celui-ci n'apparaît que plus tard à Rome avec son « formulaire d'invocations ». **11** De plus, si certains de vos dieux n'ont pas régné, de leur temps, ils étaient soumis à des rois qui n'étaient pas encore leurs adorateurs, puisque eux-mêmes n'étaient pas encore considérés comme dieux. Donc c'est à d'autres qu'il appartient de dispenser les royaumes, car il y avait des rois bien avant que ces dieux fussent mis au rang des dieux.

XXV, 7. Jupiter aurait préféré l'île de Crète au Capitole. Junon aurait donné l'empire à Carthage, si les Destins n'avaient fait échouer ses projets. Tert. parle d'après Virgile, *Aen.*, I, 12-33

sum imperatoris non ante Cybele cognouit, ne deam talem riderent Christiani ! **7** Sed non statim et Iuppiter Cretam suam Romanis fascibus concuti sineret, oblitus antrum illud Idaeum et aera Corybantia et iucundissimum illic nutricis suae odorem. Nonne omni Capitolio tumulum illum suum praeposuisset, ut ea potius orbi terra praecelleret, quae cineres Iouis texit ? **8** Vellet et Iuno Punicam urbem, « posthabita Samo » dilectam, ab Aeneadarum utique gente deleri ? Quod sciam :

hic illius arma,
hic currus fuit, hoc regnum dea gentibus esse,
si qua fata sinant, iam tunc tenditque fouetque,

Misera illa coniunx Iouis et soror aduersus Fata non ualuit ! Plane

Fato stat Iuppiter ipse.

9 Nec tantum tamen honoris Fatis Romani dicauerunt dedentibus sibi Carthaginem aduersus destinatum uotumque Iunonis, quantum prostratissimae lupae Larentinae !

10 Plures deos uestros regnasse certum est. Igitur si conferendi imperii tenent potestatem, cum ipsi regnarent, a quibus acceperant eam gratiam ? Quem coluerat Saturnus et Iuppiter ? aliquem, opinor, Sterculum. Sed postea apud Romam cum indi*gi*tamentis suis. **11** Etiam si qui non regnauerunt, tamen regnabantur ab aliis nondum cultoribus suis, ut qui nondum dei habebantur.

7 fascibus f : fac– P‖ Idacum F : ydreum P‖ illum P : *om* f‖ terra *Cod. Erlang. teste Oehler* : terrae FP‖ **8** et F : *om* P‖ tunc F : tum P‖ coniunx f : –iux P‖ **9** prostratissimae F : prostitutis– P‖ Larentinae *edd* : Laur– FP‖ **10** XXV. DE REGNO DEORVM P‖ quem f : quam P‖ Sterculum F : sterco– P‖ apud F : *om* P‖ Romam FP : –manam M‖ indigitamentis *Junius* : inditam– F : indignis P

Objection.

12 Admettons que quand Rome eut grandi, la religion a fait des progrès. Mais comme on est peu fondé à attribuer la grandeur du nom romain aux mérites de la religiosité, puisque la religion n'a progressé qu'après l'établissement de l'empire, ou plutôt du royaume — car c'était alors un royaume ! En effet, s'il est vrai que c'est Numa qui a inventé le zèle superstitieux, néanmoins le culte chez les Romains ne consistait pas encore en statues ni en temples. **13** La religion était sans apprêts, les rites étaient pauvres et il n'y avait pas de Capitoles rivalisant avec le ciel, mais des autels de gazon élevés pour un temps, des vases samiens, une mince fumée : de dieu nulle part. En effet, le génie des Grecs et des Étrusques n'avait pas encore inondé Rome de statues façonnées. Ainsi donc, les Romains ne furent pas religieux avant d'être grands, et, par conséquent, leur grandeur ne vient pas de leur esprit religieux.

C'est par l'irréligion que Rome a grandi.

14 Au contraire, comment seraient-ils grands à cause de leur religion, eux dont la grandeur est venue de l'irréligion ? En effet, si je ne me trompe, tout royaume ou, si vous le voulez, tout empire s'établit par la guerre et s'agrandit par la victoire. Or, la guerre et la victoire ont le plus souvent comme conséquence la prise et la destruction des villes. C'est là une chose qui ne saurait se faire sans outrage envers les dieux. Les temples sont renversés, aussi bien que les villes ; les prêtres sont égorgés en même temps que les citoyens ; les richesses sacrées sont pillées, tout comme les richesses profanes. **15** Les Romains ont donc commis autant de sacrilèges qu'ils ont élevé de trophées ; ils ont remporté autant de triomphes sur les dieux que sur les nations ; le butin qu'ils ont fait se compte par le nombre des statues de dieux captifs, qui demeurent aujourd'hui encore. **16** Ces dieux supportent donc d'être adorés par leurs ennemis et ils décernent un « empire sans fin » à ceux dont ils auraient dû punir les outrages plutôt que de récompenser leurs adorations ! Mais, comme ils sont incapables de sentir, il n'est pas plus dangereux de les offenser qu'il n'est utile

Ergo aliorum est regnum dare, quia regnabatur multo ante quam isti dei inciderentur.

12 Auctis, age, iam rebus religio profecerit. Sed quam uanum est, fastigium Romani nominis religiositatis meritis deputare, cum post imperium (siue hoc regnum) religio profecerit ! Nam, etsi a Numa Po*m*pilio concepta est curiositas superstitiosa, nondum tamen aut simulacris aut templis res diuina apud Romanos constabat. **13** Frugi religio et pauperes ritus et nulla Capitolia certantia ad caelum, sed temporaria de caespite altaria et uasa adhuc Samia et nidor exilis et deus ipse nusquam. Nondum enim tunc ingenia Graecorum atque Tuscorum fingendis simulacris urbem inundauerant. Ergo non ante religiosi Romani quam magni, ideoque non propterea magni, quia religiosi.

14 Atquin quomodo ob religionem magni, quibus magnitudo de irreligiositate prouenit ! Ni fallor enim, omne regnum uel imperium bellis quaeritur et uictoriis propagatur. Porro bella et uictoriae captis et euersis plurimum urbibus constant. Id negotium sine deorum iniuria non est ; eadem strages et moenium et templorum, pares caedes ciuium et sacerdotum, nec dissimiles rapinae sacrarum diuitiarum et profanarum. **15** Tot igitur sacrilegia Romanorum quot tropaea, tot de deis quot de gentibus triumphi, tot manubiae quot manent adhuc simulacra captiuorum deorum. **16** Et ab hostibus suis sustinent adorari et illis « imperium sine fine » decernunt, quorum magis iniurias quam adulationes

12 auctis F : *om* P|| age — religio profecerit F : *ante* nam *nisi quod* proficerit *pro* profecerit P|| fastigium F : –tidium P || hoc F : adhuc P|| Pompilio] Pop– F : *om* P|| **13** temporaria F : temer– P|| exilis F : ex illis P|| propterea F : ob hoc P|| **14** atquin P : –i f|| eadem F : eae– P|| et moenium F : moenium P|| **15** de f : *om* P|| deis P : diis f|| **16** suis F : ergo suis P|| imperium sine fine VERG., Aen., I, 279 ||

de les honorer. **17** Certes, on ne peut croire que la religion ait fait la grandeur d'un peuple qui, comme nous l'avons montré, n'a grandi qu'en outrageant cette religion, ou bien l'a outragée en grandissant. Les nations mêmes dont les royaumes ont été fondus en un seul pour former l'empire romain tout entier, lorsqu'ils les perdirent, n'étaient pas, elles non plus, sans avoir leurs religions.

Conclusions.

C'est du vrai Dieu que relèvent les Empires.

XXVI Voyez donc si le dispensateur des royaumes n'est pas celui-là de qui relèvent et la terre, soumise aux rois, et l'homme même qui est roi ; voyez si celui qui règle la vicissitude des empires et qui assigne à chacun son temps dans le cours des siècles, n'est pas celui-là qui exista avant tout temps et qui, de la somme des siècles, a fait le temps ; voyez si celui qui, à son gré, élève ou abaisse les États, n'est pas celui qui régnait jadis sur le genre humain, alors qu'il n'y avait pas encore de cités ! **2** Pourquoi vous abuser ainsi ? Rome, au milieu de ses forêts, est plus ancienne que plusieurs de ses dieux. Elle régna avant qu'elle construisît la magnificence du Capitole. Les Babyloniens avaient régné avant les Pontifes, les Mèdes avant les Quindécimvirs, les Égyptiens avant les Saliens, les Assyriens avant les Luperques, les Amazones avant les Vestales. **3** Enfin, si ce sont les dieux romains qui dispensent les royaumes, jamais la Judée n'aurait régné dans le passé, elle, la contemptrice de ces divinités communes aux nations. Et pourtant, vous, Romains, vous avez honoré son Dieu par des victimes, son temple par des offrandes, et la nation elle-même pendant quelque temps par votre alliance, et jamais vous n'en seriez devenus les maîtres, si elle n'eût fini par commettre un attentat contre le Christ !

XXVI, 1-3. C'est du seul vrai Dieu que relèvent tous les empires. Maître du monde et du temps qu'il a faits, Dieu assigne à chaque empire sa place dans le temps. Cf. Minucius Felix, 25, 12. — Invité à Jérusalem par Hérode, Agrippa offrit une hécatombe au Dieu des Juifs. Vers 161 av. J.-C., Rome avait conclu un *fœdus* avec les Juifs.

remunerasse debuerant! Sed qui nihil sentiunt, tam impune laeduntur quam frustra coluntur. **17** Certe non potest fides conuenire, ut religionis meritis excreuisse uideantur qui, ut suggessimus, religionem aut laedendo creuerunt aut crescendo laeserunt. Etiam illi, quorum regna conflata sunt in imperii Romani summam, cum ea amitterent, sine religionibus non fuerunt.

XXVI Videte igitur, ne ille regna dispenset, cuius est et orbis qui regnatur, et homo ipse qui regnat ; ne ille uices dominationum temporibus in saeculo ordinarit, qui ante omne tempus fuit, qui saeculum corpus temporum fecit ; ne ille ciuitates extollat aut deprimat, sub quo fuit sine ciuitatibus aliquando gens hominum. **2** Quid erratis ? Prior est quibusdam deis suis siluestris Roma ; ante regnauit quam tantum ambitum Capitolii exstrueret. Regnauerant et Babylonii ante pontifices et Medi ante quindecimuiros et Aegyptii ante Salios et Assyrii ante Lupercos et Amazones ante uirgines Vestae. **3** Postremo si Romanae religiones regna praestant, numquam retro Iudaea regnasset despectrix communium istarum diuinitatum, cuius et Deum uictimis et templum donis et gentem foederibus aliquamdiu Romani honorastis, numquam dominaturi eius, si non ultimo deliquisset in Christum.

17 fides F : –ei P

XXVI 1 XXVI. DE REGNO DEI P|| ille regna f : illa regna P|| temporibus F : ipsis temporibus P|| ordinarit P : –auerit f|| qui saeculum F : et saeculum P|| gens P : sine ciuitatibus genus f|| **2** siluestris P : *om* F|| tantum P : –us *Codd. Erlang. et Vindob. teste Oehler*|| ambitum P : –us *Codd. Erl. et Vind.*|| exstrueret] ext– f : extrueretur P|| regnauerant P : –uerunt f|| Vestae F : Vestales P|| **3** non F : deo non P|| ultimo deliquisset F : deliquisset ultimo P

Conclusions. **XXVII** Cela suffit pour repousser l'accusation de lèse-religion et de lèse-divinité : nous ne pouvons paraître offenser ce qui, nous l'avons prouvé, n'existe pas. Aussi, quand vous nous provoquez à sacrifier, nous tenons bon, nous fiant à notre conscience, qui nous atteste à qui vont ces hommages prétendûment offerts aux images que vous exposez, aux mortels que vous divinisez.

Objection. **2** Mais il en est qui déclarent que c'est pure démence de préférer l'entêtement au salut, quand nous pouvons sacrifier au moment même et partir sains et saufs, tout en conservant intérieurement nos opinions. **3** C'est assurément nous donner un conseil pour vous tromper ! *Réfutation.* Mais nous reconnaissons l'auteur de ces suggestions, nous savons qui mène tout cela, et comment, tantôt par une artificieuse persuasion, tantôt par de cruels tourments, il s'applique à culbuter notre constance : **4** c'est cet esprit, de nature démoniaque et angélique, notre ennemi à cause de sa révolte, jaloux de nous à cause de la grâce que Dieu nous accorde, qui nous fait la guerre, embusqué dans vos esprits, qu'il a stylés et dressés à rendre ces jugements pervers et à sévir avec cette iniquité dont nous avons déjà parlé au commencement

5 En effet, bien que toute la puissance malfaisante des démons et des esprits du même genre nous soit assujettie, cependant, pareils à des esclaves méchants, ils mêlent parfois la crainte à l'esprit de révolte et brûlent de faire du mal à ceux que, par ailleurs, ils craignent (la crainte, en effet, inspire la haine), sans compter que leur situation étant désespérée par suite de leur condamnation anticipée, ils considèrent aussi comme une consolation de jouir entre temps de leur méchanceté, grâce à l'ajournement de leur peine. **6** Et, cependant, une fois pris, ils sont subjugués, ils se soumettent et se résignent à leur condition et, ceux qu'ils attaquent de

XXVII, 5. La crainte inspire la haine. Lieu commun qu'on trouve dans un vers d'Ennius (Cic., *De off.*, II, 23) et dans un autre de Laberius (Sén., *De ira*, II, 11, 3). Min. Felix, 27, 8 ; 37, 9.

XXVII Satis haec aduersus intentationem laesae religionis ac diuinitatis : quo non uideamur laedere eam, ostendimus non esse. Igitur prouocati ad sacrificandum obstruimus gradum pro fide conscientiae nostrae, qua certi sumus, ad quos ista perueniant officia sub imaginum prostitutione et humanorum nominum consecratione.

2 Sed quidam dementiam existimant, quod, cum possimus et sacrificare in praesenti et illaesi abire manente apud animum proposito, obstinationem saluti praeferamus. **3** Datis scilicet consilium, quo uobis abutamur! Sed agnoscimus unde talia suggerantur, quis totum hoc agitet, et quomodo nunc astutia suadendi, nunc duritia saeuiendi ad constantiam nostram deiciendam operetur : **4** ille scilicet spiritus daemonicae et angelicae paraturae, qui, noster ob diuortium aemulus et ob Dei gratiam inuidus, de mentibus uestris aduersus nos proeliatur occulta inspiratione modulatis et subornatis ad omnem, quam in primordio exorsi sumus, et iudicandi peruersitatem et saeuiendi iniquitatem.

5 Nam, licet subiecta sit nobis tota uis daemonum et eiusmodi spirituum, ut nequam tamen serui, metum nonnumquam contumaciae miscent et laedere gestiunt, quos alias uerentur (odium enim etiam timor inspirat), **6** praeterquam et desperata condicio eorum ex praedamnatione solatium reputat fruendae interim malignitatis de poenae mora. Et tamen apprehensi subiciuntur et condicioni suae parent et succedunt, et quos de longin-

XXVII 1 religionis ac F : *om* P|| eam F : etiam (ti *expunctum*) P|| ostendimus F : quam ostendimus P|| esse. XXVII. DE SPIRITV DAEMONIACO P|| **4** daemonicae P : –niacae f|| **5** ut P : et F|| serui F : et serui P|| metum F : –tu P|| contumaciae F : –tiam P|| inspirat F : spirat P|| **6** subiciuntur] subiiciuntur F : subiguntur P|| parent et F : *om* P|| succedunt F : succi– P

loin, de près ils leur demandent grâce. **7** C'est pourquoi, semblables à ceux qui résistent et se révoltent dans les ergastules ou prisons, dans les mines ou dans une autre servitude pénale du même genre, ils s'élancent pour nous combattre, nous qui les avons sous notre puissance, sachant bien qu'ils sont perdus déjà et que leur fureur ne peut qu'ajouter à leur perte ; alors nous sommes bien forcés de leur tenir tête, comme s'ils étaient nos égaux, et c'est en persévérant dans ce qu'ils attaquent que nous repoussons leurs assauts, et jamais notre triomphe sur eux n'est plus glorieux que quand nous sommes condamnés pour notre obstination dans la foi.

Transition.

XXVIII Mais, si l'on pressait des hommes libres d'offrir un sacrifice malgré eux, cela passerait facilement pour inique, car ailleurs aussi on prescrit la bonne volonté pour une cérémonie du culte ; et assurément on trouverait ridicule qu'un homme fût contraint par un autre d'honorer des dieux qu'il devrait, par intérêt, apaiser de lui-même, car cet homme n'aurait plus le droit de dire au nom de la liberté : « Je ne veux pas, moi, que Jupiter me soit propice ! De quoi te mêles-tu ? Que Janus irrité me tourne celui de ses deux visages qu'il voudra ! Qu'as-tu à faire avec moi ? » **2** Aussi, ces mêmes esprits pervers, sans aucun doute, vous ont dressés à nous forcer de sacrifier pour le salut de l'empereur, et la nécessité de nous y forcer vous est imposée, aussi bien qu'à nous l'obligation de risquer notre vie.

2) Le crime de lèse-majesté. a) Refus de sacrifier pour les empereurs

3 Nous voici donc arrivés au second chef d'accusation, celui d'avoir lésé une autre majesté, plus auguste que celle des dieux, car vous servez César avec une terreur plus grande et une crainte plus vive que Jupiter de l'Olympe lui-même. Et cela est juste, si vous vous rendiez compte de ce que vous faites. Quel est en effet le vivant, quel qu'il soit, qui ne vaille mieux que n'importe quel mort ? **4** Mais, ici encore, vous n'agissez pas tant par réflexion que par respect pour une puissance toujours prête à agir ; assiu,

quo oppugnant, de proximo obsecrant. **7** Itaque, dum uice repugnantium uel rebellantium ergastulorum siue carcerum uel metallorum uel hoc genus poenalis seruitutis erumpunt aduersus nos proeliaturi, in quorum potestate sunt, certi et iam perisse et hoc magis perditos, ingratis resistimus ut aequales et repugnamus perseuerantes in eo quod oppugnant, et illos numquam magis detriumphamus quam cum pro fidei obstinatione damnamur.

XXVIII Sed quoniam facile iniquum uideretur liberos homines inuitos urgeri ad sacrificandum — nam et alias diuinae rei faciundae libens animus indicitur, — certe ineptum existimaretur, si quis ab alio cogeretur ad honorem deorum, quos ultro sui causa placare deberet, — ne prae manu esset iure libertatis dicere : « Nolo mihi Iouem propitium. Tu qui es ? Me conueniat Ianus iratus qua uelit fronte. Quid tibi mecum est ? » — **2** formati estis ab eisdem utique spiritibus, ut nos pro salute imperatoris sacrificare cogatis, et imposita est tam uobis necessitas cogendi, quam nobis obligatio periclitandi.

3 Ventum est igitur ad secundum titulum laesae augustioris maiestatis, siquidem maiore formidine et calidiore timiditate Caesarem obseruatis quam ipsum de Olympo Iouem. Et merito, si sciatis. Quis enim ex uiuentibus quilibet non omni mortuo potior ? **4** Sed

7 dum F : cum P‖ repugnantium uel F : *om* P‖ proeliaturi *Havercamp* : praeliantur F : *om* P‖ et iam perisse *nos* : etiam perisse F : et inpares se esse P

XXVIII 1 DE GENIO IMPERATORIS XXVIII P‖ sed F : *om* P‖ facile F : autem facile P‖ indicitur P : induc– f‖ qua F : ex qua P‖ **2** eisdem f : his– P‖ ut f : uti P‖ **3** calidiore F : calli– P‖ omni F : *om* P‖ potior P : potior est F

en ce point encore, vous êtes convaincus d'irréligion à l'égard de vos dieux, puisque vous vouez plus de crainte à un maître humain qu'à eux. Car enfin, chez vous, on hésite moins à se parjurer au nom de tous les dieux qu'en prenant à témoin le seul génie de César.

Réfutation négative.

XXIX Qu'il soit donc d'abord bien établi si ces dieux auxquels on sacrifie peuvent accorder le salut aux empereurs ou à n'importe quel homme ; et vous pourrez nous accuser de lèse-majesté, si des anges déchus ou des démons, esprits tout à fait malfaisants par leur nature, font réellement quelque bien ; si des êtres perdus sauvent, si des condamnés libèrent, si enfin des morts — et dans votre for intérieur vous savez ce qu'il en est — protègent des vivants.

2 En effet, ils commenceraient assurément par défendre leurs propres statues, leurs images et leurs temples qui, je pense, ne doivent leur conservation qu'aux soldats des Césars qui les gardent. Mais, j'y pense, les matériaux dont ils sont faits viennent eux-mêmes des mines des Césars et tous les temples ne subsistent que par la volonté de César. **3** Enfin, beaucoup de dieux ont éprouvé la colère de César ; et, s'ils l'ont trouvé propice, lorsqu'il leur a fait quelque largesse ou leur a conféré quelque privilège, cela est encore en faveur de ma thèse. Ainsi donc, ceux qui sont sous la puissance de César, qui lui appartiennent même tout entiers, comment auraient-ils le salut de César en leur puissance ? Ils sembleraient pouvoir procurer à César ce salut qu'eux-mêmes reçoivent plutôt de lui !

4 En vérité, si nous sommes coupables de lèse-majesté vis-à-vis des empereurs, c'est parce que nous ne les abais-

XXIX, 1. Les chrétiens refusent, en effet, de sacrifier pour le salut de l'empereur. C'est dans ce refus que consiste essentiellement le crime de lèse-majesté, suivant la définition donnée au ch. X, 1. Mais ce n'est pas offenser l'empereur que de ne pas sacrifier pour lui à des dieux impuissants. 2. Les dieux ont besoin de l'empereur pour défendre leurs temples.

nec hoc uos ratione facitis potius quam respectu praesentaneae potestatis ; adeo et in isto irreligiosi erga deos uestros deprehendimini, qui plus timoris humano domino dicatis. Citius denique apud uos per omnes deos quam per unum Genium Caesaris peieratur.

XXIX Constet igitur prius, si isti, quibus sacrificatur, salutem imperatoribus uel cuilibet homini impertire possunt : et ita nos crimini maiestatis addicite, si angeli aut daemones, substantia pessimi spiritus, beneficium aliquod operantur, si perditi conseruant, si damnati liberant, si denique, quod in conscientia uestra est, mortui uiuos tuentur.

2 Nam utique suas primo statuas et imagines et aedes uindicarent, quae, ut opinor, Caesarum milites excubiis salua praestant. Puto autem, et hae ipsae materiae de metallis Caesarum ueniunt, et tota templa de nutu Caesaris constant. **3** Multi denique dei habuerunt Caesarem iratum ; facit ad causam, si et propitium, cum illis aliquid aut liberalitatis aut priuilegii confert. Ita qui sunt in Caesaris potestate, cuius et toti sunt, quomodo habebunt salutem Caesaris in potestate, ut eam praestare posse uideantur, quam facilius ipsi a Caesare consequantur ?

4 Ideo enim committimus in maiestatem imperatorum,

4 deprehendimini fM : –demini P|| qui F : cum P|| domino F : –nio P

XXIX 1 XVIIII. AN POSSINT PRODESSE IDOLA P|| imperatoribus P : imperator<ibus *ut uid.*> F|| impertire P : –iri f|| quod P : quos F|| 2 uindicarent F : tuerentur P|| et F : *om* P|| hae F : eae P|| 3 propitium P : –tius f|| cum P : *om* f|| aut liberalitatis F : liberalitatis P|| ita qui P : itaque F|| toti P : nunc et toti F|| sunt P : sumus F|| ut P : at f|| consequantur P : –quuntur f|| consequantur. XXX. DE POTESTATE IMPERATORVM P|| 4 enim F : ergo P|| imperatorum f : –oris P

sons pas au-dessous de choses qui leur appartiennent, c'est parce que nous ne nous jouons pas du devoir de prier pour leur salut, persuadés que ce salut n'est pas dans des mains soudées avec le plomb ! **5** Vous, au contraire, vous êtes religieux, vous qui cherchez ce salut où il n'est pas, qui le demandez à qui ne peut le donner, qui négligez Celui dont il dépend, et qui faites, de plus, la guerre à ceux qui savent demander ce salut, qui peuvent aussi l'obtenir sachant le demander !

Réfutation positive : nous invoquons le vrai Dieu pour l'empereur.

XXX Car, nous autres, nous invoquons pour le salut des empereurs le Dieu éternel, le Dieu véritable, le Dieu vivant, dont les empereurs eux-mêmes préfèrent la faveur à celle de tous les autres. Ils savent qui leur a donné l'empire ; ils savent, en tant qu'hommes qui leur a donné la vie ; ils sentent que celui-là seul est Dieu, sous la seule autorité de qui ils se trouvent, placés au second rang, les premiers après lui, avant et au-dessus de tous les dieux. Comment n'en serait-il pas ainsi, puisqu'ils sont au-dessus de tous les hommes qui, étant vivants, sont au-dessus des morts ? **2** Ils considèrent jusqu'où vont les forces de leur empire, et ainsi ils voient que Dieu existe ; comprenant qu'ils ne peuvent rien contre lui, ils reconnaissent que c'est par lui qu'ils sont puissants. Que l'empereur déclare donc la guerre au ciel ; qu'il traîne le ciel captif à la suite de son char de triomphe ; qu'il envoie des sentinelles au ciel ; qu'il impose au ciel un tribut ! Il ne le peut. **3** L'empereur n'est grand qu'autant qu'il est inférieur au ciel : il est, en effet, lui-même la chose de Celui à qui le ciel et toute créature appartiennent. Il est empereur par Celui qui l'a fait homme avant de le faire empereur ; son pouvoir a la même source que le souffle qui l'anime.

4 C'est vers ce Dieu que nous autres chrétiens, nous levons les yeux, les mains étendues, parce qu'elles sont pures ; la tête découverte, parce que nous n'avons pas à rougir ; enfin, sans souffleur qui nous dicte les paroles, parce que nous prions du cœur ; et par des prières incessantes, nous demandons pour les empereurs une longue

quia illos non subicimus rebus suis, quia non ludimus de officio salutis ipsorum, qui eam non putamus in manibus esse plumbatis ! **5** Sed uos religiosi, qui eam quaeritis ubi non est, petitis a quibus dari non potest, praeteritis eum, in cuius est potestate, insuper debellatis, qui eam sciunt petere, qui etiam possunt impetrare, dum sciunt petere !

XXX Nos enim pro salute imperatorum Deum inuocamus aeternum, Deum uerum, Deum uiuum, quem et ipsi imperatores propitium sibi praeter ceteros malunt. Sciunt quis illis dederit imperium ; sciunt, qua homines, quis et animam ; sentiunt eum esse Deum solum, in cuius potestate sunt, a quo sunt secundi, post quem primi, ante omnes et super omnes deos. Quidni ? cum super omnes homines, qui utique uiuentes mortuis antestant. **2** Recogitant quousque uires imperii sui ualeant, et ita Deum intellegunt : aduersus quem ualere non possunt, per eum ualere se cognoscunt. Caelum denique debellet imperator, caelum captiuum triumpho suo inuehat, caelo mittat excubias, caelo uectigalia imponat. Non potest. **3** Ideo magnus est, quia caelo minor est ; illius enim est ipse, cuius et caelum est et omnis creatura. Inde est imperator, unde et homo antequam imperator ; inde potestas illi, unde et spiritus. **4** Illuc sursum suspicientes Christiani manibus expansis, quia innocuis, capite nudato, quia non erubescimus, denique sine monitore, quia de pectore oramus,

5 religiosi F : inr– P|| praeteritis F : –ito P|| eum F : eo P|| debellatis F : eos debellatis P|| dum P : cum F

XXX 1 malunt P : mallent F|| esse Deum P : deum esse f|| quo sunt f : quo sint P|| deos– omnes P : *om* F|| uiuentes F : uiuunt et P|| antestant F : anti– P|| **2** recogitant P : –tent F|| **4** sursum F : *om* P|| nudato F : nudo P

vie, un règne tranquille, un palais sûr, des troupes valeureuses, un sénat fidèle, un peuple loyal, l'univers paisible, enfin tout ce qu'un homme ou un César peuvent souhaiter. **5** Tout cela, je ne puis le demander à nul autre qu'à Celui dont je sais bien qu'il m'exaucera : car il est le seul qui l'accorde et moi, je suis le seul qui doive l'obtenir, étant son serviteur, étant le seul qui l'honore, qui meurs pour sa loi, qui lui offre une victime « opime et majeure », celle que lui-même m'a demandée : la prière qui part d'un corps chaste, d'une âme innocente et d'un esprit saint, **6** et non pas des grains d'encens d'un as, larmes d'un arbre d'Arabie, ni deux gouttes de vin pur, ni le sang d'un bœuf de rebut, qui ne demande que la mort, ni, après toutes ces choses immondes, une conscience souillée. Je me demande avec étonnement, quand je vois, chez vous, les prêtres les plus dépravés approuver les victimes, pourquoi on examine les entrailles des victimes plutôt que le cœur des sacrificateurs eux-mêmes !

7 Pendant que nous prions ainsi les mains levées vers Dieu, eh bien ! que des ongles de fer nous déchirent, qu'on nous suspende à des croix, que les flammes lèchent notre corps, que les glaives nous coupent la gorge, que les bêtes fauves bondissent sur nous : la seule attitude du chrétien qui prie le montre prêt à tous les supplices ! Allons, excellents gouverneurs, arrachez de nos corps une âme qui prie Dieu pour l'empereur ! Le crime sera là, où est le vrai Dieu, où est la fidélité à Dieu !

Pourquoi les chrétiens prient pour l'empereur.

XXXI En parlant ainsi, avons-nous flatté l'empereur, et les prières que nous venons de dire ne sont-elles que des mensonges, pour éviter vos rigueurs ? Eh, oui, il nous réussit, cet artifice ; vous admettez, en effet, que nous prouvions tout ce que nous pouvons avancer pour

XXX, 5-7. Les prières des chrétiens sont les plus agréables à Dieu ; elles sont opposées aux sacrifices des païens, soit sanglants (victimes animales), soit non sanglants (libations de vin, de lait, d'encens). Les animaux de race bovine sont des *uictimae*, ceux de race ovine ou porcine sont des *hostiae*. Cette distinction n'est pas faite ici.

precantes sumus semper pro omnibus imperatoribus, uitam illis prolixam, imperium securum, domum tutam, exercitus fortes, senatum fidelem, populum probum, orbem quietum, quaecumque hominis et Caesaris uota sunt. **5** Haec ab alio orare non possum, quam a quo me scio consecuturum, quoniam et ipse est, qui solus praestat, et ego sum, cui impetrare debetur, famulus eius, qui eum solus obseruo, qui pro disciplina eius occidor, qui ei offero opimam et maiorem hostiam, quam ipse mandauit, orationem de carne pudica, de anima innocenti, de spiritu sancto profectam, **6** non grana turis unius assis, Arabicae arboris lacrimas, nec duas meri guttas, nec sanguinem reprobi bouis mori optantis, et post omnia inquinamenta etiam conscientiam spurcam : ut mirer, cum hostiae probantur penes uos a uitiosissimis sacerdotibus, cur praecordia potius uictimarum quam ipsorum sacrificantium examinantur.

7 Sic itaque nos ad Deum expansos ungulae fodiant, cruces suspendant, ignes lambant, gladii guttura detruncent, bestiae insiliant : paratus est ad omne supplicium ipse habitus orantis Christiani. Hoc agite, boni praesides, extorquete animam Deo supplicantem pro imperatore ! Hic erit crimen, ubi ueritas est Dei et deuotio !

XXXI Adulati nunc sumus imperatori et mentiti uota, quae diximus, ad euadendam scilicet uim ? Plane proficit ista fallacia : admittitis nos enim probare quodcum-

4 quaecumque P : et quaecumque f‖ **5** me scio P : scio me f‖ solus obseruo P : solum obseruo f‖ pro F : propter P‖ disciplina F : –am P‖ **6** nec sanguinem P : ne sanguinem f‖ bouis P : bonis (?) F‖ probantur P : –entur f‖ cur f : cum P‖ praecordia f : quibus praecordia P‖ **7** est Dei F : et Dei P‖ et F : *om* P‖ deuotio F : deuotio est P.

XXXI 1 XXXI. DE ORATIONE PRO INIMICIS P‖ plane P : tamen F‖ admittitis P : admittis f‖ nos enim P : enim nos f

notre défense ! Vous donc, qui croyez que nous n'avons nul souci du salut des Césars, examinez les paroles de Dieu, ouvrez nos Écritures ; nous ne les cachons pas et maints accidents les font tomber entre des mains étrangères. **2** Elles vous apprendront qu'il nous a été ordonné de prier pour nos ennemis, jusqu'à rendre notre charité excessive, et de demander des biens pour nos persécuteurs. Or, quels sont les plus grands ennemis et les plus cruels persécuteurs des chrétiens, sinon ceux envers qui on nous accuse du crime de lèse-majesté ? **3** Il y a plus : il est dit d'une manière précise et claire : « Priez pour les rois et pour les princes et pour les autorités, afin que tout soit tranquille pour vous. » En effet, quand l'empire est ébranlé, tous ses membres le sont aussi, et nous, bien que nous nous tenions à l'écart des troubles, nous nous trouvons naturellement enveloppés en quelque manière dans la catastrophe.

XXXII Nous avons un autre motif, plus pressant encore, de prier pour les empereurs, même pour la prospérité de l'empire tout entier et pour la puissance romaine : nous savons, en effet, que la terrible catastrophe suspendue au-dessus de la terre entière et la clôture du temps elle-même, qui nous menace d'horribles calamités, n'est retardée que par le répit accordé à l'empire romain. Nous ne tenons nullement à faire cette expérience et, en demandant qu'elle soit différée, nous contribuons à la longue durée de l'empire romain.

Ne jurent pas par le Génie des empereurs.

2 Au surplus, nous jurons, sinon par le Génie des Césars, du moins par leur salut, plus auguste que tous les Génies. Ne savez-vous pas que les Génies sont appelés démons ou, pour employer le diminutif, *daemonia* ? Nous respectons dans les empereurs le jugement de Dieu, qui les a mis à la tête des nations. **3** Nous savons qu'il y a en eux ce que Dieu a voulu, et, par conséquent, ce que nous voulons sain et sauf, c'est ce que Dieu a voulu, et c'est là, à nos yeux, un solennel serment. Quant aux

XXXI. Les chrétiens doivent prier pour leurs ennemis (donc pour les empereurs) et pour les autorités.

que defendimus ! Qui ergo putaueris nihil nos de salute Caesarum curare, inspice Dei uoces, litteras nostras, quas neque ipsi supprimimus et plerique casus ad extraneos transferunt. **2** Scitote ex illis, praeceptum esse nobis ad redundantiam benignitatis, etiam pro inimicis Deum orare et persecutoribus nostris bona precari. Qui magis inimici et persecutores Christianorum quam de quorum maiestate conuenimur in crimen ? **3** Sed etiam nominatim atque manifeste : « Orate, inquit, pro regibus et pro principibus et potestatibus, ut omnia tranquilla sint uobis ». Cum enim concutitur imperium, concussis etiam ceteris membris eius, utique et nos, licet extranei a turbis, in aliquo loco casus inuenimur.

XXXII Est et alia maior necessitas nobis orandi pro imperatoribus, etiam pro omni statu imperii rebusque Romanis, qui uim maximam uniuerso orbi imminentem ipsamque clausulam saeculi acerbitates horrendas comminantem Romani imperii commeatu scimus retardari. Itaque nolumus experiri et, dum precamur differri, Romanae diuturnitati fauemus.

2 Sed et iuramus, sicut non per Genios Caesarum, ita per salutem eorum, quae est augustior omnibus Geniis. Nescitis Genios daemonas dici et inde diminutiua uoce daemonia ? Nos iudicium Dei suspicimus in imperatoribus, qui gentibus illos praefecit. **3** Id in eis scimus esse, quod Deus uoluit, ideoque et saluum uolumus quod Deus

1 putaueris P : putas f‖ **3** omnia P : *om* F‖ tranquilla P : -ae F‖ in F : aestimemur in P

XXXII 1 ITEM PRO IMPERIO ET POTESTATE IMPERATORIS P‖ etiam et ita F‖ pro omni P : uniuerso orbe et F‖ **2** iuramus sicut P : sic iuramus F‖ suspicimus fM : suscipi- P‖ **3** uolumus F : uolumus esse P

démons, c'est-à-dire aux Génies, nous avons l'habitude de *les conjurer* pour les chasser des corps et non de *jurer par eux* et de leur rendre ainsi un honneur qui revient à la divinité.

Ne décernent pas le nom de Dieu à l'empereur

XXXIII Mais pourquoi parler plus longuement des sentiments de religion et de la piété des chrétiens envers l'empereur ? Nous sommes obligés de le respecter, attendu qu'il est celui que notre Seigneur a élu, et je pourrais dire avec raison : « César est plutôt à nous, puisque c'est notre Dieu qui l'a établi. » **2** Aussi, puisqu'il est à moi, je contribue plus qu'un autre à son salut : car non seulement je le demande à Celui qui peut l'accorder, et je le demande étant tel qu'il faut être pour mériter de l'obtenir ; mais encore, abaissant la majesté de César au-dessous de Dieu, je le recommande plus efficacement à Dieu, à qui seul je le soumets, et je le soumets à Dieu parce que je n'en fais pas son égal. **3** En effet, je n'appellerai pas l'empereur « dieu », ou parce que je ne sais pas mentir, ou parce que je ne voudrais pas me moquer de lui, ou parce qu'il ne voudrait pas lui-même être appelé dieu. S'il est homme, il est de son intérêt de le céder à Dieu. Il lui suffit d'être appelé empereur ; c'est aussi un grand nom que celui-là, car il est donné par Dieu. Dire qu'il est dieu, c'est lui refuser le titre d'empereur : sans être homme, il ne peut être empereur. **4** On lui rappelle sa condition humaine le jour même du triomphe, quand il est assis sur le plus sublime des chars ; car on crie derrière lui : « Regarde derrière toi ! Souviens-toi que tu es homme ! » Et naturellement sa joie augmente, quand il songe qu'il brille d'une gloire si éclatante, qu'il est nécessaire de lui rappeler sa condition. Il serait moins grand, si on l'appelait dieu en cette circonstance, parce que ce serait un mensonge. Il est plus grand, celui à qui on rappelle qu'il ne doit pas se croire dieu.

XXXIII-XXXIV. Mais : 1° ils respectent l'empereur comme l'élu de Dieu ; 2° en le mettant au-dessous de Dieu, ils lui rendent Dieu favorable ; 3° l'empereur lui-même ne veut pas être appelé Dieu.

uoluit, et pro magno id iuramento habemus. Ceterum daemonas, id est Genios, adiurare consueuimus, ut illos de hominibus expellamus, non deierare, ut eis honorem diuinitatis conferamus.

XXXIII Sed quid ego amplius de religione atque pietate Christiana in imperatorem, quem necesse est suspiciamus ut eum, quem Dominus noster elegit, ut merito dixerim : Noster est magis Caesar, a nostro Deo constitutus ? **2** Itaque, ut meo, plus ego illi operor in salutem, si quidem non solum ab eo postulo eam, qui potest praestare, aut quod talis postulo, qui merear impetrare, sed etiam quod, temperans maiestatem Caesaris infra Deum, magis illum commendo Deo, cui soli eum subicio ; subicio autem cui non adaequo. **3** Non enim deum imperatorem dicam, uel quia mentire nescio, uel quia illum deridere non audeo, uel quia nec ipse se deum uolet dici. Si homo sit, interest homini Deo cedere. Satis habet appellari imperator : grande et hoc nomen est, quod a Deo traditur. Negat illum imperatorem, qui deum dicit : nisi homo sit, non est imperator. **4** Hominem se esse etiam triumphans in illo sublimissimo curru admonetur ; suggeritur enim ei a tergo : « Respice post te ! hominem te memento ! » Et utique hoc magis gaudet, tanta se gloria coruscare, ut illi monitio condicionis suae sit necessaria. Minor erat, si tunc deus diceretur, quia non uere diceretur. Maior est qui reuocatur, ne se deum existimet.

3 id iuramento P : adiuramento F|| expellamus F : exig– P|| eis P : illis f

XXXIII 1 PRO IMPERATORE. XXXIII P|| imperatorem f : –tore P|| elegit P : –gerit f|| a P : ut a f|| **2** si quidem] siquidem P : *om* F|| ab P : quod eam ab F|| eam P : *om* F|| eum F : *om* P|| **3** habet F : –eat P|| **4** memento P : esse memento F|| monitio F : adm– P

Ni celui de dominus, *maître ou seigneur.*

XXXIV Auguste, le fondateur de l'empire, ne voulait pas même qu'on l'appelât « maître ». Car c'est là encore un surnom de Dieu. A la vérité, je donnerai à l'empereur le nom de « maître », mais dans le sens reçu, et lorsque je ne suis pas forcé de le lui donner dans le même sens que je le donne à Dieu. Au reste, je suis libre vis-à-vis de lui ; je n'ai qu'un « maître », le Dieu tout-puissant et éternel, qui est aussi le maître de l'empereur lui-même. **2** Celui qui est le « père de la patrie », comment en serait-il le maître ? Au surplus, un nom tiré de la piété filiale est bien plus doux que celui qui désigne le pouvoir ; aussi disons-nous « pères » de famille plutôt que « maîtres » de la famille.

3 A plus forte raison ne doit-on pas donner aux empereurs le nom de « dieu » : c'est une chose qui ne peut pas être, même par la plus honteuse, disons mieux, la plus pernicieuse des flatteries. Si, ayant un empereur, vous donnez ce nom à un autre qu'à lui, ne vous attirez-vous pas la colère, terrible et impitoyable, de celui qui, en réalité, est votre empereur ? Cette colère, ne sera-t-elle pas redoutable pour celui-là même que vous avez qualifié du nom d'empereur ? Sois donc respectueux envers Dieu, si tu veux qu'il soit propice à l'empereur. Cesse de reconnaître un autre dieu, cesse en même temps d'appeler « dieu » celui qui a besoin de Dieu. **4** Si une pareille adulation ne rougit pas de son imposture, quand elle donne le nom de dieu à un homme, qu'elle en redoute du moins les suites funestes. C'est un fâcheux présage que de donner le titre de dieu à César avant son apothéose. Sache que tu lui veux du mal et que tu lui souhaites du mal, en lui donnant ce nom, en l'appelant dieu de son vivant, car il ne reçoit ce nom que quand il est mort.

Les fêtes impériales. Sincérité des chrétiens.

XXXV Si les chrétiens sont donc des « ennemis publics », c'est parce qu'ils ne rendent pas aux empereurs des honneurs vains, mensongers et téméraires, et aussi parce que, hommes d'une religion sincère, ils célèbrent les fêtes des empereurs dans l'inté-

XXXIV Augustus, imperii formator, ne dominum quidem dici se uolebat. Et hoc enim Dei est cognomen. Dicam plane imperatorem dominum, sed more communi, sed quando non cogor, ut dominum Dei uice dicam. Ceterum liber sum illi ; dominus enim meus unus est Deus omnipotens, aeternus, idem qui et ipsius. **2** Quomodo qui pater patriae est, dominus est ? Sed et gratius est nomen pietatis quam potestatis ; etiam familiae magis patres quam domini uocantur.

3 Tanto abest, ut imperator deus debeat dici, quod non potest [credi], non modo turpissima sed et perniciosa adulatione. Si habens imperatorem alterum appelles, nonne maximam et inexorabilem offensam contrahes eius, quem habuisti, etiam ipsi timendam, quem appellasti ? Esto religiosus in Deum, qui uis illum propitium imperatori. Desine alium deum credere atque ita et hunc deum dicere, cui Deo opus est. **4** Si non de mendacio erubescit adulatio eiusmodi, hominem deum appellans, timeat saltem de infausto. Maledictum est ante apotheosin deum Caesarem nuncupare. Scit*o* te isto nomine male uelle et male abominari, ut, uiuente adhuc imperatore, deum appelles, quod nomen illi mortu*o* accedit.

XXXV Proptera igitur publici hostes Christiani, quia imperatoribus neque uanos neque mentientes neque temerarios honores dicant, quia uerae religionis

XXXIV 1 XXIIII. DE AVGVSTO IMPERATORE P‖ sed more communi P : *om* F‖ **2** quomodo F : *om* P‖ dominus F : quomodo dominus P‖ est nomen P : nomen est f‖ **3** quod–credi P (*post* adulatione) F‖ credi FP : *seclusi*‖ si F : tanquam si P‖ deo P : dei F‖ **4** maledictum P : male traditum F‖ est P : *om* F‖ nuncupare F : –ari P‖ *Reliqua in solo* F *leguntur* : *om* P‖ scito *nos* : scio F‖ mortuo *Junius* : –uum F‖ accedit *Junius* : –idit F.

XXXV 1 DE SOLEMNIBVS CAESARVM. XXXV P‖ quia imperatoribus P : an quia imperatoribus F

rieur de leur cœur plutôt que par la licence. **2** C'est un grandiose hommage, vraiment, que de dresser sur la place publique des fourneaux et des lits de table, de célébrer des festins dans tous les quartiers de la ville, de changer l'aspect de la cité en celui d'une taverne, de coaguler la boue avec le vin, de courir en bandes pour se liver aux outrages, aux indécences et aux plaisirs du libertinage ! Est-ce que la joie publique se manifeste donc par la honte publique ? Ce qui n'est pas décent aux autres jours de fête, est-il décent aux fêtes de l'empereur ? **3** Ceux qui observent la discipline par respect pour César, la négligent-ils maintenant à cause de lui ? Et le dévergondage sera-t-il de la piété, et une occasion de débauche passera-t-elle pour de la religion ? **4** Oh ! combien juste est notre condamnation ! Pourquoi, en effet, nous acquittons-nous des vœux pour les Césars et célébrons-nous leurs fêtes sans cesser d'être chastes, sobres et modestes ? Pourquoi, en un jour de joie, n'ombrageons-nous pas nos portes de lauriers et ne faisons-nous pas pâlir le jour à la lumière des lampes ? Rien de plus honnête, quand une solennité publique l'exige, que de donner à sa maison l'aspect de quelque lupanar d'un nouveau genre !

Hypocrisie des païens.

5 Et pourtant, dans cette religion de la seconde majesté, qu'on nous accuse, nous autres chrétiens, d'offenser par un second sacrilège, en refusant de célébrer avec vous les fêtes des Césars d'une manière que vous a conseillée la recherche du plaisir plutôt qu'un juste motif, puisque ni la modestie, ni la bienséance, ni la pudeur ne la permettent, dans cette religion aussi, dis-je, je voudrais montrer jusqu'où vont votre bonne foi et votre sincérité, pour voir si, en ce point-ci encore, ceux qui nous dénient la qualité de Romains et nous traitent d'ennemis des empereurs romains, ne seront pas trouvés pires que les

XXXV, 1-4. Les chrétiens ne prennent aucune part aux fêtes impériales. Et l'on dit qu'ils agissent en *publici hostes.* Mais on a tort, car les chrétiens fêtent les empereurs dans leur cœur, et non pas dans la débauche, comme font les païens. Ce sont des raisons morales qui empêchent les chrétiens de participer à ces fêtes impériales ; ils fêtent l'empereur sans cesser d'être chastes,

homines etiam solemnia eorum conscientia potius quam lasciuia celebrant.

2 Grande uidelicet officium focos et toros in publicum deducere, uicatim epulari, ciuitatem tabernae habitu abolefacere, uino lutum cogere, cateruatim cursitare ad iniurias, ad impudicitias, ad lidibinum ludibria ! Siccine exprimitur publicum gaudium per dedecus publicum ! Haecine solemnes dies principum decent, quae alios dies non decent ? **3** Qui obseruant disciplinam de Caesaris respectu, hi eam propter Caesarem deserunt, et malorum morum licentia pietas erit, occasio luxuriae religio deputabitur ? **4** O nos merito damnandos ! Cur enim uota et gaudia Caesarum casti et sobrii et probi expungimus ? Cur die laeto non laureis postes obumbramus nec lucernis diem infringimus ? Honesta res est, solemnitate publica exigente, induere domui tuae habitum alicuius noui lupanaris !

5 Velim tamen in hac quoque religione secundae maiestatis, de qua in secundum sacrilegium conuenimur Christiani non celebrando uobiscum solemnia Caesarum, quo modo celebranda occasio uoluptatis magis quam digna ratio persuasit, si nec modestia nec uerecundia nec pudicitia permittunt, fidem et ueritatem uestram demonstrare, ne forte et istic deteriores Christianis deprehendantur qui nos nolunt Romanos haberi, sed

2 deducere F : educ–P‖ tabernae P : in tabernae F‖ habitu P : –tum F‖ obolefacere P : demutare F‖ uino lutum P : uinulentiam F‖ cogere P : facere F‖ impudicitias F : –dentias P‖ libidinum F : –nis P‖ ludibria F : illecebras P‖ siccine] sicine P : sic enim F‖ haecine P : haec in F‖ solemnes dies P : solemnes dixi F‖ decent quae P : decernuntque F‖ decent P : –et F‖ **3** qui P : quae F‖ **4** infringimus P : effr– F‖ **5** modo F : more P‖ celebranda F : celebrari P‖ occasio — persuasit F : *post* permittunt P‖ uoluptatis P : uoluntatis F‖ si F : sed P‖ nec modestia — permittunt F : *post* celebrari P‖ uestram P : nostram F‖

chrétiens. **6** Je le demande aux citoyens romains eux-mêmes, et à la plèbe même qui est née sur les sept collines : est-il un de leurs Césars que la langue des Romains épargne ? Témoin les rives du Tibre et les écoles de bestiaires ! **7** Et si la nature avait mis devant les cœurs une sorte de matière diaphane, qui laissât transparaître les pensées, quel est le Romain dans le cœur duquel n'apparaîtrait pas gravée la scène d'un César succédant sans cesse à un autre César et présidant à la distribution du congiaire, et cela à l'heure même où l'on répète ce cri : « Que Jupiter prenne sur nos années pour ajouter aux tiennes ! » C'est un langage qu'un chrétien ne saurait tenir, de même qu'il ne sait pas souhaiter un nouvel empereur !

8 « C'est le peuple ! » diras-tu. C'est le peuple, soit, mais cependant ce sont là des Romains, et il n'y a pas d'accusateurs plus acharnés des chrétiens que le peuple. Apparemment, les autres ordres de l'État sont sincèrement attachés au culte impérial à proportion de leur élevation : pas un souffle hostile ne vient du sénat lui-même, de l'ordre équestre, des camps, du palais même! **8** D'où sont donc sortis les Cassius, les Niger et les Albinus ? Et ceux qui attaquent un César au lieu dit « entre les deux lauriers » ? Et ceux qui s'exercent à la palestre, pour lui serrer un jour la gorge ? Et ceux qui font irruption dans le palais, les armes à la main, plus audacieux que tous les Sigérius et tous les Parthénius ? Ils sont sortis des rangs des Romains, si je ne me trompe, c'est-à-dire des non-chrétiens. **10** Et, ce qui est plus fort, jusqu'à l'instant même où éclata leur impiété, tous ces gens-là offraient des sacrifices pour le salut de l'empereur et juraient par son Génie, autres au-dehors et autres au-dedans, et ils ne

sobres et modestes, — 5-13. D'autre part, l'enthousiasme des païens est hypocrite : car c'est parmi eux que se trouvent les ennemis de l'empereur : 1° la plèbe et ses propos irrévérencieux (6), son secret désir de voir un nouvel empereur pour avoir des congiaires (7) ; 2° les classes élevées ne sont pas plus sincères : attentats contre la vie du prince (8) ; guerres civiles, Cassius Avidius, C. Pescennius Niger, D. Clodius Albinus et les luttes de Septime-Sévère contre ses rivaux (9-11). Hypocrisie des malveillants qui consultent l'avenir sur la vie du prince (12-13).

ut hostes principum Romanorum. **6** Ipsos Quirites ipsamque uernaculam septem collium plebem conuenio, an alicui Caesari suo parcat illa lingua Romana. Testis est Tiberis et scholae bestiarum. **7** Iam si pectoribus humanis ad translucendum quandam specularem materiam natura obduxisset, cuius non praecordia insculpta parere*nt* noui ac noui Caesaris scaenam congiario diuidundo praesidentis, etiam illa hora, qua reclamant :

« De nostris annis tibi Iuppiter augeat annos ! »

Haec Christianus tam pronuntiare non nouit quam de nouo Caesare optare.

8 « Sed uulgus », inquis. — Vt uulgus, tamen Romani, nec ulli magis depostulatores Christianorum quam uulgus. Plane ceteri ordines pro auctoritate religiosi ex fide : nihil hosticum de ipso senatu, de equite, de castris, de palatiis ipsis spirat ! **9** Vnde Cassii et Nigri et Albini ? unde qui inter duas laurus obsident Caesarem ? unde qui faucibus eius exprimendis palaestricam exercent ? unde qui armati palatium irrumpunt, omnibus Sigeriis atque Partheniis audaciores ? De Romanis, nisi fallor, id est de non Christianis. **10** Atque adeo omnes illi, sub ipsa impietatis eruptione, et sacra faciebant pro salute imperatoris et Genium eius deierabant, alii foris,

6 ipsamque F : ipsam P|| **7** humanis F : *om* P|| translucendum P : transduc– F|| quandam P : quoddam F|| insculpta F : -ulta P[1]M : inculta P[2]|| parerent *Loefstedt* : pareret F : adparent P|| noui ac noui P : nouum ac nouum F|| Caesaris P : –em F|| scaenam P : scena F|| congiario P : concea– F|| praesidentis P : –tem F|| qua P : quo F|| reclamant F : adcl–P|| tibi Iuppiter augeat P : augeat tibi Iuppiter F|| haec P : sed F|| pronuntiare F : en– P|| de nouo P : nouum F|| Caesare P : –em F|| **8** depostulatores P : depopul– F|| equite P : aequitate F|| spirat *Rigault* : –ant P|| **9** laurus FP : –reos M|| Sigeriis F : tot Sigeriis P|| **10** impietatis F : usque impietatis P

manquaient pas, naturellement, de donner le nom d'ennemis publics aux chrétiens.

11 Mais ceux-là mêmes qui aujourd'hui encore et chaque jour se révèlent comme les complices ou les partisans d'une faction criminelle, grappes qui restent à glaner après cette vendange de parricides, étaient ceux qui encombraient leurs portes des lauriers les plus frais et les plus touffus, qui enfumaient leurs vestibules par les lampes les plus haut pendues et les plus brillantes, qui se disputaient le forum pour y placer les lits les plus élégants et les plus superbes, et cela, non pas pour célébrer les réjouissances publiques, mais pour apprendre, dans la fête d'un autre, à faire des vœux publics pour eux-mêmes, et pour inaugurer, en changeant le nom du prince au fond de leur cœur, un modèle et une image de leurs espérances.

12 Ils s'acquittent des mêmes devoirs envers l'empereur, ceux-là encore qui consultent les astrologues, les aruspices, les augures, les magiciens sur la vie des Césars ! Ce sont là des sciences inventées par les anges rebelles et interdites par Dieu, auxquelles les chrétiens ne recourent même pas, quand il s'agit de leurs propres intérêts. **13** Qui donc a besoin de scruter la destinée de César, sinon celui qui médite ou souhaite quelque chose contre sa vie, qui espère ou attend quelque chose après sa mort ? C'est avec des intentions différentes qu'on consulte l'avenir sur ses proches ou sur ses maîtres ; autre est la curiosité d'un parent inquiet, autre celle de l'esclave qui craint.

Le loyalisme des chrétiens.

XXXVI S'il est donc bien vrai que ces hommes qu'on appelle « Romains » sont convaincus d'être des ennemis publics, pourquoi nous refuse-t-on le nom de « Romains », à nous, qui passons pour « ennemis publics » ? Nous ne pouvons pas ne pas être Romains, si nous sommes des ennemis publics, puisqu'on trouve les ennemis publics dans ceux qui passent pour Romains.

XXXV, 12. Septime Sévère fit mourir beaucoup de gens accusés d'avoir consulté les Chaldéens et les devins sur sa vie, dit Spartien, 15. Cf. Paul, *Sent.*, V, 21, 3.

alii intus, et utique publicorum hostium nomen Christianis dabant.

11 Sed et qui nunc scelestarum partium socii aut plausores cottidie reuelantur, post uindemiam parricidarum racematio superstes, quam recentissimis et ramosissimis laureis postes praestruebant, quam elatissimis et clarissimis lucernis uestibula nubilabant, quam cultissimis et superbissimis toris forum sibi diuidebant, non ut gaudia publica celebrarent, sed ut uota publica propria iam ediscerent in aliena solemnitate et exemplum atque imaginem spei suae inaugurarent, nomen principis in corde mutantes.

12 Eadem officia dependunt et qui astrologos et haruspices et augures et magos de Caesarum capite consultant. Quas artes, ut ab angelis desertoribus proditas et a Deo interdictas, ne suis quidem causis adhibent Christiani. **13** Cui autem opus est perscrutari super Caesaris salute, nisi a quo aliquid aduersus illam cogitatur uel optatur, aut post illam speratur et sustinetur ? Non enim ea mente de caris consulitur qua de dominis. Aliter curiosa est sollicitudo sanguinis, aliter seruitutis.

XXXVI Si haec ita sunt, ut hostes deprehendantur qui Romani uocantur, cur nos, qui hostes existimamur, Romani negamur ? Non possumus et Romani non esse et hostes esse, cum hostes reperiantur qui Romani habeantur.

11 superstes P : superest F|| nubilabant F : nebula- P|| publica propria F : propria P|| ediscerent f : ediser- P|| **13** caris P : Caesaris F|| dominis P : homin- F

XXXVI 1 XXXVI. DE AEQVALITATE OMNIVM PERSONARVM P|| uocantur F : -abantur P|| negamur P : nege- f|| habeantur f : habebantur P

2 Aussi bien la piété, la religion et la fidélité dues aux empereurs ne se manifestent pas par les hommages de ce genre, dont l'hostilité elle-même peut s'acquitter pour voiler plutôt ses intentions, mais bien par la conduite que la divinité nous commande de tenir envers l'empereur aussi sincèrement qu'envers tous les hommes. **3** Et, en effet, ce n'est pas aux empereurs seuls que nous devons témoigner nos bons sentiments. Nous faisons le bien sans acception de personnes, parce que nous le faisons pour nous-mêmes, car ce n'est pas d'un homme que nous attendons d'être payés par des louanges ni par une récompense, mais de Dieu, juge et rémunérateur d'une bienveillance qui ne fait aucune distinction. **4** A cause de Dieu, nous sommes pour les empereurs ce que nous sommes pour nos voisins. Vouloir du mal, faire du mal à qui que ce soit, dire du mal, penser du mal de qui que ce soit nous est également défendu. Ce qui ne nous est pas permis envers l'empereur ne l'est pas non plus envers personne ; et ce qui n'est permis envers personne l'est sans doute moins encore envers celui qui est si grand grâce à Dieu.

b) *Hostilité envers l'empire et la société.*

XXXVII Si, comme je l'ai dit plus haut, il nous est prescrit d'aimer nos ennemis, qui pouvons-nous haïr ? De même, s'il nous est défendu de rendre la pareille, quand nous sommes offensés, pour ne pas devenir, de fait, semblables à nos ennemis, qui pouvons-nous offenser ?

Les chrétiens ne sont pas les ennemis du genre humain.

2 En effet, jugez-en vous-mêmes. Combien de fois sévissez-vous contre les chrétiens, obéissant tantôt à vos haines personnelles, tantôt à vos lois ? Combien de fois, sans votre permission, une populace hostile ne se rua-t-elle pas sur nous, de son propre mouvement, avec des pierres et des torches enflammées ? Avec une fureur pareille à celle des Bacchanales, on n'épargne pas même les chrétiens morts : on arrache du repos de la sépulture, de cette sorte d'asile de la mort, des cadavres déjà décomposés, déjà méconnaissables, on déchire et on disperse leurs membres. **3** Et pourtant, qu'avez-vous à reprocher à ces gens si unis, quelles représailles pour de

2 Adeo pietas et religio et fides imperatoribus debita non in huiusmodi officiis consistit, quibus et hostilitas magis ad uelamentum sui potest fungi, sed in his moribus, quibus diuinitas imperat *eam* tam uere, quam circa omnes necesse habet, exhiberi. **3** Neque enim haec opera bonae mentis solis imperatoribus debentur a nobis. Nullum bonum sub exceptione personarum administramus, quia nobis praestamus, qui non ab homine aut laudis aut praemii expensum captamus, sed a Deo, exactore et remuneratore indifferentis benignitatis. **4** Iidem sumus imperatoribus ex ipso, qui et uicinis nostris. Male enim uelle, male facere, male dicere, male cogitare de quoquam ex aequo uetamur. Quodcumque non licet in imperatorem, id nec in quemquam ; quod in neminem, eo forsitan magis nec in ipsum imperatorem, qui per Deum tantus est.

XXXVII Si inimicos, ut supra diximus, iubemur diligere, quem habemus odisse ? Item, si iidem laesi uicem referre prohibemur, ne de facto pares simus, quem possumus laedere ? **2** Nam de isto ipsi recognoscite. Quotiens enim in Christianos desaeuitis, partim animis propriis, partim legibus obsequentes ? Quotiens etiam praeteritis uobis suo iure nos inimicum uulgus inuadit lapidibus et incendiis ? Ipsis Bacchanalium furiis nec mortuis parcunt Christianis, quin illos de requie sepulturae, de asylo quodam mortis, iam alios, iam nec totos auellant, dissipent, distrahant. **3** Quid tamen de tam

2 debita FM : dedi– P|| his P : iis f|| eam tam *nos* : tam P|| habet P : –ent F|| exhiberi P : –bere F|| **3** subM : sed P|| indifferentis P : –tia F|| **4** ex ipso F : *om* P|| imperatorem qui F : qui P

XXXVII 1 XXVII. NE MALVM CONTRA MALVM P|| iidem F : *om* P|| **2** lapidibus et incendiis P : *om* F|| nec P : ne F|| parcunt P : quidem parcunt F||requie P : reliquiis F|| dissipent F : –secent P

tels outrages vous font subir ces gens si courageux jusqu'à la mort, alors qu'une seule nuit, avec quelques bonnes petites torches, suffirait pour assouvir largement notre vengeance, s'il était permis chez nous de rendre le mal pour le mal ? Mais loin de nous la pensée qu'une religion divine se serve, pour se venger, d'un feu allumé par des hommes, ou qu'elle gémisse de souffrir des tourments qui démontrent son vrai caractère !

4 En effet, si nous voulions agir, je ne dis pas en vengeurs secrets, mais en ennemis déclarés, le nombre des bataillons et des troupes nous ferait-il défaut ? Dira-t-on que les Maures, les Marcomans et les Parthes eux-mêmes, ou que n'importe quel peuple, si grand soit-il, qui après tout est renfermé dans un seul pays et dans ses frontières, sont plus nombreux qu'une nation à qui appartient la terre entière ? Nous sommes d'hier, et déjà nous avons rempli la terre et tout ce qui est à vous : les villes, les îles, les postes fortifiés, les municipes, les bourgades, les camps eux-mêmes, les tribus, les décuries, le palais, le sénat, le forum ; nous ne vous avons laissé que les temples ! **5** Nous pouvons dénombrer vos armées : les chrétiens d'une seule province seront plus nombreux ! Pour quelle guerre nous aurait manqué ou la force ou le courage, même si nous étions inférieurs en nombre, nous qui nous laissons si volontiers égorger, si notre loi ne nous permettait pas plutôt d'être tués que de tuer ?

6 Nous aurions pu, sans armes et sans rébellion, en nous séparant simplement de vous, vous combattre par ce haineux divorce. Car si, formant une si grande multitude d'hommes, nous avions rompu avec vous pour aller nous établir dans quelque coin retiré de la terre, la perte de tant de citoyens, quels qu'ils soient, eût assurément couvert de honte les dominateurs du monde, que dis-je ? cet abandon eût suffi, à lui seul, pour les punir. **7** Sans aucun doute, vous eussiez été épouvantés devant votre solitude, devant le silence du monde et cette sorte d'engourdissement où la terre entière, comme morte, serait tombée. Vous eussiez pu chercher à qui commander ; il

XXXVII, 4. Sur le nombre des chrétiens, voy. I, 7.

conspiratis umquam denotatis, de tam animatis ad mortem usque pro iniuria repensatis, quando uel una nox pauculis faculis largiter ultionis possit operari, si malum malo dispungi penes nos liceret ? Sed absit, ut aut igni humano uindicetur diuinitas sectae aut ut doleat pati, in quo probatur !

4 Si enim et hostes exsertos, non tantum uindices occultos agere uellemus, deesset nobis uis numerorum et copiarum ? Plures nimirum Mauri et Marcomanni ipsique Parthi, uel quantaecumque unius tamen loci et suorum finium gentes, quam totius orbis ! Hesterni sumus, et orbem iam et uestra omnia impleuimus, urbes insulas, castella municipia conciliabula, castra ipsa tribus decurias, palatium senatum forum. Sola uobis reliquimus templa ! **5** Possumus dinumerare exercitus uestros : unius prouinciae plures erimus ! Cui bello non idonei, non prompti fuissemus, etiam impares copiis, qui tam libenter trucidamur, si non apud istam disciplinam magis occidi liceret quam occidere ?

6 Potuimus et inermes nec rebelles, sed tantummodo discordes, solius diuortii inuidia aduersus uos dimicasse. Si enim tanta uis hominum in aliquem orbis remoti sinum abrupissemus a uobis, suffudisset utique dominationem uestram tot qualiumcumque ciuium amissio, immo etiam et ipsa destitutione punisset. **7** Procul dubio expauissetis ad solitudinem uestram, ad silentium rerum et stuporem quendam quasi mortui orbis ; quaesissetis, quibus imperaretis ; plures hostes quam ciues uobis

3 possit F : –et P|| diuinitas F : diuina P|| sectae F : –a P|| ut F : *om* P|| **4** uindices fM : iudi– P|| hesterni P : ext– FM|| et orbem iam F : *om* P|| **5** possumus — plures F : *om* P|| erimus *nos* : erunt F : *om* P|| **6** orbis P : angulum orbis F|| remoti sinum P : remotissimum F|| utique P : pudor utique F|| **6-7** tot — uestram P : *om* F|| qualiumcumque] qualic– P|| **7** orbis F : urb– P

vous serait resté plus d'ennemis que de citoyens. **8** Maintenant, en effet, vos ennemis sont moins nombreux que les citoyens, à cause de la multitude des chrétiens ; car, ayant les chrétiens, vous avez presque tous les citoyens de presque toutes les cités. Mais vous avez préféré leur donner le nom d' « ennemis du genre humain » plutôt que de l'erreur humaine !

9 Et qui donc vous arracherait à ces ennemis cachés, qui, partout et toujours, ravagent vos esprits et vos santés, je veux dire aux assauts des démons, que nous délogeons de vos corps sans demander ni récompense, ni salaire ? Il aurait suffi pour notre vengeance de vous abandonner à ces esprits immondes comme un bien désormais sans maître. **10** Or, sans même songer à récompenser un secours si précieux, sans vous dire que, loin de vous être à charge, notre race vous est nécessaire, vous avez préféré nous traiter en ennemis. Ennemis, nous le sommes assurément, non pas du genre humain pourtant, mais plutôt de l'erreur humaine !

Ils ne s'associent pas pour troubler l'État par des factions illicites : ni clubs politiques, ni factions du cirque.

XXXVIII Pareillement, il ne fallait pas non plus, — bien que ce soit user d'un peu plus de douceur, — ranger parmi les « factions illicites » une secte qui ne commet rien de ce qu'on redoute des « factions illicites ». **2** En effet, ou je me trompe fort, le motif pour lequel on a défendu les factions réside dans le souci qu'on prend de maintenir l'ordre public : on a voulu empêcher que la cité ne fût divisée en partis, pour troubler facilement les comices, les assemblées populaires, les curies, les spectacles mêmes par le choc des passions rivales, à une époque où les citoyens avaient commencé à trafiquer du concours de leur violence vénale et mercenaire. **3** Mais pour nous, que la passion de la gloire

XXXVIII-XXXIX. Après avoir considéré les chrétiens individuellement, Tert. va les considérer réunis en communautés. Il va montrer que les corporations chrétiennes ne doivent pas être comptées parmi ces factions illicites (1) que les lois sur les associations ont interdites pour sauvegarder l'ordre public (2).

remansissent. **8** Nunc enim pauciores hostes habetis prae multitudine Christianorum, paene omnium ciuitatium paene omnes ciues Christianos habendo. Sed hostes maluistis uocare generis humani potius quam erroris humani !

9 Quis autem uos ab illis occultis et usquequaque uastantibus mentes et ualetudines uestras hostibus raperet, a daemoniorum incursibus dico, quae de uobis sine praemio, sine mercede depellimus ? Suffecisset hoc solum nostrae ultioni, quod uacua exinde possessio immundis spiritibus pateretis.

10 Porro, nec tanti praesidii compensationem recogitantes, non modo non molestum uobis genus, uerum etiam necessarium hostes iudicare maluistis, qui sumus plane, non generis humani tamen, sed potius erroris.

XXXVIII Proinde nec paulo lenius inter illicitas factiones sectam istam deputari oportebat, a qua nihil tale committitur, quale de illicitis factionibus praecauetur. **2** Nisi fallor enim, prohibendarum factionum causa de prouidentia constat modestiae publicae, ne ciuitas in partes scinderetur, qua facile comitia, concilia, curias, contiones, spectacula etiam aemulis studiorum compulsationibus inquietarent, cum iam et in quaestu habere coepissent uenalem et mercenariam

8 ciuitatium *Havercamp* : ciuium P‖ habendo. Sed *nos* : habendos et P : hostes habendo P‖ maluistis P : –issetis F‖ **9** pateretis F : –teret P‖ **10** recogitantes F : cogit– P‖ qui F : quia P‖ tamen P : hostes F

XXXVIII 1 XXXVIII. DE COETV P‖ nec P : ne FR ‖ illicitas FR : lic– P‖ praecauetur FR : timeri solet P‖ **2** constat FP : cost– R‖ qua FR : quae res P‖ concilia curias P : curias concilia R‖ inquietarent FR : –aret P‖ quaestu P : –um R‖ coepissent P : –isse R‖ uiolentiae FR : homines uiolentiae P

et des honneurs laisse froids, en vérité, nous n'avons nul besoin de ligues, et nulle chose ne nous est plus étrangère que la politique. Nous ne connaissons qu'une seule république, commune à tous : le monde.

4 Quant à vos spectacles, nous y renonçons, parce que nous renonçons aux superstitions d'où ils tirent, nous le savons, leur origine et que nous sommes étrangers aux choses elles-mêmes qui s'y passent. Notre langue, nos yeux et nos oreilles n'ont rien de commun avec la folie du cirque, avec l'immoralité du théâtre, avec l'atrocité de l'arène, avec la frivolité du xyste. **5** Il fut bien permis aux Épicuriens de décréter une vérité nouvelle sur le plaisir, qui est pour eux l'égalité d'âme : en quoi vous offensons-nous, si nous avons, nous aussi, une autre idée du plaisir ? Et si, après tout, nous ne voulons pas nous divertir, le dommage est pour nous, si dommage il y a, et non pour vous. Mais, dites-vous, nous réprouvons les choses qui vous plaisent ! — Vous n'aimez pas non plus celles qui nous plaisent !

Ils ne s'unissent que dans un but religieux et charitable.

XXXIX Le moment est venu d'exposer moi-même les occupations de la « faction chrétienne », afin qu'après avoir prouvé qu'elles ne sont pas mauvaises, je vous montre qu'elles sont bonnes, même si je vous révèle ainsi la vérité.

Nous sommes un « corps » par le sentiment commun d'une même croyance, par l'unité de la discipline, par le lien d'une même espérance. **2** Nous formons une ligue et une congrégation pour assiéger Dieu de nos prières, comme en bataillon serré. Cette violence plaît à Dieu

XXXIX, 1-6. Tableau de la vie intérieure des communautés chrétiennes. Nature et but de la corporation chrétienne (1-4). Un triple lien religieux ou spirituel unit les chrétiens et en fait un corps (2) ; but religieux de leurs assemblées (3-4). En s'unissant, ils n'ont en vue que des avantages spirituels, ils n'agissent pas comme des factieux. Organisation : choix des présidents ; la caisse commune : comment elle est alimentée ; sa destination charitable. § 7-19 La fraternité chrétienne : la charité chrétienne, les œuvres de charité, les noms de frères, l'agape, la discipline morale et religieuse qui la régit. Après l'agape, jamais de désordres.

uiolentiae suae operam. **3** At enim nobis ab omni gloriae et dignitatis ardore frigentibus nulla est necessitas coetus, nec ulla magis res aliena quam publica. Vnam omnium rempublicam agnoscimus, mundum.

4 Atque adeo spectaculis uestris in tantum renuntiamus, in quantum originibus eorum, quas scimus de superstitione conceptas, cum et ipsis rebus, de quibus transiguntur, praetersumus. Nihil enim nobis dictu, uisu, auditu cum insania circi, cum impudicitia theatri, cum atrocitate arenae, cum xysti uanitate. **5** Licuit Epicureis aliam decernere uoluptatis ueritatem, id est, animi aequitatem : in quo uos offendimus, si alias praesumimus uoluptates ? Si oblectari nouissime nolumus, nostra iniuria est, si forte, non uestra. Sed reprobamus quae placent uobis ! Nec uos nostra delectant.

XXXIX Edam iam nunc ego ipse negotia Christianae factionis, ut, qui mala refutauerim, bona ostendam, si etiam ueritatem reuelauerim.

Corpus sumus de conscientia religionis et disciplinae unitate et spei foedere. **2** Coimus in coetum et congregationem, ut ad Deum quasi manu facta precationibus ambiamus. Haec uis Deo grata est. Oramus etiam pro

3 nobis P : uo– R|| gloriae P : –ia FR|| unam P : –a R|| **4** atque adeo FR : aeque P|| renuntiamus P : –tiauimus R|| eorum P : illorum R|| et P : *om* f|| enim FR : est P|| dictu P : –um R|| **5** Licuit — aequitatem FR : sed licuit — aequitatem et ampla negotia christianae *post* delectant P|| aliam FR : aliquam P|| animi P: –ae F : –a R|| aequitatem FP : equ– R|| in FR : *om* P|| oblectari P : –are F|| nouissime FR : nouisse P|| reprobamus P : prob– R

XXXIX 1 XXXVIIII. DE DISCIPLINA CHRISTIANORVM P|| ut qui P : quo minus FR|| si–reuelauerim FR : *om* P|| ueritatem reuelauerim F : reuelauerim ueritatem R|| unitate RP : diuinit– F|| **2** coetum P : –tu FR|| ut P : facimus ut FR|| haec FR : orantes haec P

Nous prions aussi pour les empereurs, pour leurs ministres et pour les puissances, pour l'état présent du siècle, pour la paix du monde, pour l'ajournement de la fin. 3 Nous nous assemblons pour la lecture des saintes Écritures, si le cours du temps présent nous oblige à y chercher soit des avertissements pour l'avenir, soit des explications du passé. Au moins, par ces saintes paroles, nous nourrissons notre foi, nous relevons notre espérance, nous affermissons notre confiance et nous resserrons aussi notre discipline en inculquant les préceptes. 4 C'est dans ces réunions encore que se font les exhortations, les corrections, les censures au nom de Dieu. Et, en effet, on y rend aussi des jugements, qui ont un grand poids, attendu que nous sommes certains d'être en présence de Dieu, et c'est un terrible préjugé pour le jugement futur, si quelqu'un d'entre nous a commis une faute telle qu'il est exclu de la communion des prières, des assemblées et de tout commerce avec les choses saintes.

Tableau de la vie intérieure des communautés chrétiennes.

5 Ce sont des vieillards éprouvés qui président ; ils obtiennent cet honneur non pas à prix d'argent, mais par le témoignage de leur vertu, car aucune chose de Dieu ne coûte de l'argent. Et même s'il existe chez nous une sorte de caisse commune, elle n'est pas formée par une « somme honoraire », versée par les élus, comme si la religion était mise aux enchères. Chacun paie une cotisation modique, à un jour fixé par mois ou quand il veut bien, et s'il le veut et s'il le peut. Car personne n'est forcé ; on verse librement sa contribution. 6 C'est là comme un dépôt de la piété. En effet, on n'y puise pas pour des festins ni des beuveries, ni pour des lieux de stériles ripailles, mais pour nourrir et inhumer les pauvres, pour secourir les garçons et les filles qui n'ont ni fortune ni parents, et puis les serviteurs devenus vieux, comme aussi les naufragés ; et, si des chrétiens souffrent dans les mines, dans les îles, dans

XXXIX, 5. La caisse commune n'est pas alimentée par une « somme honoraire » versée par les élus. On appelait ainsi un don, volontaire à l'origine, puis obligatoire, que les magistrats municipaux et les *magistri* des collèges païens versaient dans la caisse commune.

imperatoribus, pro ministeriis eorum et potestatibus, pro statu saeculi, pro rerum quiete, pro mora finis. **3** Coimus ad litterarum diuinarum commemorationem, si quid praesentium temporum qualitas aut praemonere cogit aut recognoscere. Certe fidem sanctis uocibus pascimus, spem erigimus, fiduciam figimus, disciplinam praeceptorum nihilominus inculcationibus densamus. **4** Ibidem etiam exhortationes, castigationes et censura diuina. Nam et iudicatur magno cum pondere, ut apud certos de Dei conspectu, summumque futuri iudicii praeiudicium est, si quis ita deliquerit, ut a communicatione orationis et conuentus et omnis sancti commercii relegetur.

5 Praesident probati quique seniores, honorem istum non pretio, sed testimonio adepti, neque enim pretio ulla res Dei constat. Etiam, si quod arcae genus est, non de honoraria summa quasi redemptae religionis congregatur. Modicam unusquisque stipem menstrua die uel cum uelit, et si modo uelit et si modo possit, apponit. Nam nemo compellitur, sed sponte confert. **6** Haec quasi deposita pietatis sunt. Quippe non epulis inde nec potaculis nec ingratis uoratrinis dispensatur, sed egenis alendis humandisque et pueris ac puellis re ac parentibus destitutis, iamque domesticis senibus, item naufragis, et si qui in metallis et si qui in insulis

2 ministeriis FR : –tris P‖ **3** pascimus P : posc–R‖ erigimus. *Hinc deficit* M‖ praeceptorum nihilominus P : nihilominus praeceptorum R‖ inculcationibus P : in conpulsationibus FR‖ **4** futuri iudicii P : iudicii futuri R‖ relegetur f : relig– P‖ **5** honoraria P : onerar– Rf‖ compellitur P : –itus R‖ confert P : –fret R‖ **6** quippe FR : nam inde P‖ inde F : *om* RP‖ nec potaculis RP : potaculis F‖ ingratis FR : –tiis P‖ ac puellis re P : *om* FR‖ destitutis P : destitus R‖ item P : iam otiosis item FR‖ naufragis P^2 : –giis FP^1

les prisons, uniquement pour la cause de notre Dieu, ils deviennent les nourrissons de la religion qu'ils ont confessée.

7 Mais c'est surtout cette pratique de la charité qui, aux yeux de beaucoup, nous imprime une marque infamante. « Voyez, disent-ils, comme ils s'aiment les uns les autres », car eux se détestent les uns les autres ; « voyez, disent-ils, comme ils sont prêts à mourir les uns pour les autres », car eux sont plutôt prêts à se tuer les uns les autres. **8** Quant au nom de « frères » par lequel nous sommes désignés, il ne les fait déraisonner, je crois, que parce que, chez eux, tous les noms de parenté ne sont donnés que par une affection simulée. Or, nous sommes même *vos* frères, par le droit de la nature, notre mère commune ; il est vrai que vous n'êtes guère des hommes, étant de mauvais frères ! **9** Mais avec combien plus de raison appelle-t-on frères et considère-t-on comme frères ceux qui reconnaissent comme Père un même Dieu, qui se sont abreuvés au même esprit de sainteté, qui, sortis du même sein de l'ignorance, ont vu luire, émerveillés, la même lumière de la vérité ! **10** Mais peut-être nous regarde-t-on comme frères moins légitimes, parce qu'aucune tragédie ne déclame au sujet de notre fraternité, ou encore parce que nous usons en frères de notre patrimoine, qui chez vous brise généralement la fraternité. **11** Ainsi donc, étroitement unis par l'esprit et par l'âme, nous n'hésitons pas à partager nos biens avec les autres. Tout sert à l'usage commun parmi nous, excepté nos épouses. **12** Nous rompons la communauté, là précisément où les autres hommes la pratiquent ; car ils ne se contentent pas de s'approprier les femmes de leurs amis, mais ils prêtent très patiemment leurs propres femmes à leurs amis. Ils suivent en cela, je suppose,

XXXIX, 11-13. Les chrétiens font participer (*communicant*) leurs frères à l'usage de leurs biens, *rei* (*familiaris*) ; en ce sens seulement, leurs biens sont *indiscreta*, non séparés, confondus, communs. Sur le prétendu communisme des premiers chrétiens, voy. dom H. Leclercq, *Dict. d'arch. chrét.*, I, p. 300-303. Batiffol, *L'Eglise naissante*, p. 39, 1. Cf. Lucien, *Peregrinus*, 13 : « Les chrétiens méprisent également tous les biens et les mettent en commun. »

uel in custodiis, dumtaxat ex causa Dei sectae, conflictantur, alumni confessionis suae fiunt.

7 Sed eiusmodi uel maxime dilectionis operatio notam nobis inurit penes quosdam. « Vide, inquiunt, ut inuicem se diligant », ipsi enim inuicem oderunt, « et ut pro alterutro mori sint parati », ipsi enim ad occidendum alterutrum paratiores. **8** Sed et quod fratrum appellatione censemur, non alias, opinor, insaniunt, quam quod apud ipsos omne sanguinis nomen de affectione simulatum est. Fratres autem etiam uestri sumus iure naturae matris unius, etsi uos parum homines, quia mali fratres. **9** Quanto nunc dignius fratres et dicuntur et habentur, qui unum patrem Deum agnouerunt, qui unum spiritum biberunt sanctitatis, qui de uno utero ignorantiae eiusdem ad unam lucem expauerunt ueritatis ? **10** Sed eo fortasse minus legitimi existimamur, quia nulla de nostra fraternitate tragoedia exclamat, uel quia ex substantia familiari fratres sumus, quae penes uos fere dirimit fraternitatem. **11** Itaque qui animo animaque miscemur, nihil de rei communicatione dubitamus. Omnia indiscreta sunt apud nos praeter uxores. **12** In isto loco consortium soluimus, in quo solo ceteri homines consortium exercent, qui non amicorum solummodo matrimonia usurpant, sed et sua amicis patientissime subministrant, ex illa, credo,

6 conflictantur R : –atur F : *om* P‖ **7** maxime f : –mae P‖ nobis P : uo– R‖ ut pro P : pro R‖ sint P : sunt f‖ ad FP : sunt ad R‖ alterutrum FP : –tro R‖ paratiores FR : paratiores erunt P‖ **8** fratrum adpellatione FR : fratres P‖censemur R : –us F : nos uocamus P‖ opinor P : –nior R‖ quod P : cum R‖ **9** quanto (–do F) nunc FR : at quanto P‖ biberunt Rf : –rint P‖ expauerunt F : –uerint P‖ **10** nulla fP[1] : –i P‖ exclamat P : –ant R‖ **12** loco P : solo FR

l'enseignement fameux de leurs ancêtres et des plus grands de leurs sages, du Grec Socrate et du Romain Caton, qui cédèrent à leurs amis des femmes qu'ils avaient épousées, sans doute pour qu'elles leur donnassent des enfants ailleurs encore que chez eux ! **13** Et peut-être n'était-ce pas malgré elles ; car quel souci pouvaient-elles avoir d'une chasteté dont leurs maris avaient si facilement fait le sacrifice ? Quels modèles de la sagesse athénienne, de la gravité romaine ! Un philosophe et un censeur se font entremetteurs !

14 Quoi donc d'étonnant qu'une si grande charité ait des repas communs ? Car nos modestes repas eux-mêmes, vous les décriez comme coupables non seulement d'une criminelle infamie, mais encore de prodigalité ! C'est à nous, sans doute, que s'applique le mot de Diogène : « Les Mégariens mangent comme s'ils allaient mourir demain et ils bâtissent comme s'ils ne devaient jamais mourir. » **15** Mais on voit plus facilement une paille dans l'œil d'autrui qu'une poutre dans le sien. Pendant que tant de tribus, de curies et de décuries rotent, l'air s'empeste ! Quand les Saliens s'apprêtent à banqueter, il leur faudra un crédit ouvert ; pour supputer les dépenses qu'occasionnent les dîmes d'Hercule et les banquets sacrés, il faudra des teneurs de livres ; aux Apaturies, aux Dionysies, aux mystères attiques, on mobilise les cuisiniers ; en voyant la fumée du banquet de Sérapis, on donnera l'alarme aux pompiers ! Seul, le repas des chrétiens est un objet de commentaires !

16 Notre repas fait voir sa raison d'être par son nom : on l'appelle d'un nom qui signifie « amour » chez les Grecs (agape). Quelles que soient les dépenses qu'il coûte, c'est profit que de faire des dépenses par une raison de piété : en effet, c'est une réfection par laquelle nous

XXXIX,14-19. Les banquets des chrétiens. Simplicité de l'agape, opposée à la somptuosité des festins païens (14-15). *Sed stipulum.* S. Matth., 7, 3. S. Luc, 6, 41. Elle est une œuvre de charité (16) ; organisée du commencement à la fin, dans un esprit religieux (17-18), et elle n'est pas suivie de désordres comme les banquets païens (19). Agape est le mot grec ἀγάπη, *dilectio*. Tert. décrit ici un repas (*cena*) qui a lieu le soir, et non le banquet eucharistique.

maiorum et sapientiorum suorum disciplina, Graeci Socratis et Romani Catonis, qui uxores suas amicis communicauerunt, quas in matrimonium duxerant liberorum causa et alibi creandorum. **13** Nescio quidem an inuitas : quid enim de castitate curarent, quam mariti tam facile donauerant ? O sapientiae Atticae, o Romanae grauitatis exemplum : leno est philosophus et censor !

14 Quid ergo mirum, si tanta caritas conuiuatur ? Nam et cenulas nostras, praeterquam sceleris infames, ut prodigas quoque suggillatis. De nobis scilicet Diogenis dictum est : « Megarenses obsonant quasi crastina die morituri, aedificant uero quasi numquam morituri ». **15** Sed stipulam quis in alieno oculo facilius perspicit quam in suo trabem. Tot tribubus et curiis et decuriis ruct*u*antibus acescit aer ; Saliis cenaturis creditor erit necessarius ; Herculanarum decimarum et po*l*luctorum sumptus tabularii supputabunt ; Apaturiis, Dionysiis, mysteriis Atticis cocorum dilectus indicitur ; ad fumum cenae Serapiacae sparteoli excitabuntur. De solo triclinio Christianorum retractatur !

16 Cena nostra de nomine rationem sui ostendit : id uocatur quod dilectio penes Graecos. Quantiscumque sumptibus constet, lucrum est, pietatis nomine facere sumptum, siquidem inopes quosque refrigerio isto iuua-

12 maiorum FP : mal– R‖ sapientiorum suorum F : suorum sapientiorum R : sapientissimorum P‖ **13** quam FP : quas R‖ donauerant FP : –uerunt R‖ leno est Rf : lenonest P‖ **14** conuiuatur FR : –uiolatur P‖ cenulas P : caenula R‖ nunquam morituri P : nunquam moriantur FR‖ **15** ructuantibus *nos* : ructant- P : et ructant– f‖ Saliis *edd* : si aliis FRP‖ Herculanarum P : –norum R‖ polluctorum *edd* : polincto lucitorum FR : polinctorum P‖ Apaturiis f : appa– P : apparaturis R‖ dionysiis P : –sii f : aconisi R‖ dilectus P : del– Rf‖ indicitur P : induc– f‖ Serapiacae]– piaciae P : –piae F : se arapia ae R‖ de solo P : de loco F : doloso R‖ **16** uocatur P : –tum FR‖ quod P : quō R : quo F‖ refrigerio P : –giorio R

aidons les pauvres, non que nous les traitions comme vos parasites, qui aspirent à la gloire d'asservir leur liberté, à condition qu'ils puissent se remplir le ventre au milieu des avanies, mais parce que, devant Dieu, les humbles jouissent d'une considération plus grande. **17** Si le motif de notre repas est honnête, jugez d'après ce motif la discipline qui le régit tout entier. Comme il a son origine dans un devoir religieux, il ne souffre ni bassesse ni immodestie. On ne se met à table qu'après avoir goûté auparavant d'une prière à Dieu. On mange autant que la faim l'exige ; on boit autant que la sobriété le permet. **18** On se rassasie comme des hommes qui se souviennent que, même la nuit, ils doivent adorer Dieu ; on converse en gens qui savent que le Seigneur les entend. Après qu'on s'est lavé les mains et qu'on a allumé les lumières, chacun est invité à se lever pour chanter, en l'honneur de Dieu, un cantique qu'on tire, suivant ses moyens, soit des saintes Écritures, soit de son propre esprit. C'est une épreuve qui montre comment il a bu. Le repas finit comme il a commencé, par la prière. **19** Puis chacun s'en va de son côté, non pas pour courir en bandes d'assassins, ni en troupes de flâneurs, ni en équipes de libertins, mais avec le même souci de modestie et de pudeur, en gens qui ont pris à table une leçon plutôt qu'un repas.

20 Oui, c'est à juste titre que cette « coalition » des chrétiens est déclarée illicite, si elle est semblable aux réunions illicites ; c'est à juste titre qu'on la condamne, si elle ne diffère pas de celles qui sont condamnables, si elles donnent lieu aux mêmes plaintes que les « factions ». **21** Mais nous sommes-nous jamais unis pour perdre quelqu'un ? Nous sommes en corps ce que nous sommes séparés ; tous ensemble nous sommes ce que nous sommes en particulier, ne nuisant à personne, ne contristant

XXXIX, 16. *Refrigerio isto.* Le mot classique est *refrigeratio* ; il signifie « rafraîchissement », puis « soulagement, réconfort, aide matérielle, réfection » et « consolation », enfin le « bonheur éternel ». Voy. XLIX, 2. — *Parasiti.* Sous l'Empire, les clients sont devenus de vrais parasites (personnages de la comédie nouvelle), toujours affamés, en quête d'un bon repas, prêts à subir toutes les avanies pour amuser l'amphitryon à table.

mus, non qua penes uos parasiti affectant ad gloriam famulandae libertatis sub auctoramento uentris inter contumelias saginandi, sed qua penes Deum maior est contemplatio mediocrium. **17** Si honesta causa est conuiuii, reliquum ordinem disciplinae de causa aestimate. Quod sit de religionis officio, nihil uilitatis, nihil immodestiae admittit. Non prius discumbitur quam oratio ad Deum praegustetur ; editur quantum esurientes capiunt ; bibitur quantum pudicis utile est. **18** Ita saturantur, ut qui meminerint etiam per noctem adorandum Deum sibi esse ; ita fabulantur, ut qui sciant Deum audire. Post aquam manualem et lumina, ut quisque de scripturis sanctis uel de proprio ingenio potest, prouocatur in medium Deo canere : hinc probatur quomodo biberit. Aeque oratio conuiuium dirimit. **19** Inde disceditur non in cateruas caesionum nec in classes discursationum nec in inceptiones lasciuiarum, sed ad eandem curam modestiae et pudicitiae, ut qui non tam cenam cenauerint quam disciplinam.

20 Haec coitio Christianorum merito sane illicita, si illicitis par, merito sane damnanda, si non dissimilis damnandis, si quis de ea queritur eo titulo, quo de factionibus querela est. **21** In cuius perniciem aliquando conuenimus ? Hoc sumus congregati quod et dispersi, hoc uniuersi quod et singuli, neminem laedentes, nemi-

16 parasiti FP : parasti R|| saginandi P : sagen– R|| qua P : quia R|| mediocrium fP^2 : –crum P^1|| **17** est conuiuii P : conuiuii est R|| quod P : quid f|| utile est P : est utile f|| **18** qui P : *om* FR|| deum sibi P : sibi deum R|| sciant deum FR : sciant dominum P|| sanctis P : diuinis R|| prouocatur in medium P : *post* canere R|| deo P : de deo FR|| **19** inceptiones F : inrep– R: erup–P|| ut P: et R|| **20** sane damnanda R : damnanda FP|| si –damnandis FR: *om* P|| de ea P : dea R|| quo P : quō R|| **21** cuius P : ciuius R|| neminem laedentes P : *om* R

personne. Quand des hommes doux, quand des hommes honnêtes s'unissent, quand des hommes pieux, quand des hommes chastes s'associent, ce n'est point une « faction », c'est une « curie ».

Les chrétiens ne sont pas la cause des malheurs publics.

XL Mais ce nom de factieux, il faut l'appliquer, au contraire, à ceux qui conspirent pour exciter la haine contre des gens honnêtes et doux, et qui réclament à grands cris le sang des innocents. A la vérité, pour justifier leur haine, ils allèguent, entre autres vains prétextes, qu'ils regardent les chrétiens comme la cause de tous les désastres publics, de tous les malheurs nationaux. **2** Le Tibre a-t-il débordé dans la ville, le Nil n'a-t-il pas débordé dans les campagnes, le ciel est-il resté immobile, la terre a-t-elle tremblé, la famine ou la peste se sont-elles déclarées, aussitôt on crie : « Les chrétiens au lion ! » Eh quoi ! tant d'hommes à un seul lion !

Calamités antérieures à l'avènement du Christ.

3 Je vous le demande : avant Tibère, c'est-à-dire avant l'avènement du Christ, combien de calamités ne désolèrent pas la terre et les cités ! Nous avons lu que les îles d'Hiéra, et d'Anaphé, et de Délos, et de Rhodes, et de Cos s'abîmèrent dans les flots avec des milliers de personnes ! **4** Platon raconte aussi qu'une terre plus vaste que l'Asie ou que l'Afrique fut engloutie par l'océan Atlantique. Un tremblement de terre mit aussi à sec le golfe de Corinthe et la violence des flots détacha la Lucanie de l'Italie et la mit à part sous le nom de Sicile. Assurément, tout cela n'a pu se produire sans dommage pour les habitants. **5** Mais où étaient, je ne dirai pas les chrétiens, ces contempteurs de vos dieux, mais vos dieux eux-mêmes, au temps où le déluge détruisit la terre entière, ou seulement, comme l'a cru Platon, les plaines ?

XXXIX, 20-21. La conclusion prouve que le but de ce chapitre est bien de montrer que le *corpus* des chrétiens ne ressemble pas aux *factiones* et n'est pas condamnable.

XL. On accuse les chrétiens d'être la cause des malheurs publics, de provoquer la colère et la vengeance des dieux (ch. 40-41).

nem contristantes. Cum probi, cum boni coeunt, cum pii, cum casti congregantur, non est factio dicenda, sed curia.

XL At e contrario illis nomen factionis accommodandum est, qui in odium bonorum et proborum conspirant, qui aduersus sanguinem innocentium conclamant, praetexentes sane ad odii defensionem illam quoque uanitatem, quod existiment omnis publicae cladis, omnis popularis incommodi *a* primordio temporum Christianos esse in causa. **2** Si Tiberis ascendit in moenia, si Nilus non ascendit in rura, si caelum stetit, si terra mouit, si fames, si lues, statim « Christianos ad leonem » ! Tantos ad unum ?

3 Oro uos, ante Tiberium, id est ante Christi aduentum, quantae clades orbem et urbem ceciderunt ? Legimus Hieran, *A*nap*h*en et Delon et Rhodon et Co insulas multis cum milibus hominum pessum abisse. **4** Memorat et Plato maiorem Asiae uel Africae terram Atlantico mari ereptam. Sed et mare Corinthium terrae motus ebibit et uis undarum Lucaniam abscisam in Siciliae nomen relegauit. Haec utique non sine iniuria incolentium accidere potuerunt. **5** Vbi uero tunc, non dicam deorum uestrorum contemptores Christiani, sed ipsi dei uestri, cum totum orbem cataclysmus aboleuit, uel, ut Plato putauit, campestre solummodo ? **6** Pos-

XL 1 XL. ET CONTRA ETHNICAM RATIONEM P‖ factionis P : –num f‖ conspirant qui P : conspirant quid R‖ aduersus R : –um P‖ publicae cladis P : popularis R‖ popularis P : publicae cladis R‖ a *nos* : in FR : *om* P‖ primordio temporum FR : *om* P‖ causa F : –am P‖ **2** rura FR : arua P‖ stetit P : non stetit R‖ leonem FR : leonenem P‖ tantus R : inclamant tantus F : adclamatur tantus P‖ **3** orbem f P^2 : urbem P^1‖ urbem f : –es P‖ Hieran Anaphen] hieran napean P : Hienarranda F‖ et delon P : penes Delon F‖ et Co] et cho P : *om* F‖ abisse P : –iisse f‖ **4** uel P : et f‖ ereptam P : inereptam F‖ **5** uel ut f : uelud P

6 Ils sont, en effet, postérieurs à ce déluge : c'est ce qu'attestent les villes mêmes où ils sont nés et où ils ont demeuré, qu'ils ont même fondées ; car ces villes ne subsisteraient point aujourd'hui, si elles n'étaient pas, elles aussi, postérieures à cette catastrophe. **7** La Palestine n'avait pas encore reçu l'essaim des Juifs venant d'Égypte et le peuple d'où est sortie la secte chrétienne ne s'était pas encore établi dans ce pays, lorsqu'une pluie de feu consuma les contrées voisines, celle de Sodome et de Gomorrhe. Le sol y exhale encore une odeur de feu et les rares fruits qu'y portent les arbres n'existent que pour les yeux ; car, au moindre contact, ils tombent en cendres. **8** D'autre part, ni l'Étrurie, ni la Campanie ne se plaignaient encore des chrétiens, lorsque la ville de Vulsinies fut détruite par le feu du ciel et Pompéi par celui de sa propre montagne. Personne n'adorait encore à Rome le vrai Dieu, lorsque Annibal, à la bataille de Cannes, mesurait au boisseau les anneaux romains, grâce aux massacres qu'il avait faits. Tous vos dieux étaient adorés par tous, lorsque les Sénonais occupèrent le Capitole lui-même.

C'est le vrai Dieu qui envoie ces plaies.

9 Et il est heureux que, chaque fois que quelque malheur s'est abattu sur une ville, les temples aient subi le même désastre que les maisons, car cela me permettra de conclure que les malheurs ne viennent pas des dieux, puisqu'eux-mêmes en furent les victimes. **10** De tout temps, le genre humain a offensé Dieu. D'abord, il a été infidèle à ses devoirs envers lui ; car, alors qu'il le comprenait en partie, non seulement il ne l'a pas cherché pour le craindre, mais encore il a inventé d'autres dieux pour les adorer. Ensuite, en ne cherchant pas le maître de l'innocence, le juge et le vengeur du crime, il s'est plongé

Cette accusation semble avoir pris corps à l'époque de Septime-Sévère : elle n'est pas du IIe siècle, mais du IIIe ou du IVe. Avant Tert., on ne trouve rien de précis. Minucius Felix ne la connaît pas encore. Voy. Origène, *Contra Cels*, III, 15. Arnobe, *Ad nat.*, I, 13 ss. S. Cyprien, *Epist*, 75,10. *Ad Demetr.*, 2 et 3. Eusèbe, *Hist. eccl.*, 6, 3, 4 ; 5, 3. *Praep. evang.*, I, 4, 3. S. Augustin, *De civ. Dei*, I, 36 ; II, 3.

teriores enim illos clade diluuii contestantur ipsae urbes, in quibus nati moratique sunt, etiam quas condiderunt; neque enim alias in hodiernum manerent, nisi et ipsae postumae cladis illius. **7** Nondum Iudaeorum ab Aegypto examen Palaestina susceperat, nec iam illic Christianae sectae origo consederat, cum regiones affines eius Sodoma et Gomorra igneus imber exussit. Olet adhuc incendio terra, et si qua illic arborum poma, conantur oculis tenus, ceterum contacta cinerescunt. **8** Sed nec Tuscia iam atque Campania de Christianis querebantur, cum Vulsinios de caelo, Pompeios de suo monte perfudit ignis. Nemo adhuc Romae Deum uerum adorabat, cum Hannibal apud Cannas Romanos anulos caede sua modio metiebatur. Omnes dei uestri ab omnibus colebantur, cum ipsum Capitolium Senones occupauerunt.

9 Et bene quod, si quid aduersi urbibus accidit, eaedem clades templorum quae et moenium fuerunt, ut iam et hoc reuincam, non ab his euenire, quae et ipsis similia euenerunt. **10** Semper humana gens male de Deo meruit : primo quidem ut inofficiosa eius, quem cum intellegeret ex parte, non solum non requisiuit timendum, sed et alios sibi citius commenta, quos coleret; dehinc quod non inquirendo innocentiae magistrum et nocentiae iudicem et exactorem omnibus uitiis et

6 moratique F : mortuique P‖ alias P : illae F‖ in F : *om* P‖ **7** Iudaeorum F : –daeum P‖si qua fP[1] : quasi P[2] ‖cinerescunt P : cineres sunt F‖ **8** atque F : tunc atque P‖ Vulsinios f : uls– P[1] : ulc– P[2]‖ Romanos F : per Romanos P‖ caede F : –es P‖ sua F : –as P‖ occupauerunt f : –uerant P‖ **9** XLI. DE ADVERSIS VRBIVM P‖ urbibus accidit P : accidit urbibus f‖ eaedem P : ead– F‖ et hoc F : hoc P‖ his F : eis P‖ quae F : quia P‖ similia F : *om* P‖ euenerunt F : euenit P‖ **10** humana P : enim humana f‖ solum non F : *om* P‖ timendum F : *om* P‖ sibi F : insuper sibi P‖ citius F : *om* P‖ commenta F : –tata P

dans toutes sortes de vices et de forfaits. **11** Au contraire, s'il l'avait cherché, il l'aurait connu ; s'il l'avait connu, il l'aurait adoré, et s'il l'avait adoré, il aurait éprouvé les effets de sa clémence plutôt que de sa colère. Donc ce Dieu, qu'il voit irrité aujourd'hui, il faut bien se dire que c'est le même qui fut irrité dans le passé, avant que le nom des chrétiens fût connu. **12** Le genre humain jouissait des bienfaits dont Dieu le comblait, avant qu'il eût inventé des dieux : pourquoi donc ne comprend-il pas que les calamités proviennent aussi de celui dont il n'a pas compris que venaient les bienfaits ? Celui qui lui demande compte est celui qu'il a payé d'ingratitude.

Depuis qu'il y a des chrétiens, ces calamités sont moins grandes.

13 Et cependant, si nous comparions les catastrophes d'autrefois à celles d'aujourd'hui, nous verrions qu'il arrive des malheurs moins grands depuis que Dieu a donné les chrétiens au monde. Depuis ce temps, en effet, la vertu a diminué les iniquités du siècle, et il y a eu des intercesseurs auprès de Dieu. **14** Enfin, quand une température estivale suspend les pluies de l'hiver et que la récolte de l'année est menacée, que faites-vous ? Sans cesser de bien manger tous les jours, et prêts à manger sur l'heure, pendant que les bains, les cabarets, les lieux de débauche sont en activité, vous offrez des sacrifices à Jupiter pour obtenir la pluie ; vous prescrivez au peuple des « nudipédales » ; vous cherchez le ciel au Capitole, vous attendez la pluie des plafonds de vos temples, détournant vos regards de Dieu lui-même et du ciel ! **15** Nous, au contraire, desséchés par les jeûnes, mortifiés par toute espèce de continence, sevrés pour un moment de toutes les jouissances de la vie, nous roulant dans le cilice et dans la cendre, nous importunons le ciel par une ardente prière ; nous désarmons Dieu et lorsque nous avons arraché sa miséricorde, c'est Jupiter que vous honorez et vous négligez Dieu !

Le dessein de Dieu.

XLI C'est donc vous qui êtes nuisibles au monde, c'est vous qui toujours attirez les calamités publiques, parce que vous

criminibus inoleuit. **11** Ceterum si requisisset, sequebatur, ut cognosceret requisitum et recognitum obseruaret et obseruatum propitium magis experiretur quam iratum. **12** Eundem igitur nunc quoque scire debet iratum, quem et retro semper, priusquam Christiani nominarentur. Cuius bonis utebatur ante editis quam sibi deos fingeret : cur non ab eo etiam mala intellegat euenire, cuius bona esse non sensit ? Illius rea est, cuius et ingrata.

13 Et tamen, si pristinas clades comparemus, leuiora nunc accidunt, ex quo Christianos a Deo orbis accepit. Exinde enim et innocentia saeculi iniquitates temperauit et deprecatores Dei esse coeperunt. **14** Denique cum ab imbribus aestiua hiberna suspendunt et annus in cura est, uos quidem cottidie pasti statimque pransuri, balneis et cauponis et lupanaribus operantibus, aquilicia Ioui immolatis, nudipedalia populo denuntiatis, caelum apud Capitolium quaeritis, nubila de laquearibus exspectatis, auersi ab ipso et Deo et caelo. **15** Nos uero ieiuniis aridi et omni continentia expressi, ab omni uitae fruge dilati, in sacco et cinere uolutantes inuidia caelum tundimus, Deum tangimus et, cum misericordiam extorserimus, Iuppiter honoratur a uobis, Deus neglegitur !

XLI Vos igitur importuni rebus humanis, uos publicorum incommmodorum illices semper, apud quos Deus spernitur, statuae adorantur ! Vtique enim credibilius

11 propitium magis P : magis propitium f‖ **12** igitur P : ergo f‖ sibi deos P : deos sibi f‖ et P : bonis F‖ ingrata P : ingrata est F‖ **13** a deo P : adeo F‖ exinde F : ex eo P‖ **14** cauponis f : –iis P‖ **15** uolutantes f : uoluit – P‖ a– neglegitur F : *om* P‖ neglegitur] –ligitur F

XLI 1 XLII. QVOD DEVS SPERNITVR ET STATVAE ADORANTVR P‖ publicorum F : rei publicorum P‖ utique enim F : etenim P

rejetez Dieu pour adorer des statues. Et, en effet, on doit croire assurément que celui-là s'irrite qui est délaissé, plutôt que ceux qu'on honore.

Mais, en vérité, ils sont injustes au suprême degré, ces dieux qui, à cause des chrétiens, punissent même leurs adorateurs, qu'ils devraient soustraire au châtiment mérité par les chrétiens. **2** Nous pouvons, dites-vous, rétorquer cet argument contre votre Dieu lui-même, puisqu'il permet, lui aussi, que ses adorateurs souffrent à cause des impies. **3** Reconnaissez d'abord ses desseins, et vous ne rétorquerez plus. Celui-là, en effet, qui fixa, une fois pour toutes, le jugement éternel après la fin du monde, ne précipite pas, avant la fin du monde, le triage qui est la condition du jugement. En attendant, il se montre égal pour tous les hommes, dans ses faveurs et dans ses rigueurs. Il a voulu faire partager les biens par les impies, comme il a voulu faire partager les maux par ses serviteurs, afin de faire éprouver à tous, par une destinée semblable, et sa douceur et sa sévérité. **4** Instruits de ces desseins par sa bouche, nous aimons sa bonté, nous redoutons sa rigueur. Vous, au contraire, vous méprisez l'une et l'autre. Il en résulte que pour nous les fléaux du siècle, s'ils nous frappent, sont des avertissements, tandis que, pour vous, ils sont des punitions venant de Dieu.

5 Au reste, nous ne souffrons en aucune manière, d'abord et surtout parce que rien ne nous importe dans cette vie, si ce n'est d'en sortir au plus tôt ; ensuite, parce que, si quelque malheur nous frappe, c'est à vos crimes qu'il faut l'attribuer. Cependant, si nous aussi, nous en ressentons parfois l'atteinte, par ce fait que nous formons une même société avec vous, nous nous réjouissons plutôt, reconnaissant l'accomplissement des divines prophéties, qui affermissent notre confiance et la foi que nous avons dans notre espérance.

XLI. Tertullien a négligé ici un autre argument de la polémique païenne. Les dieux sont irrités contre nous, disaient les païens, parce que nous ne déployons pas assez de zèle à exterminer les chrétiens. Dans *Ad nationes*, I, 9 Tertullien avait répondu : Vos dieux sont donc bien faibles, s'ils ont besoin de vous pour se venger. Voyez encore Origène, *Contra Cels.*, III, 15.

haberi debet eum irasci, qui neglegatur quam qui coluntur.

2 Sed ne illi iniquissimi, qui propter Christianos etiam cultores suos laedunt, quos separare deberent a meritis Christianorum ! Hoc, inquitis, et in Deum uestrum repercutere est, qui et ipse patitur, propter profanos etiam suos cultores laedi. **3** Admittite prius dispositiones eius, et non retorquebitis. Qui enim semel aeternum iudicium destinauit post saeculi finem, non praecipitat discretionem, quae est condicio iudicii, ante saeculi finem. Aequalis est interim super omne hominum genus et indulgens et incessens ; communia uoluit esse et commoda profanis et incommoda suis, ut pari consortio omnes et lenitatem eius et seueritatem experiremur. **4** Qui autem ita discimus apud ipsum, diligimus lenitatem, metuimus seueritatem ; uos contra utramque despicitis : et sequitur, ut omnes saeculi plagae nobis, si forte, in admonitionem a Deo obueniant, uobis in castigationem.

5 Atquin nos nullo modo laedimur : imprimis quia nihil nostra refert in hoc aeuo, nisi de eo quam celeriter excedere ; dehinc quia, si quid aduersi infligitur, uestris meritis deputatur. Sed et si aliqua nos quoque praestringunt ut uobis cohaerentes, laetamur magis recognitione diuinarum praedicationum, confirmantium scilicet fiduciam et fidem spei nostrae.

2 sed F : aut P|| laedunt P : –di f|| qui et F : si quod et P|| patitur F : –iatur P|| **3** incessens F : –crepans P|| **4** autem F : haec P|| discimus F : didici– P|| despicitis f : dis– P|| obueniant P : –iunt F|| uobis in castigationem F : *ante* a Deo P|| **5** atquin P : –qui f|| meritis P : id meritis F|| praestringunt P : perstr– f|| confirmantium P : confirmamur ut F|| nostrae P : nostrae agnoscentes F

6 Si, au contraire, c'est de ceux que vous adorez que tous les maux vous arrivent à cause de nous, pourquoi vous obstinez-vous à adorer des dieux si ingrats, si injustes, qui devraient plutôt vous aider et vous protéger au milieu de la douleur des chrétiens ?

Les chrétiens ne sont pas inutiles à la société au point de vue économique.

XLII Mais on nous accuse de vous causer encore d'autres dommages et l'on dit que nous sommes « des gens inutiles pour les affaires ». Comment pourrions-nous l'être, nous qui vivons avec vous, qui avons même nourriture, même vêtement, même genre de vie que vous, qui sommes soumis aux mêmes nécessités de l'existence ? Car nous ne sommes pas des brahmanes ou des gymnosophistes de l'Inde, habitants des forêts et exilés de la vie ! **2** Nous nous souvenons que nous devons de la reconnaissance à Dieu, comme au Seigneur et au Créateur de toutes choses : pas un fruit de ses œuvres que nous rejetions. Seulement nous nous gardons d'en user avec excès ou de travers. C'est pourquoi, sans laisser de fréquenter votre forum, votre marché, vos bains, vos boutiques, vos magasins, vos hôtelleries, vos foires et les autres lieux de commerce, nous habitons ce monde avec vous. **3** Avec vous encore nous naviguons, avec vous nous servons comme soldats, nous travaillons la terre, nous faisons le commerce ; de même, nous échangeons avec vous le produit de nos arts et de notre travail. Comment pouvons-nous paraître inutiles à vos affaires, puisque nous vivons avec vous et de vous ? Vraiment, je ne le comprends pas.

4 Et si je ne fréquente pas tes cérémonies, je n'en suis pas moins homme ce jour-là aussi. Je ne vais pas au bain dès l'aube, aux Saturnales, pour ne pas perdre et la nuit

XLII. Les chrétiens devaient s'interdire toute industrie, tout commerce qui touchait, de près ou de loin, au culte païen ou qui était contraire à la morale chrétienne. Dans les commerces permis, ils devaient se mettre en garde contre les séductions de la cupidité et contre le mensonge. Tert. traite ce point en détail dans son *De idololatria*, II. Voyez dom H. Leclercq, *Dict. d'arch. chrét.*, s. v. *commerce*. En les voyant s'abstenir de certaines dépenses, on les accusait de nuire au commerce et à l'industrie (*negotiis*).

6 Sin uero ab eis, quos colitis, omnia uobis mala eueniunt nostri causa, cur colere eos perseueratis, tam ingratos, tam iniustos, qui magis uos in dolore Christianorum iuuare et asserere debuerant ?

XLII Sed alio adhuc iniuriarum titulo postulamur, et infructuosi negotiis dicimur. Quo pacto homines uobiscum degentes, eiusdem uictus, habitus, instructus, eiusdem ad uitam necessitatis ? Neque enim Brachmanae aut Indorum gymnosophistae sumus, siluicolae et exsules uitae. **2** Meminimus gratiam debere nos Deo domino creatori : nullum fructum operum eius repudiamus, plane temperamus, ne ultra modum aut perperam utamur. Itaque non sine foro, non sine macello, non sine balneis, tabernis, officinis, stabulis, nundinis uestris ceterisque commerciis cohabitamus hoc saeculum. **3** Nauigamus et nos uobiscum et uobiscum militamus et rusticamur et mercamur ; proinde miscemus artes, operas nostras publicamus usui uestro. Quomodo infructuosi uideamur negotiis uestris, cum quibus et de quibus uiuimus, nescio.

4 Et si caerimonias tuas non frequento, attamen et illa die homo sum. Non lauo sub noctem Saturnalibus,

6 sin P : iam F|| ab P : si ab F|| eis P : his F|| quos P : *om* F|| colitis P : mol– F|| mala P : –e F|| eueniunt P : uen– F|| cur F : quid P|| eos F : *om* P|| debuerant F : debuerant quos seperare deberent a meritis christianorum (*quae sex uerba sunt ex* § 2 *repetita*) P

XLII 1 XLIII.. QVOD INFRVCTVOSOS NOS DICVNT P|| adhuc F : quoque P|| negotiis F : in negotiis P|| Brachmanae f : brahm– P|| **2** debere nos P : nos debere f|| Deo domino P : domino Deo f|| ne f : nec P|| utamur f : muta– P|| hoc F : in hoc P|| saeculum F : –o P|| **3** uobiscum militamus F : militamus P|| mercamur f : –atus P|| operas F : –a P|| nostras F : –a P|| uideamur f : uidem– P|| nescio F : non scio P|| **4** et si F : sed si P|| lauo F : –or P|| sub noctem F : diliculo P

et le jour ; je prends un bain pourtant, à l'heure convenable et hygiénique, pour conserver la chaleur et la couleur ; après la mort, j'aurai bien le temps d'être glacé et pâle au sortir du bain. **5** Je ne m'attable pas dans la rue aux fêtes de Liber, comme ont coutume de le faire les bestiaires prenant leur repas suprême ; cependant, quelque part que je dîne, on me sert des mets qui viennent de toi. **6** Je n'achète pas de couronnes de fleurs pour orner ma tête, et si j'achète néanmoins des fleurs, que t'importe l'usage que j'en fais ? Je suis d'avis qu'il est plus agréable de les laisser libres, non liées, flottant de tous côtés. Et quand nous nous servons de fleurs tressées en couronne, c'est avec le nez que nous respirons le parfum de la couronne ; quant à ceux qui flairent par la chevelure, c'est leur affaire ! **7** Nous n'allons pas aux spectacles, mais si j'ai envie de ce qu'on a l'habitude de vendre à ces réunions, je me le procurerai à mon gré dans les boutiques spéciales. Nous n'achetons pas d'encens, il est vrai ; si les Arabies s'en plaignent, que les Sabéens sachent qu'on achète leurs marchandises en plus grande quantité et plus cher pour ensevelir les chrétiens que pour ensevelir les dieux.

8 Il est sûr, dites-vous, que les revenus des temples baissent chaque jour. Combien peu de gens jettent encore des pièces dans les temples ! — En vérité, nous ne pouvons suffire à aider à la fois les hommes et vos dieux qui mendient, et nous croyons d'autre part ne devoir donner qu'à ceux qui demandent. Eh bien ! que Jupiter tende donc la main et il recevra, puisque, malgré tout, notre miséricorde dépense plus dans les rues que votre piété dans les temples.

9 Mais, dit-on, les autres impôts souffrent aussi ! — Il suffit que les autres impôts se louent de nous autres chrétiens, qui payons scrupuleusement ce que nous devons, car nous nous abstenons de nous approprier le bien d'autrui ; si bien que, si l'on faisait le compte de tout ce qui est perdu pour le trésor public par le fait de vos fraudes et de la fausseté de vos déclarations fiscales, notre compte peut être facilement équilibré, parce que la seule perte dont vous ayez sujet de vous

ne et noctem et diem perdam ; sed lauo et debita hora et salubri, quae mihi et calorem et sanguinem seruet : frigere et pallere post lauacrum mortuus possum ! **5** Non in publico Liberalibus discumbo, quod bestiariis supremam cenantibus mos est ; attamen ubicumque de copiis tuis ceno. **6** Non emo capiti coronam : quid tua interest, emptis nihilominus floribus quomodo utar ? Puto gratius liberis et solutis et undique uagis ; sed et si in coronam coactis, nos coronam naribus nouimus : uiderint qui per capillum odorantur ! **7** Spectaculis non conuenimus : quae tamen apud illos coetus uenditantur si desiderauero, liberius de suis locis sumam. Tura plane non emimus ; si Arabiae queruntur, sciant Sabaei plures et cariores suas merces Christianis sepeliendis profligari quam deis fumigandis.

8 Certe, inquitis, templorum uectigalia cottidie decoquunt : stipes quotusquisque iam iactat ? Non enim sufficimus et hominibus et deis uestris mendicantibus opem ferre, nec putamus aliis quam petentibus impertiendum. Denique porrigat manum Iuppiter et accipiat cum interim plus nostra misericordia insumit uicatim quam uestra religio templatim.

9 Sed et cetera uectigalia laeduntur ! Sufficit, si cetera gratias Christianis agunt ex fide dependentibus debitum, cum alieno fraudando abstinemus : ut, si ineatur quantum publico pereat et fraude et mendacio uestrarum pro-

4 sed F : attamen P|| lauo F : –or P|| et debita F : honesta P|| calorem P : col– f|| frigere F : rig– P|| 5 supremam P : –a f|| ubicumque F : ubi P|| 6 liberis F : esse liberis P|| nos P : uos F|| coronam naribus P : enim non F|| 7 si P : quod ego si F|| suis F : *om* P|| locis *nos* : de propriis locis F : propriis locis P|| sumam tura F : sumantur P|| plures F : –is P|| cariores] chariores F : carioris P|| 9 et F : *om* P|| laeduntur– cetera F : *om* P|| agunt F : –ent P|| cum F : qua P|| publico F : uectigalibus P|| et fraude F : fraude P

plaindre est bien compensée par la sécurité des autres articles.

Concession ironique.

XLIII J'avouerai qu'il existe peut-être des gens qui peuvent, avec raison, se plaindre de l'improductivité des chrétiens et je dirai quelles sont ces gens. En premier lieu, ce seront les entremetteurs, les suborneurs, les souteneurs, puis les assassins, les empoisonneurs, les magiciens et aussi les haruspices, les diseurs de bonne aventure, les astrologues. Ne rien faire gagner à ces gens-là est un gain immense ! **2** Et cependant, quel que soit le préjudice que notre secte cause à vos affaires, il peut certes être compensé par un appréciable service. Quel cas faites-vous donc, je ne dis plus des hommes qui chassent les démons de votre corps, je ne dis plus de ceux qui, pour vous, comme pour eux-mêmes, offrent leurs prières au vrai Dieu, parce que vous ne le croyez peut-être pas, — mais de qui vous ne pouvez rien craindre.

Rétorsion : les païens font un grand tort à la chose publique.

XLIV Mais, en vérité, voici une perte aussi grande que réelle pour la république et cependant personne n'y prête attention ; voici un tort fait à l'État et personne ne s'en soucie : c'est qu'en nous tant de justes sont sacrifiés ! c'est qu'en nous tant d'innocents sont mis à mort ! **2** En effet, nous prenons à témoin vos propres registres, vous qui, chaque jour, présidez au jugement de tant de prisonniers, vous qui terminez par vos arrêts de condamnation tant de procès ! Innombrables sont les criminels qui défilent devant vous, sous les chefs d'accusation les plus variés : or, sur vos listes, quel est l'assassin, quel est le coupeur de bourses, quel est le pilleur de temples, ou le suborneur, ou le voleur de bains, qui soit en même temps qualifié chrétien ? De même, quand des chrétiens vous sont déférés en leur qualité de chrétiens, qui donc, parmi eux, a commis les crimes que ce nom lui fait imputer ? **3** C'est des vôtres que toujours les prisons regorgent ; c'est des

fessionum, facile ratio haberi possit, unius speciei querela compensata pro ceterarum rationum securitate.

XLIII Plane confitebor, quinam, si forte, uere de sterilitate Christianorum conqueri possint. Primi erunt lenones, perductores, aquarioli, tum sicarii, uenenarii, magi, item haruspices, harioli, mathematici. **2** His infructuosos esse magnus est fructus. Et tamen, quodcumque dispendium est rei uestrae per hanc sectam, cum aliquo utique praesidio compensari potest. Quanti habetis, non dico iam qui de uobis daemonia discutiant, non dico iam qui pro uobis quoque uero Deo preces sternant, quia forte non creditis, sed a quibus nihil timere possitis ?

XLIV At enim illud detrimentum reipublicae tam uerum quam grande nemo circumspicit, illam iniuriam ciuitatis nullus expendit, cum tot iusti impendimur, cum tot innocentes erogamur ! **2** Vestros enim iam contestamur actus, qui cottidie iudicandis custodiis praesidetis, qui sententiis elogia dispungitis. Quot a uobis nocentes uariis criminum elogiis recensentur ! Quis illic sicarius, quis manticularius, quis sacrilegus aut corruptor aut lauantium praedo idem etiam Christianus ascribitur ? Proinde, cum Christiani suo titulo offeruntur, quis ex illis talis, qualis etiam notatur nomine ? **3** De uestris

9 ceterarum F : commodo ceterarum P|| securitate F : *om* P

XLIII 1 LXIIII. DE LENOCINIO P|| quinam P : quoniam F|| possint P : possunt F|| aquarioli P : harioli F|| sicarii f : sec– P|| **2** utique F : *om* P|| potest. XLV. DE EXORCISMATE P|| discutiant F : exc– P|| iam qui F: qui iam P|| sternant P : fundant F|| quia–creditis P : *om* F

XLIV 1 XLVI. DE CVSTODIIS ETHNICORUM P|| uerum F : grande P|| quam P : tam F|| grande F : uerum P|| **2** quot F : tot P|| idem F : quis idem P|| proinde F : aut P|| talis F : etiam talis P|| qualis F : –es P|| etiam –nomine F : tot nocentes P

gémissements des vôtres que toujours les mines retentissent ; c'est des vôtres que toujours les bêtes du cirque sont engraissées ; c'est parmi les vôtres que les organisateurs de spectacles recrutent les troupeaux de criminels qu'ils nourrissent ! Aucun chrétien ne se trouve là, à moins qu'il ne soit que chrétien ; ou bien, s'il y est à un autre titre aussi, c'est qu'il a cessé d'être chrétien.

Pourquoi les chrétiens seuls sont innocents.

XLV Seuls donc, nous sommes innocents ! Qu'y a-t-il là d'étonnant, si c'est une nécessité. Et en vérité, c'est une nécessité. L'innocence, nous l'avons apprise de Dieu lui-même : d'une part, nous la connaissons parfaitement, révélée qu'elle est par un Maître parfait, et, d'autre part, nous la gardons fidèlement, ordonnée qu'elle est par un Juge que nul ne peut braver. **2** Vous, au contraire, c'est une science humaine qui vous a enseigné l'innocence, c'est une puissance humaine qui vous l'a imposée : voilà pourquoi votre discipline n'est ni complète ni capable d'inspirer autant de crainte en ce qui concerne la véritable innocence. Tant vaut la sagesse de l'homme pour enseigner ce qui est véritablement bon, tant vaut son autorité pour l'exiger ; il est aussi facile de tromper l'une que de braver l'autre. **3** Car enfin, quel est le commandement le plus complet, de dire : « Tu ne tueras point », ou d'enseigner : « Tu ne te mettras pas même en colère » ? Quel est le plus parfait, ou de défendre l'adultère ou d'interdire jusqu'à la solitaire concupiscence des yeux ? Est-il plus sage d'interdire les actions mauvaises ou même des paroles méchantes ? Est-il plus habile de ne pas permettre l'injustice ou de ne pas même autoriser les représailles ? **4** Et encore devez-vous bien savoir que celles-là même de vos lois, qui paraissent vous conduire à l'innocence, sont empruntées à la loi divine, car cette loi étant plus ancienne leur a servi de modèle. Nous avons parlé plus haut de l'ancienneté de Moïse.

XLV, 3. La supériorité de la doctrine divine est prouvée ici par des exemples tirés du sermon de la montagne (S. Matth., V, 21-22, 27, 38).

semper aestuat carcer, de uestris semper metalla suspirant, de uestris semper bestiae saginantur, de uestris semper munerarii noxiorum greges pascunt. Nemo illic Christianus, nisi hoc tantum ; aut, si et aliud, iam non Christianus.

LXV Nos ergo soli innocentes ! Quid mirum, si necesse est ? Enimuero necesse est. Innocentiam a Deo edocti, et perfecte eam nouimus, ut a perfecto magistro reuelatam et fideliter custodimus, ut ab incontemptibili dispectore mandatam. **2** Vobis autem humana aestimatio innocentiam tradidit, humana item dominatio imperauit ; inde nec plenae nec adeo timendae estis disciplinae ad innocentiae ueritatem. Quanta prudentia hominis ad demonstrandum quid uere bonum, tanta auctoritas ad exigendum ; tam illa falli facilis, quam ista contemni.

3 Atque adeo quid plenius dicere : « Non occides », an uero : « Ne irascaris quidem » ? Quid perfectius, prohibere adulterium, an etiam ab oculorum solitaria concupiscentia arcere ? Quid eruditius, de maleficio, an et de maliloquio interdicere ? Quid instructius iniuriam non permittere, an nec uicem iniuriae sinere ? **4** Dum tamen sciatis ipsas leges quoque uestras, quae uidentur ad innocentiam pergere, de diuina lege, ut antiquiore, formam mutuatas. Diximus iam de Moÿsi aetate.

3 semper bestiae P : etiam bestiae F|| hoc F : plane P|| aut F : christianus aut P

XLV 1 XLVII. DE INNOCENTIA CHRISTIANORVM P|| edocti P : doctore F|| incontemptibili P : intemtibili F|| dispectore P : deo doctore F|| mandatam P : praeceptam F|| **2** aestimatio P : doctrina F|| quanta F : tanta P|| prudentia F : est prudentia P|| quid uere F : *om* P|| tanta F : quanta P|| **3** dicere P : dictum est F|| uero F : docere P|| **4** leges quoque P : quoque leges f|| antiquiore P : –em F|| formam F : –a P|| mutuatas P : –tatas F

5 Mais combien est faible l'autorité des lois humaines, puisque l'homme réussit très souvent à y échapper en commettant ses délits dans l'ombre, et même quelquefois à la braver, quand il pèche de sa propre volonté ou poussé par la passion ! **6** Considérez cette autorité en regard de la brièveté du supplice qu'elle inflige : quelque long qu'il soit, il ne se prolongera pas au delà de la mort. C'est pourquoi Épicure aussi fait bon marché de tous les tourments et de toutes les douleurs, en déclarant que, modérée, la douleur est facile à braver, et que, grande, elle n'est jamais de longue durée. **7** En vérité, nous qui avons pour juge un Dieu qui scrute toutes choses, et qui savons d'avance que le châtiment qu'il inflige est éternel, naturellement, nous sommes les seuls qui marchions dans la voie de l'innocence, à la fois à cause de la plénitude de notre science, à cause de la difficulté de nous cacher, à cause de la grandeur de ce tourment qui n'est pas seulement long, mais éternel ; nous craignons Celui que devra craindre l'homme même qui juge ; en un mot, nous craignons Dieu et non le proconsul.

3. Les croyances chrétiennes.

XLVI Nous avons tenu tête, pensons-nous, à toutes les accusations formulées par ceux qui réclament le sang des chrétiens (7-45). Nous avons fait voir en quoi consiste notre religion et par quelles preuves nous pouvons démontrer qu'elle est telle que nous l'avons fait voir, en nous appuyant sur l'autorité et l'antiquité des divines Écritures (19-21), et puis sur l'aveu des puissances spirituelles (22-23). Qui donc osera nous réfuter, non pas par les artifices du langage, mais par des arguments qui reposent, comme les nôtres, sur la vérité ?

Parallèle entre le philosophe et le chrétien.

2 Mais, si la vérité de notre religion apparaît évidente à tous, néanmoins l'incrédulité, bien que forcée de reconnaître l'excellence de notre religion, car elle lui est

XLVI, 2. Tert. résume sa démonstration (§ 1) ; puis il répond

5 Sed quanta auctoritas legum humanarum, cum illas et euadere homini contingat plerumque in admissis delitescenti et aliquando contemnere ex uoluntate uel necessitate ? **6** Recogitate etiam pro breuitate supplicii cuiuslibet, non tamen ultra mortem remansuri. Sic et Epicurus omnem cruciatum doloremque depretiat, modicum quidem contemptibilem pronuntiando, magnum uero non diuturnum. **7** Enimuero nos, qui sub Deo, omnium speculatore, dispungimur quique aeternam ab eo poenam prouidemus, merito soli innocentiae occurrimus et pro scientiae plenitudine et pro latebrarum difficultate et pro magnitudine cruciatus, non diuturni, uerumtamen sempiterni, eum timentes, quem timere debebit ipse, qui iudicat, Deum, non proconsulem timentes.

XLVI Constitimus, ut opinor, aduersus omnium criminum intentationem, quae Christianorum sanguinem flagitat ; ostendimus totum statum nostrum, et quibus modis probare possimus, ita esse sicut ostendimus, ex fide scilicet et antiquitate diuinarum litterarum, item ex confessione spiritalium potestatum. Qui nos reuincere audebit, non arte uerborum, sed eadem forma, qua probationem constituimus, de ueritate ?

2 Sed dum tamen unicuique manifestatur ueritas nostra, interim incredulitas, dum de bono sectae huius

5 illas et F : illa sed P|| plerumque F : et plerumque P|| delitescenti F : –tiscendi P|| necessitate F : necessitate deliquendi P|| **6** etiam F : ea etiam P|| breuitate P : ueri– F|| **7** pro scientiae f : prospientiae P[1] : prospicientiae P[2]|| uerumtamen F : uerum P|| sempiterni P : semper ternum F|| eum P : deum F|| ipse F : et ipse P|| iudicat F : timentes iudicat P

XLVI 1 intentationem P : intenti– f|| modis P : *om* F|| qui P : quis (*fort. recte*) *codd. Par.* 1656 *A et* 2616 *teste Oehler* : existat qui F|| ueritate P : ueritate debebit reniti F|| **2** tamen F : *om* P||

connue par l'expérience et par les relations de la vie, se refuse absolument à y voir une révélation divine, mais la tient pour une sorte de philosophie. Ce sont les mêmes vertus, dit-elle, que les philosophes enseignent et professent, à savoir l'innocence, la justice, la patience, la modération, la chasteté.

3 Pourquoi donc, si l'on nous met de pair avec les philosophes pour la doctrine, ne nous met-on pas sur le même pied qu'eux pour la liberté et l'impunité de la doctrine ? Ou bien encore, pourquoi les philosophes, étant semblables à nous, ne sont-ils pas astreints à ces devoirs que nous ne pouvons pas négliger sans danger pour la vie ? **4** Et, en effet, qui force un philosophe de sacrifier, ou de jurer, ou de mettre devant sa maison, en plein midi, des lampes inutiles ? Loin de là, ils démolissent vos dieux ouvertement, ils attaquent les superstitions publiques jusque dans leurs écrits, et vous les louez ! Beaucoup même aboient contre les princes, et vous le supportez. Vous les récompensez par des statues et des traitements, bien loin de les condamner aux bêtes ! **5** Mais cela est naturel : ils portent le surnom de « philosophes » et non pas celui de « chrétiens ». Or, ce nom de « philosophes » ne met pas les démons en déroute. Quoi d'étonnant, puisque les philosophes placent les démons immédiatement après les dieux ? Elle est de Socrate cette parole : « Si mon démon le permet. » C'est ce même Socrate qui, bien qu'il eût compris une partie de la vérité en niant les dieux, c'est encore lui qui, sur le point de mourir, ordonna cependant de sacrifier un coq à Esculape, sans doute pour faire honneur à Apollon, père de ce dieu, dont l'oracle avait déclaré Socrate le plus sage de tous les hommes. **6** Oh ! l'inconsidéré, que cet Apollon ! Il a rendu témoignage de la sagesse d'un homme qui niait l'existence des dieux ! Autant la vérité est en butte à la haine, autant celui qui la professe sincèrement offense ; au contraire, celui qui la falsifie et qui la simule conquiert par là même la faveur des persécuteurs de la

à ceux qui ravalent les croyances chrétiennes au rang d'une philosophie (ch. 46-47).

obducitur, quod usui iam et de commercio innotuit, non utique diuinum negotium existimat, sed magis philosophiae genus. Eadem, inquit, et philosophi monent atque profitentur, innocentiam, iustitiam, patientiam, sobrietatem, pudicitiam.

3 Cur ergo quibus comparamur de disciplina, non proinde adaequamur de licentia et immunitate disciplinae ? uel cur et illi, ut pares nostri, non urgentur ad officia, quae nos non obeuntes periclitamur ? **4** Quis enim philosophum sacrificare aut deierare aut lucernas meridie uanas prostituere compellit ? Quin immo et deos uestros palam destruunt et superstitiones publicas commentariis quoque accusant laudantibus uobis. Plerique etiam in principes latrant sustinentibus uobis, et facilius statuis et salariis remunerantur quam ad bestias pronuntiantur. **5** Sed merito ; philosophi enim, non Christiani, cognominantur. Nomen hoc philosophorum daemonia non fugiunt. Quidni ? cum secundum deos philosophi daemonas deputent. Socratis uox est « si daemonium permittat ». Idem et qui aliquid de ueritate sapiebat deos negans, Aesculapio tamen gallina*ce*um prosecari iam in fine mandabat, credo, ob honorem patris eius, quia Socratem Apollo sapientissimum omnium cecinit. **6** O Apollinem inconsideratum ! Sapientiae testimonium reddidit ei uiro, qui negabat deos esse. In quantum odium flagrat ueritas, in tantum qui eam ex fide praestat offendit ; qui autem adulterat et affectat, hoc maxime nomine gratiam pangit apud insectatores

2 existimat P : –matis F || monent P : et monent f || atque P : et f || **3** adaequamur F : illis adaequamur P || de licentia *Junius* : diligentia F : ad licentiam P || et immunitate F : impunitatemque P || illi ut P : illud F || **4** deierare f : dege– P || prostituere F : proferre P || publicas F : uestras P || **5** fugiunt F : –gat P || qui F : cum P || gallinaceum] gallinatium P[2] : gallenatium P[1] || mandabat F : iubebat P

vérité. **7** Or, la vérité, que les philosophes railleurs et contempteurs simulent en ennemis, et qu'ils corrompent en la simulant, parce qu'ils ne courent qu'après la gloire, les chrétiens la recherchent par nécessité et la professent dans son intégrité, parce qu'ils ne songent qu'à leur salut.

8 Aussi bien, ni pour la science ni pour la discipline, on ne peut pas, comme vous le pensez, nous mettre sur un pied d'égalité. Car qu'est-ce que Thalès, ce prince des physiciens, répondit de positif à Crésus, qui l'interrogeait sur la divinité ? Il éluda plusieurs fois le délai qu'il avait demandé pour réfléchir. **9** Dieu, le premier venu des artisans chrétiens l'a trouvé, le fait connaître et ensuite, par sa vie même, il affirme tout ce qui, pour les philosophes, n'est qu'un objet de recherches sur Dieu, bien que Platon déclare qu'il n'est pas facile de découvrir l'architecte de l'univers, et que, quand on l'a découvert, il est encore difficile de l'expliquer à tout le monde.

10 D'autre part, si l'on nous entreprend sur le point de la chasteté, je vous lis un extrait de la sentence prononcée par les Athéniens contre Socrate : c'est comme « corrupteur des jeunes gens qu'il est condamné ». Un chrétien ne change pas même de femme. Je connais aussi la courtisane Phryné qui se livrait à toute la passion de Diogène ; et j'entends dire qu'un certain Speusippe, de l'école de Platon, fut tué en flagrant délit d'adultère. Un chrétien ne naît homme que pour sa femme. **11** Démocrite, en se crevant les yeux, parce qu'il ne pouvait voir les femmes sans concupiscence, et parce qu'il souffrait, s'il ne pouvait en jouir, avoue hautement son incontinence par la peine qu'il s'inflige. Un chrétien, tout en conservant ses yeux, ne voit pas les femmes ; son âme est aveugle à l'égard de la passion. **12** Discutons-nous

XLVI, 9. C'est à S. Justin (Apol. II, 10, 8 : cf. I, 60, 11) que Tert. doit ce rapprochement frappant de l'artiste chrétien avec Platon, qu'il a présenté avec tant de force. Voy. *De anima*, 6. Cf. Tatien, 32-33. Athénagore, *Suppl.* 11. Minucius Felix 16. 5-6. Lactance, *Div. inst.*, 6, 4, 11. S. Augustin, *De civ. Dei.*, 2, 4. L'origine en est peut-être dans S. Matth., 11, 25. S. Luc, 10, 21-22. — *Licet, Plato affirmat*, dans le Timée, p. 28 c.

ueritatis. **7** Quam et illusores et contemptores inimice philosophie affectant ueritatem et affectando corrumpunt, et qui gloriam captant, Christiani et necessario appetunt et integre praestant, ut qui saluti suae curant.

8 Adeo neque de scientia neque de disciplina, ut putatis, aequamur. Quid enim Thales, ille princeps physicorum, sciscitanti Croeso de diuinitate certum renuntiauit, commeatus deliberandi saepe frustratus ? **9** Deum quilibet opifex Christianus et inuenit et ostendit et exinde totum, quod in Deum quaeritur, re quoque assignat ; licet Plato affirmet factitatorem uniuersitatis neque inueniri facilem et inuentum enarrari in omnes difficilem.

10 Ceterum si de pudicitia prouocemur, lego partem sententiae Atticae in Socratem : corruptor adulescentium pronuntiatur. Christianus ad sexum nec femina mutat. Noui et Phrynen meretricem Diogenis supra recumbentis ardore subantem. Audio et quendam Speusippum de Platonis schola in adulterio perisse. Christianus uxori suae soli masculus nascitur. **11** Democritus excaecando semetipsum, quod mulieres sine concupiscentia aspicere non posset et doleret, si non esset potitus, incontinentiam emendatione profitetur. At Christianus saluis oculis feminas non uidet : animo aduersus libidinem caecus est **12** Si de probitate defendam, ecce lutulentis pedibus

7 quam P : qua f || et illusores F : illusores P || contemptores F : corrupt– P || inimice P : –i F : mimice *cod. Goth. in marg. teste Oehler* || necessario P : eam necessario f || 9 facilem P : –e F || difficilem P : –e F || 10 prouocemur f : –mus P || corruptor F : –torem P || pronuntiatur F : –tum P || Christianus ad F : *om* P || femina *Rauschen* : foeminae F : femineum P || noui F : christianus noui P || ardore *Junius* : –ri F : –rem P || Speusippum] spesippum P : Speudipsum F || perisse P : –iisse f || 11 et doleret si non esset P : *om* F || potitus P : potius f

au sujet de la modestie ? Voici Diogène qui, de ses pieds crottés, foule les orgueilleux tapis de Platon, par une forme nouvelle d'orgueil. Un chrétien n'est jamais insolemment orgueilleux, même avec le pauvre. **13** Est-ce la modération des désirs qui est en question ? Voici Pythagore, qui aspire à la tyrannie chez les Thuriens, et Zénon chez les Priéniens. Un chrétien ne brigue pas même l'édilité. **14** Si le débat porte sur l'égalité d'âme, Lycurgue voulut mourir de faim, parce que les Laconiens avaient amendé ses lois. Un chrétien, même condamné, rend grâces. Si je compare la bonne foi, Anaxagore nia un dépôt fait par ses hôtes. Un chrétien est appelé « fidèle » même par les étrangers. **15** S'agit-il de la loyauté ? Aristote fit sortir honteusement Hermias, son ami, de sa place. Un chrétien ne fait pas même tort à son ennemi. Le même Aristote flatte honteusement Alexandre, qu'il devait plutôt gouverner, avec autant de bassesse qu'en fit paraître Platon qui se vendit à Denys pour la bonne chère. **16** Aristippe, sous la pourpre, et sous le masque imposant de la gravité, mène une vie de débauches, et Hippias est tué, tandis qu'il dresse des embûches à sa patrie. C'est ce que n'a jamais tenté de faire un chrétien pour venger ses frères, décimés par toutes sortes d'atrocités.

17 Mais on dira que, même parmi les nôtres, il y en a quelques-uns qui s'écartent des règles de la discipline. Sans doute, mais ils cessent d'être regardés comme chrétiens parmi nous. Au contraire, ces philosophes, après de telles actions, continuent à jouir parmi vous du nom et de l'honneur de sages.

18 Aussi bien, quelle ressemblance y a-t-il entre un philosophe et un chrétien ? entre un disciple de la Grèce et un disciple du ciel ? entre celui qui travaille pour la gloire et celui qui travaille pour la vie ? entre celui qui n'agit qu'avec de belles paroles et celui qui accomplit de belles actions ? entre celui qui édifie et celui qui détruit,

XLVI, 10-16. Parallèle entre les philosophes et les chrétiens. Les philosophes sont des beaux parleurs, qui prêchent la vertu, mais ne la pratiquent pas. Tert. est obligé de s'attaquer ici aux

Diogenes superbos Platonis toros alia superbia deculcat ; Christianus contumeliosus nec in pauperem superbit. **13** Si de modestia certem, ecce Pythagoras apud Thurios, Zenon apud Prienenses tyrannidem affectant ; Christianus uero nec aedilitatem. **14** Si de animi aequitate congrediar, Lycurgus apocarteresin optauit, quod leges eius Lacones emendassent ; Christianus etiam damnatus gratias agit. Si de fide comparem, Anaxagoras depositum hospitibus denegauit ; Christianus et extra fidelis uocatur. **15** Si de simplicitate consistam, Aristoteles familiarem suum Hermian turpiter loco excedere fecit ; Christianus nec inimicum suum laedit. Idem Aristoteles tam indecore Alexandro, regendo potius, adulatur, quam Plato Dionysio uentris gratia uenditatur. **16** Aristippus in purpura sub magna grauitatis superficie nepotatur, *et Hippias*, dum ciuitati insidias disponit, occiditur. Hoc pro suis omni atrocitate dissipatis nemo umquam temptauit Christianus.

17 Sed dicet aliquis, etiam de nostris excidere quosdam a regula disciplinae. Desinunt tamen Christiani haberi penes nos ; philosophi uero illi cum talibus factis in nomine et honore sapientiae perseuerant apud uos.

18 Adeo quid simile philosophus et Christianus, Graeciae discipulus et caeli, famae negotiator et uitae, uerborum et factorum operator, et rerum aedificator

12 Diogenes] –nis P‖ deculcat P : decalc– F‖ contumeliosus F : *om* P‖ **13** Prienenses] prienn– P‖ **14** animi aequitate F : aequanimitate P‖ emendassent P : –darint F‖ hospitibus F : hostib– P‖ et P : etiam f‖ **15** indecore F : turpiter P‖ regendo P : regi F‖ Plato P : *om* F‖ uentris f : ues– P‖ **16** et Hippias *edd* : Ycthyas F : icthydias P‖ **17** excidere F : exced– P‖ tamen P : tum f‖ apud uos F : *om* P‖ **18** uitae P : salutis uitae F

entre un corrupteur de la vérité et celui qui la rétablit dans sa pureté, enfin entre celui qui en est le voleur et celui qui en est le gardien ?

Les philosophes et l'Écriture.

XLVII En vérité ici encore, l'antiquité de la divine Écriture, que j'ai pris soin d'établir plus haut, me vient à point, car elle fera admettre facilement que l'Écriture est un trésor où a puisé toute la sagesse venue plus tard. Et si je ne voulais mettre des bornes à ce volume, je me serais étendu aussi sur cette preuve. **2** Quel est le poète, quel est le sophiste qui ne se soit pas abreuvé du tout à la source des prophètes ? C'est donc là que les philosophes ont étanché la soif de leur génie : ce qu'ils ont reçu de nos enseignements, voilà ce qui les rapproche de nous. C'est aussi pour cela, j'imagine, que la philosophie fut également bannie par certains États, je veux dire par les Thébains, par les Spartiates et par les Argiens. **3** En s'efforçant d'atteindre à nos vérités, quand ces hommes, passionnés uniquement pour la gloire et l'éloquence, comme je l'ai dit, ont rencontré quelque chose dans nos Livres saints, grâce à leur esprit curieux, ils en ont fait une œuvre personnelle, n'étant pas assez persuadés du caractère divin de nos Écritures pour ne pas les altérer, et ne les comprenant pas assez, parce qu'elles étaient alors encore un peu voilées, étant enveloppées d'ombre pour les Juifs eux-mêmes, dont elles paraissaient être la propriété. **4** En effet, plus la vérité était simple, plus l'esprit pointilleux des hommes lui refusait sa foi et chancelait, ce qui fait qu'ils ont rendu incertain même ce qu'ils avaient trouvé de certain.

5 Et en effet, ayant trouvé Dieu, sans plus, ils ne se

personnes : les doctrines ne sont pas en jeu, mais les mœurs. Comme Tatien, *Orat. ad Gr.*, 2-3, il reproduit sans les contrôler, quelques-unes des anecdotes prêtées aux philosophes par la malignité publique. Il les choisit d'ailleurs dans un passé très éloigné. Il était impossible de distinguer la vérité de ce qui n'était que commérages méchants. Il ne fait que suivre les habitudes de son temps, qui ne connaissait pas la critique historique. Voy. A. Puech, *Recherches sur le Discours aux Grecs de Tatien*, p. 40-43. (*Bibl. de*

et destructor, et interpolator et integrator ueritatis, furator eius et custos ?

XLVII Adhuc enim mihi proficit antiquitas praestructa diuinae litteraturae, quo facile credatur, thesaurum eam fuisse posteriori cuique sapientiae. Et si non onus iam uoluminis temperarem, excucurrissem in hanc quoque probationem. **2.** Quis poetarum, quis sophistarum, qui non de prophetarum fonte potauerit ? Inde igitur et philosophi sitim ingenii sui rigauerunt, ut quae de nostris habent, ea nos comparent illis. Inde, opinor, et a quibusdam philosophia quoque legibus eiecta est, a Thebaeis dico et ab Spartiatis et Argeis. **3** Dum ad nostra conantur homines et gloriae, ut diximus, et eloquentiae solius libidinosi, si quid in sanctis offenderunt digestis pro instituto curiositatis, ad propria opera uerterunt, neque satis credentes diuina esse, quo minus interpolarent neque satis intellegentes, ut adhuc tunc subnubila, etiam ipsis Iudaeis obumbrata, quorum propria uidebantur. **4** Nam et si qua simplicitas erat ueritatis, eo magis scrupulositas humana fidem aspernata nutabat, per quod in incertum miscuerunt etiam quod inuenerant certum.

5 Inuentum enim solummodo Deum non ut inuenerant

18 destructor F : distr– P|| et interpolator *nos* : et interpolator erroris F : amicus et inimicus erroris ueritatis interpolator P|| ueritatis F : et expressor et P

XLVII 1 adhuc enim F : antiquior omnibus ueritas nisi fallor et hoc P|| excucurrissem F : excurrerem P|| hanc P : hac F|| probationem P : *om* F|| **2** de F : omnino de P|| et F : *om* P|| ut P : num quia F|| quae P : quaedam F|| ea P : eapropter F|| quoque legibus *nos* : legibus quoque F : quoque P|| ab F : a P|| Spartiatis P : –anis F|| Argeis] Argaeis F : –giuis P|| **3** homines et *nos* : et homines P : sed homines F|| offenderunt F : scripturis offenderunt P|| prof : ex pro P|| **4** nutabat F : mut– P|| in F : *om* P|| **5** non P : nostrum non F

sont pas bornés à le faire connaître tel qu'ils l'avaient trouvé, mais ils disputent sur ses attributs, sur sa nature, sur sa demeure. **6** Les uns le prétendent incorporel, les autres corporel : tels sont les Platoniciens et les Stoïciens. Les uns le disent composé d'atomes, les autres de nombres : tels sont Épicure et Pythagore. Suivant un autre encore, il est de feu : c'est l'opinion d'Héraclite. Les Platoniciens le représentent prenant soin de toutes choses ; pour les Épicuriens, au contraire, il est oisif et inoccupé, il est inexistant, pour m'exprimer de la sorte, pour les affaires humaines. **7.** Les Stoïciens déclarent qu'il est placé hors du monde, qu'il fait tourner cette masse gigantesque de l'extérieur, comme le potier tourne sa roue ; pour les Platoniciens, il réside à l'intérieur du monde, et, comme un pilote, il a son siège dans la machine qu'il conduit. **8** Ainsi encore, le monde lui-même est-il né ou n'est-il pas né, aura-t-il une fin, existera-t-il toujours ? Les opinions varient. On varie de même encore sur la nature de l'âme, que les uns prétendent divine et éternelle, les autres dissoluble. Au gré de son sentiment personnel, chacun a ajouté ou changé.

Les hérétiques.

9 Et il ne faut pas s'étonner si nos anciens monuments ont été défigurés par les inventions des philosophes. En effet, certains hommes, sortis de leur semence, ont même dénaturé par leurs opinions personnelles nos livres nouveaux, pour les adapter aux sentiments des philosophes : d'une seule route ils ont ouvert mille sentiers détournés et inextricables. Ceci, je l'insinue en passant, pour que la diversté connue des sectes chrétiennes ne fournisse pas un nouveau prétexte de nous mettre sur le même pied que les philosophes et de conclure de cette variété à la défaillance de la vérité. **10** Vite et sans peine, nous opposons une fin de non-recevoir à ces falsificateurs de notre doctrine et nous leur disons que la seule règle de la vérité n'est autre que celle qui vient du Christ, transmise par ses propres

la Fac. des Lettres de l'Univ. de Paris, t. XVII, 1903. Le même, *Les Apologistes grecs du IIe siècle*, p. 154-158. Paris, 1912.

XLVII-XLVIII. Les philosophes ont puisé leurs vérités dans l'Ancien Testament, mais ils les ont falsifiées chacun à sa ma-

disputauerunt, ut et de qualitate et de natura eius et de sede disceptent. **6** Alii incorporalem asseuerant, alii corporalem, qua Platonici et Stoici ; alii ex atomis, alii ex numeris, qua Epicurus et Pythagoras ; alius ex igni, qua Heraclito uisum ; et Platonici quidem curantem rerum, contra Epicurei otiosum et inexercitum, et ut ita dixerim, neminem rebus humanis ; **7** positum uero extra mundum Stoici, qui figuli modo extrinsecus torqueat molem hanc ; intra mundum Platonici, qui gubernatoris exemplo intra id maneat, quod regat. **8** Sic et de ipso mundo, natus innatusue sit, decessurus mansurusue sit, uariant ; sic et de animae statu, quam alii diuinam et aeternam, alii dissolubilem contendunt : ut quis sensit, ita aut intulit quid aut reformauit.

9 Nec mirum, si uetus instrumentum ingenia philosophorum interuerterunt : ex horum semine etiam nostram hanc nouiciolam paraturam uiri quidam suis opinionibus ad philosophicas sententias adulterauerunt et de una uia obliquos multos et inexplicabiles tramites exciderunt. Quod ideo suggerimus, ne cui nota uarietas sectae huius in hoc quoque nos philosophis aequare uideatur, et ex uarietate defectionem uindicet ueritatis. **10** Expedite autem praescribimus adulteris nostris, illam esse regulam ueritatis, quae ueniat a Christo trans-

6 alii corporalem P : *om* F|| qua F : ut tam P|| et Stoici F : quam Stoici P|| ex igni P : igni F|| et F : est et P|| Platonici P : Platoni F|| quidem P : et quidem F|| rerum P : rerum factorem et actorem rerum F|| epicurei P : Epicuri F|| inexercitum P : –citatum F|| neminem P : neminem in F|| rebus humanis F : humanis rebus P|| **7** id P : illud f|| quod f : quos P|| **8** aut F: et P|| quid F : *om* P|| **9** etiam P : et f|| uiri P : uariis F|| quidam P : quibus– F|| multos–tramites P : tramites *ante* et f|| exciderunt F : scid– P|| suggerimus F : –gesserim P|| aequare F : adaequ– P|| defectionem F : defensionum P|| uindicet F : iud – P|| ueritatis F : –tem P

compagnons ; or, il sera facile de prouver que tous ces novateurs leur sont de beaucoup postérieurs.

Le rôle des démons.

11 Tout ce qu'on a édifié contre la vérité a été édifié au moyen de la vérité elle-même et les auteurs de cette contrefaçon sont les esprits de l'erreur. Ce sont eux qui ont préparé en secret ces falsifications de notre salutaire doctrine ; ce sont eux encore qui ont fait circuler certaines fables, pour affaiblir par leur ressemblance la foi due à la vérité, ou pour attirer la foi à eux-mêmes. Leur but est de faire penser qu'il ne faut pas croire les chrétiens, par la raison qu'il ne faut pas croire non plus les poètes ni les philosophes ; ou bien qu'il faut croire plutôt les poètes et les philosophes, par la raison qu'il ne faut pas croire les chrétiens.

12 Ainsi, on rit de nous quand nous prédisons le jugement de Dieu : car, de même, les poètes et les philosophes mettent un tribunal aux Enfers. Et si nous menaçons de la géhenne, qui est un trésor de feu mystérieux et souterrain, destiné au châtiment, on s'esclaffe également ; car, de même, chez les morts, il y a un fleuve appelé Pyriphlégeton. **13** Et si nous nommons le « paradis », lieu d'un charme divin, destiné à recevoir les âmes des justes, qu'une sorte de mur formé par la fameuse zone de feu sépare de la terre commune aux hommes, nous trouvons les Champs-Élysées en possession de la croyance générale. **14** D'où, je vous prie, les philosophes et les poètes ont-ils tiré ces choses si semblables aux nôtres ? De nulle part ailleurs que de nos mystères. Or, s'ils les ont tirées de nos mystères, parce que ceux-ci sont plus anciens, il en résulte que nos mystères sont plus véridiques et plus croyables, puisque ce qui n'en est que la copie a même trouvé créance. S'ils les ont prises dans leur imagination, il en résultera que nos mystères seront

nière (1-2) ; de là leurs incertitudes et leurs contradictions sans fin (3-8). De même, les hérétiques ont falsifié le Nouveau Testament (9). Tert. leur oppose rapidement l'argument de la prescription, qu'il reprendra dans un traité spécial. Ce sont les démons qui ont suggéré aux philosophes et aux hérésiarques ces falsifications, qui ont inspiré aux poètes et aux philosophes des fables semblables aux vérités chrétiennes pour discréditer celles-ci

missa per comites ipsius, quibus aliquanto posteriores diuersi isti commentatores deprehenduntur.

11 Omnia aduersus ueritatem de ipsa ueritate constructa sunt, operantibus aemulationem istam spiritibus erroris. Ab his adulteria huiusmodi salutaris disciplinae subornata, ab his quaedam etiam fabulae immissae, quae de similitudine fidem infirmarent ueritatis, uel eadem sibi potius fidem raperent, ut quis ideo non putet Christianis credendum, quia nec poetis nec philosophis, uel ideo magis poetis et philosophis existimet credendum, quia non Christianis.

12 Itaque ridemur praedicantes Deum iudicaturum. Sic enim et poetae et philosophi tribunal apud inferos ponunt. Et gehennam si comminemur, quae est ignis arcani subterraneus ad poenam thesaurus, proinde decachinnamur. Sic enim et Pyriphlegethon ad mortuos amnis est. **13** Et si paradisum nominemus, locum diuinae amoenitatis recipiendis sanctorum spiritibus destinatum, maceria quadam igneae illius zonae a notitia orbis communis segregatum, Elysii campi fidem occupauerunt. **14** Vnde haec, oro uos, philosophis aut poetis tam consimilia ? Non nisi de nostris sacramentis. Si de nostris sacramentis, ut de prioribus, ergo fideliora sunt nostra magisque credenda, quorum imagines quoque fidem inuenerunt. Si de suis sensibus, iam ergo sacramenta nostra imagines posteriorum habebuntur, quod

10 deprehenduntur F : probabuntur P|| **11** his adulteria P : iis adulteria f|| eadem F : eam P|| fidem F : *om* P|| raperent F : euincerent P|| **12** ridemur P : et ridemur f|| praedicantes P : praeiudic– F|| praedicantes deum P : deum praedicantes f|| gehennam P : –ae F|| subterraneus f : –ea P|| ad mortuos F : apud mortuos P|| **13** occupauerunt P : –parunt f|| **14** prioribus P : proprior– F|| inuenerunt F : –niunt P

la copie de choses qui sont venues après eux, ce qui est contraire à la nature, car jamais l'ombre n'existe avant le corps et jamais la copie ne précède l'original.

La résurrection des corps.

XLVIII Poursuivons : si quelque philosophe soutenait, comme Labérius le dit sur la foi de Pythagore, qu'après la mort un mulet est changé en homme, une femme en vipère, et s'il brandissait tous les arguments, avec toute la force de son éloquence, en faveur de cette opinion, n'emporterait-il pas votre assentiment et ne ferait-il pas entrer la foi dans votre esprit ? D'aucuns se persuaderaient même qu'il faut s'abstenir de la chair des animaux, pour ne pas acheter par hasard au marché du bœuf provenant de quelque aïeul ! Mais, en vérité, si un chrétien assure qu'un homme redeviendra un homme et que Gaius redeviendra Gaius, à l'instant même, on cherche une vessie, et on le chassera, je ne dis pas seulement avec des huées, mais à coups de pierres !

La thèse : la résurrection des corps.

2 Comme si la raison, quelle qu'elle soit, qui justifie la migration des âmes de corps en corps, n'exigeait pas aussi que les âmes soient rappelées dans les mêmes corps ! Etre rappelées, en effet, c'est être ce qu'elles ont été. Car, si les âmes ne sont pas ce qu'elles ont été, c'est-à-dire si elles ne sont pas revêtues d'un corps humain et du même corps, ce ne seront plus les âmes mêmes qui ont existé. Or donc, comment pourra-t-on parler du retour des âmes qui ne sont plus elles-mêmes ? Ou elles sont devenues autres et elles ne seront plus elles-mêmes, ou elles sont restées elles-mêmes et elles ne viendront pas d'un autre corps. **3** Il faudrait rechercher, à loisir, une foule de passages d'auteurs, si nous voulions nous amuser à examiner en quelle bête chacun a paru devoir renaître. Mais il faut plutôt songer à défendre notre thèse : nous soutenons qu'il est bien plus raisonnable de croire qu'un homme redeviendra un

XLVIII, 1. *Vesica*, une vessie gonflée d'air, pour frapper ces impertinent

rerum forma non sustinet : numquam enim corpus umbra aut ueritatem imago praecedit.

XLVIII Age iam, si qui philosophus affirmet, ut ait Laberius de sententia Pythagorae, hominem fieri ex mulo, colubram ex muliere, et in eam opinionem omnia argumenta eloquii sui uirtute distorserit, nonne consensum mouebit et fidem infiget, ut etiam ab animalibus abstinendum propterea persuasum quis habeat, ne forte bubulam de aliquo proauo suo obsonet ? At enim Christianus si de homine hominem ipsumque de Gaio Gaium reducem repromittat, statim illic uesica quaeritur et lapidibus magis, nec saltem *clamor*ibus a populo exigetur.

2 Quasi non, quaecumque ratio praeest animarum humanarum in corpora reciprocandarum, ipsa exigat illas in eadem corpora reuocari, quia hoc sit reuocari id esse quod fuerant ! Nam si non id sunt quod fuerant, id est humanum et id ipsum corpus indutae, iam non ipsae erunt quae fuerant. Porro quae iam non erunt ipsae, quomodo redisse dicentur ? Aut aliud factae non erunt ipsae, aut manentes ipsae, non erunt aliunde.

3 Multis etiam locis ex otio opus erit, si uelimus ad hanc partem lasciuire, quis in quam bestiam reformari uideretur. Sed de nostra magis defensione, qui proponimus, multo utique dignius credi, hominem ex homine

XLVIII 1 qui P : quis f|| sui F : *om* P|| ut F : *om* P|| animalibus P : animalibus sit F|| abstinendum F : –ndi P|| statim– et F : *om* P|| clamoribus *e. g. scripsi* : coetibus P : copiis F|| **2** Quasi non– erunt aliunde F : Si quaecumque ratio praeest animarum humanarum reciprocandarum in corpora, cur non in eandem substantiam redeant, cum hoc sit restitui, id esse, quod fuerat ? Iam non ipsae sunt, quae fuerant, qui non potuerunt esse, quod non erant, nisi desinant esse quod fuerant P|| id esse *ex* P *recepi* : id est esse F

homme, homme pour homme, et pas autre chose qu'un homme ; de telle sorte que l'âme, gardant sa nature, reprendra la même condition, sinon la même figure. **4** Mais puisque le motif de la résurrection est le jugement fixé par Dieu, il est nécessaire que l'homme même qui a existé soit reproduit, pour recevoir de Dieu la récompense du bien et le châtiment du mal. Et voilà pourquoi les corps seront aussi reconstitués, d'abord parce que l'âme seule ne peut rien souffrir, sans une matière stable, à savoir la chair, et puis parce que le traitement que les âmes subiront en vertu du jugement n'a pas été mérité par elles sans la chair dans laquelle elles ont tout fait.

Possibilité de la résurrection.

5 Mais, dit-on, comment la matière, une fois dissoute, peut-elle être reproduite ? Jette les yeux sur toi-même, tu es homme, et tu trouveras une raison de croire. Demande-toi ce que tu étais avant d'exister. Rien, assurément, car tu t'en souviendrais, si tu avais été quelque chose. Toi donc, qui n'étais rien avant d'exister, toi qui, de même, ne seras rien quand tu auras cessé d'exister, pourquoi ne pourrais-tu pas sortir une seconde fois du néant par la volonté de celui-là même qui a voulu une première fois te faire sortir du néant ? **6** Qu'y aura-t-il d'extraordinaire pour toi ? Tu n'étais pas et tu as été fait ; quand tu ne seras plus, tu seras fait encore. Explique, si tu le peux, comment tu *as été* fait, et puis tu pourras me demander comment tu *seras* fait. Et d'ailleurs, tu seras fait plus facilement ce que tu as été une fois, puisqu'il n'a pas été difficile de te faire ce que tu n'avais jamais été auparavant.

Renouvellement périodique de l'univers.

7 Doutera-t-on peut-être de la puissance de Dieu, qui a créé de rien, ce corps gigantesque du monde, non moins que s'il le tirait du vide et du néant de la mort, qui l'a animé par cet esprit qui a animé toutes choses et qui l'a clairement marqué lui-même pour nous servir de témoignage comme une preuve évidente de la résurrection des hommes ? **8** Tous les jours, la lumière s'éteint et brille de nouveau ; de même, les ténèbres tour à tour s'en vont et reviennent ; les astres

rediturum, quemlibet pro quolibet, dum hominem : ut eadem qualitas animae in eandem restauretur, etsi non effigiem, certe condicionem. **4** Sed quia ratio restitutionis destinatio iudicii est, necessario idem ipse, qui fuerat, exhibebitur, ut boni seu contrarii meriti iudicium a Deo referat. Ideoque repraesentabuntur et corpora quia neque pati quicquam potest anima sola sine materia stabili, id est carne, et quod omnino de iudicio Dei pati debent animae, non sine carne meruerunt, intra quam omnia egerunt.

5 Sed quomodo, inquis, dissoluta materia exhiberi potest ? Considera temetipsum, o homo, et fidem rei inuenies. Recogita, quid fueris antequam esses. Vtique nihil : meminisses enim, si quid fuisses. Qui ergo nihil fueras priusquam esses, idem nihil factus cum esse desieris, cur non possis rursus esse de nihilo eiusdem ipsius auctoris uoluntate, qui te uoluit esse de nihilo ? **6** Quid noui tibi eueniet ? Qui non eras, factus es ; et iterum, cum non eris, fies. Redde, si potes, rationem, qua factus es, et tunc require, qua fies. Et tamen facilius utique fies quod fuisti aliquando, quia aeque non difficile factus es, quod numquam fuisti aliquando.

7 Dubitabitur, credo, de Dei uiribus, qui tantum corpus hoc mundi de eo, quod non fuerat, non minus quam de morte uacationis et inanitatis imposuit animatum spiritu omnium animatore, signatum et per ipsum humanae resurrectionis exemplum in testimonium nobis.

3 quemlibet P : qui et F|| eandem P : eadem F|| restauretur F : –raretur P|| etsi non effigiem F : *post* conditionem P|| certe F : *om* P|| condicionem] –tionem FP|| **4** sed F : certe P|| quod P : *om* F|| **5** o P : *om* F|| et P : es F|| rursus esse P : esse rursus f|| ipsius P : *om* f|| de P : ex f|| **6** quid P : nihil ergo F|| et F : cum P|| cum F : *om* P || rationem P : *ante* si f|| quia P : qui f|| **7** animatore F : animarum animatore P|| per F : *om* P|| nobis f : uo– P

meurent et reprennent vie ; les saisons finissent et recommencent ; les fruits passent et renaissent ; et certes, les semences doivent se corrompre et se dissoudre pour repousser avec une fécondité nouvelle : toutes choses se conservent par leur destruction même, tout renaît par la mort. **9** Et toi, homme, dont le nom est si grand, si tu savais ce que tu es, quand tu ne l'aurais appris que suivant l'inscription de la Pythie, toi, le maître de toutes les choses qui meurent et qui renaissent, mourras-tu pour périr à jamais ? En quelque lieu que ton corps soit dissous, quelle que soit la matière qui l'ait détruite, qui l'ait englouti, qui l'ait absorbé, qui l'ait réduit à rien, elle le rendra ! Le néant lui-même obéit à Celui à qui tout obéit.

Objection réfutée.

10 Faudra-t-il donc, dites-vous, toujours mourir et toujours renaître ? Si le maître de toutes choses l'avait ainsi décidé, tu subirais bon gré mal gré la loi de ta condition. Mais, de fait, il n'a décidé rien d'autre que ce qu'il a prédit. **11** Cette même sagesse, qui a formé l'universalité des choses, au moyen de la diversité des éléments, de telle sorte qu'en toutes choses, malgré leur unité, sont réunies des substances contraires, le vide et le plein, ce qui est animé et ce qui est inanimé, le saisissable et l'insaisissable, la lumière et les ténèbres, la vie même et la mort, cette même sagesse a également uni dans l'éternité deux périodes distinctes : la première, celle où nous vivons depuis l'origine du monde, s'écoule jusqu'à sa fin, n'ayant qu'une durée limitée ; l'autre, que nous attendons, se prolongera jusqu'à l'infinie éternité. **12** Lors donc que

But de la résurrection.

seront arrivées cette fin et cette limite béante entre les deux périodes, quand le monde lui-même aura perdu cet aspect,

XLVIII, 7-9. Comparez Tertullien lui-même, *De resurr.* 12-13. Minucius Felix, 34,11. S. Paul, *Ad Cor.*, 1, 15, 36 et 42. Théophile *Ad Autol.*, 1, 13 et 2,14. Pour la description des renouvellements périodiques de l'univers, comp. Sénèque, *Epist.*, 36, 10 et 102, 23. — — *De titulo Pythiae*, allusion à l'inscription du temple de Delphes : γνῶθι σεαυτόν, *nosce te ipsum*, maxime de Thalès et devise de Socrate.

8 Lux cottidie interfecta resplendet et tenebrae pari uice decedendo succedunt, sidera defuncta uiuescunt, tempora ubi finiuntur, incipiunt, fructus consummantur et redeunt, certe semina non nisi corrupta et dissoluta fecundius surgunt : omnia pereundo seruantur, omnia de interitu reformantur. **9** Tu, homo, tantum nomen, si intellegas te uel de titulo Pythiae discens, dominus omnium morientium et resurgentium, ad hoc morieris, ut pereas ? Resurg*e*s, ubicumque resolutus fueris : quaecumque te materia destruxerit, hauserit, absorpserit, in nihilum prodegerit, reddet. Eius est nihilum ipsum cuius et totum.

10 Ergo, inquitis, semper moriendum erit et semper resurgendum ? Si ita rerum dominus destinasset, ingratis experireris conditionis tuae legem. At nunc non aliter destinauit quam praedicauit. **11** Quae ratio uniuersitatem ex diuersitate composuit, ut omnia aemulis substantiis sub unitate constarent, ex uacuo et solido, ex animali et inanimali, ex comprehensibili et incomprehensibili, ex luce et tenebris, ex ipsa uita et morte, eadem aeuum quoque ita distincta condicione conseruit, ut prima haec pars, ab exordio rerum quam incolimus, temporali aetate ad finem defluat, sequens uero, quam ex*s*pectamus, in infinitam aeternitatem propagetur. **12** Cum ergo finis et limes, medius qui interhiat, affuerit ut etiam ipsius mundi species transferatur aeque tempo-

9 discens P : disces deum F|| et resurgentium P : resurgentium ue f|| resurges *Junius* : –gas F|| : *om* P|| absorpserit F : adoleuerit P|| prodegerit P : redeg– F|| eius F : te eius P|| **11** aemulis P : ex aemulis F|| constaret F : cum constarent P|| distincta F : destinata distincta P|| conseruit P : –seruatur F|| haec P : autem F|| exspectamus] expectamus fP[2] : expectauimus P[1]|| **12** ipsius mundi P : mundi ipsius f|| aulaei fP[1] : –lae P[2]|| omne P : –ium F|| humanum P : homin–F

également passager, qui, à la manière d'un rideau de théâtre, voile l'éternité établie par Dieu, alors tout le genre humain ressuscitera pour régler le compte du bien ou du mal fait en cette vie, et pour être récompensé ou puni, à partir de ce moment jusqu'à l'éternité immense, qui n'aura pas de fin.

Etat des élus et des réprouvés.

13 Alors donc, plus de mort nouvelle, plus de nouvelle résurrection ! Mais nous serons ce que nous sommes maintenant, et nous ne changerons plus : les adorateurs de Dieu seront auprès de Dieu, revêtus de la substance propre de l'immortalité ; les impies, au contraire, et ceux qui ne sont pas irréprochables devant Dieu, subiront la peine d'un feu également éternel, possédant une incorruptibilité procurée par la nature particulière de ce feu, qui est divine. **14** Les philosophes mêmes connaissent la différence d'un feu mystérieux d'avec le feu ordinaire. Ainsi, autre est le feu qui sert à l'usage des hommes, autre celui qui sert à l'exécution du jugement de Dieu, ce feu qui tantôt lance la foudre du haut du ciel, tantôt est vomi du sein de la terre à travers le sommet des montagnes : en effet, il ne consume pas ce qu'il brûle, mais il répare à mesure qu'il détruit. **15** Aussi bien, les montagnes toujours ardentes subsistent et l'homme frappé de la foudre reste intact, au point que désormais aucun feu ne peut le réduire en cendres. Voilà un témoignage de ce feu éternel, voilà une preuve de ce jugement sans fin, qui entretient pour ainsi dire le châtiment. Les montagnes brûlent et elles durent pourtant ! Qu'en sera-t-il des coupables et des ennemis de Dieu ?

Conclusion.

XLIX Voilà les croyances que chez nous seuls on traite de « préjugés ». Chez les philosophes et les poètes, ce sont des conquêtes d'une science sublime et d'un génie supérieur. Ils sont « sages » et nous sommes « ineptes ». A eux les honneurs, à nous la moquerie, non, plus que cela, le châtiment ! **2** Mais soit, supposons que ces croyances que nous défendons ne soient que faussetés et qu'on les traite avec raison de « préjugés » : elles sont pourtant nécessaires ;

ralis, quae illi dispositioni aeternitatis aulaei uice oppansa est, tunc restituetur omne humanum genus ad expungendum, quod in isto aeuo boni seu mali meruit, et exinde pendendum in immensam aeternitatis perpetuitatem.

13 Ideoque nec mors iam rursus, ac rursus resurrectio, sed erimus iidem qui nunc, nec alii post, Dei quidem cultores apud Deum semper, superinduti substantia propria aeternitatis ; profani uero et qui non integre ad Deum, in poena aeque iugis ignis, habentes ex ipsa natura eius, diuina scilicet, subministrationem incurruptibilitatis. **14** Nouerunt et philosophi diuersitatem arcani et publici ignis. Ita longe alius est, qui usui humano, alius qui iudicio Dei apparet, siue de caelo fulmina stringens, siue de terra per uertices montium eructuans ; non enim absumit quod exurit, sed dum erogat, reparat. **15** Adeo manent montes semper ardentes, et qui de caelo tangitur, saluus est, ut nullo iam igni decinerescat : hoc erit testimonium ignis aeterni, hoc exemplum iugis iudicii poenam nutrientis. Montes uruntur et durant : quid nocentes et Dei hostes ?

XLIX Haec sunt, quae in nobis solis praesumptiones uocantur, in philosophis et poetis summae scientiae et insignia ingenia. Illi prudentes, nos inepti ; illi honorandi, nos irridendi, immo eo amplius et puniendi.

2 Falsa nunc sint quae tuemur et merito praesumptio, attamen necessaria ; inepta, attamen utilia : siquidem

13 rursus F : nec rursus P‖ iidem f : id– P‖ semper P : *om* F‖ poena P : –am F‖ diuina F : –am P‖ subministrationem P : –tione F‖ **14** est P : est ignis F‖ eructuans F : –tans P‖ **15** hoc erit F : et hoc erit P‖ nutrientis f : –tes P

XLIX 1 haec f : hae P‖ poetis f : in poetis P‖ **2** tuemur f : –entur P

qu'elles soient ineptes, elles sont pourtant utiles. En effet, ceux qui les admettent sont forcés de devenir meilleurs, par crainte d'un éternel supplice et par l'espérance d'un éternel bonheur. Il n'est donc pas expédient de déclarer fausses et de tenir pour ineptes des croyances qu'il est expédient de présumer vraies. De même, il n'est permis, à aucun titre, de condamner absolument ce qui ne produit que du bien. C'est donc chez vous qu'il y a un préjugé, celui-là précisément qui condamne des choses utiles. **3** En tout cas, même si elles sont fausses et ineptes, elles ne sont nuisibles à personne. Car elles sont semblables à beaucoup d'autres croyances, contre lesquelles vous ne décrétez aucun châtiment, croyances vaines et fabuleuses, que vous n'accusez ni ne punissez, les tenant pour inoffensives. Et en effet, quand il s'agit de pareilles choses, si tant est qu'il faille les condamner, c'est au ridicule qu'il faut les condamner, et non au glaive, au feu, à la croix et aux bêtes.

E. PÉRORAISON
Les chrétiens et leurs juges : le martyre.

4 C'est là une cruauté inique, qui ne fait pas seulement bondir de joie et triompher cette aveugle populace, mais dont se vantent certains d'entre vous, qui cherchent à gagner par cette iniquité la faveur populaire. Comme si tout le pouvoir que vous avez sur nous ne dépendait pas entièrement de nous-mêmes ! **5** Certes, je ne suis chrétien que si je le veux. Donc, tu ne me condamneras que si je veux être condamné. Puisque donc tu ne peux ce que tu peux contre moi, qu'autant que je le veuille bien, ce que tu peux dépend de ma volonté, et non de ta puissance. **6** De même, elle est bien vaine aussi, la joie que la populace éprouve de nous voir persécutés. De même, en effet, nôtre est la joie qu'elle revendique pour elle, puisque nous aimons mieux être condamnés que d'être infidèles à Dieu. Au contraire, ceux qui nous haïssent auraient dû s'affliger au lieu de se réjouir, puisque nous avons obtenu ce que nous avions choisi.

Le martyre est une victoire.

L « Pourquoi donc vous plaindre, direz-vous, de ce que nous vous persécutons, puisque vous *voulez* souf-

meliores fieri coguntur qui eis credunt, metu aeterni supplicii et spe aeterni refrigerii. Itaque non expedit falsa dici nec inepta haberi, quae expedit uera praesumi Proinde nullo titulo damnari licet omnino quae prosunt. In uobis itaque praesumptio est haec ipsa, quae damnat utilia. **3** Certe, etsi falsa et inepta, nulli tamen noxia : nam et multis aliis similia, quibus nullas poenas irrogatis, uanis et fabulosis, inaccusatis et impunitis, ut innoxiis. Sed in eiusmodi enim, si utique irrisui iudicandum est , non gladiis et ignibus et crucibus et bestiis.

4 De qua iniquitate saeuitiae non modo caecum hoc uulgus exsultat et insultat, sed et quidam uestrum, quibus fauor uulgi de iniquitate captatur, gloriantur quasi non totum, quod in nos potestis, nostrum sit arbitrium ! **5** Certe, si uelim, Christianus sum. Tunc ergo me damnabis, si damnari uelim. Cum uero quod in me potes, nisi uelim, non posses, iam meae uoluntatis est quod potes, non tuae potestatis. **6** Proinde et uulgus uane de nostra uexatione gaudet. Proinde enim nostrum est gaudium, quod sibi uindicat, qui malumus damnari quam a Deo excidere. Contra illi, qui nos oderunt, dolere, non gaudere debebant, consecutis nobis quod elegimus.

L Ergo, inquitis, cur querimini, quod uos insequamur, si pati uultis, cum diligere debeatis, per quos patimini quod uultis ? Plane uolumus, uerum eo more, quo bellum nemo quidem libens patitur, cum et trepidare et

2 proinde F : *om* P|| omnino P : *post* prosunt f|| utilia *nos* utilia. Proinde nec inepta esse possunt P|| **3** falsa f : falla P|| aliis P : et aliis f|| irrogatis] inr– FP|| uanis et fabulosis P : in eius modis F|| inaccusatis P : acc– F|| innoxiis P : nox– F|| sed in eius modi P : aeque F|| irrisui] inrisui P : inrisum F|| **4** captatur f : –atus P|| **5** posses F : potes P|| **6** elegimus P : elig– f

L 1 uerum F : pati uerum P|| nemo F : miles nemo P|| quidem P : quippe f

frir ? Vous devriez, au contraire, aimer ceux par qui vous souffrez ce que vous *voulez* souffrir. » — Oui, nous voulons souffrir, mais comme on souffre la guerre, que personne n'aime à souffrir, à cause des alarmes et des périls qu'il faut subir. **2** Et pourtant on combat de toutes ses forces et, une fois vainqueur dans le combat, celui qui se plaignait du combat, se réjouit, parce qu'il obtient à la fois la gloire et le butin. Notre combat à nous, c'est d'être traînés devant les tribunaux, afin d'y lutter, au péril de notre tête, pour la vérité. Or, c'est remporter la victoire que d'atteindre le but pour lequel on lutte. Et cette victoire a un double résultat : la gloire de plaire à Dieu, et le butin qui consiste dans la vie éternelle.

3 Mais nous succombons ! — Oui, certes, mais après avoir gagné notre cause. Donc, nous sommes vainqueurs, quand nous mourons ; en un mot, nous échappons quand nous succombons ! Appelez-nous maintenant, si vous voulez, des « gens de sarments » et des « gens de poteaux », parce que vous nous attachez à des poteaux et que vous nous entourez de sarments pour nous brûler ! Voilà notre attitude dans la victoire, voilà notre tunique palmée, voilà le char sur lequel nous triomphons ! **4** Il est donc naturel que nous ne plaisions pas aux vaincus, et voilà pourquoi ils nous qualifient de « désespérés et de fous furieux ». Cependant se livrer à ce désespoir et à cete folie, quand la gloire et la renommée sont en jeu, c'est à vos yeux lever l'étendard du courage.

L'héroïsme païen. **5** Mucius Scévola laissa volontairement sa main droite sur l'autel : quelle âme sublime ! Empédocle se livre tout entier aux feux de l'Etna : quelle force d'âme ! Une certaine fondatrice de Carthage échappe à un second mariage grâce au bûcher : quelle glorification de la pudeur et de la chasteté ! **6** Régulus, ne voulant pas à lui seul sauver la vie d'une multitude d'ennemis, endure dans tout son corps le supplice de la croix : quel héros, vainqueur jusque dans la captivité ! Anaxarque, tandis qu'on le broyait par un pilon à la manière de l'orge, disait : « Broie, broie l'enveloppe d'Anaxarque, car pour Anaxarque, ce n'est pas lui que tu broies. » Quelle grandeur d'âme chez ce

periclitari sit necesse. **2** Tamen et proeliatur omnibus uiribus et uincens in proelio gaudet qui de proelio querebatur, quia et gloriam consequitur et praedam. Proelium est nobis, quod prouocamur ad tribunalia, ut illic sub discrimine capitis pro ueritate certemus. Victoria est autem, pro quo certaueris, obtinere. Ea uictoria habet et gloriam placendi Deo et praedam uiuendi in aeternum.

3 Sed obducimur. — Certe, cum obtinuimus. Ergo uincimus, cum occidimur, denique euadimus, cum obducimur. Licet nunc et « sarmentarios » et « semiaxios » appelletis, quia ad stipitem dimidii axis reuincti sarmentorum ambitu exurimur. Hic est habitus uictoriae nostrae, haec palmata uestis, tali curru triumphamus ! **4** Merito itaque uictis non placemus, merito « desperati et perditi » existimamur. Sed haec « desperatio et perditio » penes uos in causa gloriae et famae uexillum uirtutis extollunt. **5** Mucius dexteram suam libens in ara reliquit : o sublimitas animi ! Empedocles totum sese Aetnaeis incendiis donat : o uigor mentis ! Aliqua Carthaginis conditrix rogo secundum matrimonium euadit : o praeconium castitatis et pudicitiae ! **6** Regulus, ne unus pro multis hostibus uiueret, toto corpore cruces patitur : o uirum fortem etiam in captiuitate uictorem ! Anaxarchus cum in exemplum ptisanae pilo contunderetur : « Tunde, tunde, aiebat, Anaxarchi follem, Anaxar-

3 obducimur P : occidimur F‖ certe P : –o F‖ uincimus F : uici– P‖ et F : *om* P‖ sarmentarios F : –ticios P‖ semiaxios F : sema– P‖ exurimur f : mus P‖ **4** merito desperati F : propterea enim desperati P‖ et perditio f : atque perditio P‖ causa P : –am F‖ **5** dexteram P : –tram f‖ Aetnaeis F : atheniensium atheneis (*in marg.* aethneis) P‖ donat F : –auit P‖ secundum F : se secundum P[1] : ob secundum P[2]‖ euadit F : dedit P‖ et pudicitiae F : *om* P‖ **6** cruces f : tru– P‖ etiam F : et P‖ exemplum F : exitum P‖ ptisanae] ptiss– F : tisanae P

philosophe capable de plaisanter au moment même où il subissait une pareille mort ! **7** Laissons de côté ceux qui ont cru s'assurer la gloire en se perçant de leur propre épée, ou par un autre genre de mort plus doux. Voici que des concours où l'on fait assaut de tourments sont couronnés par vous. **8** Une courtisane d'Athènes, après avoir lassé son bourreau, se coupa la langue avec les dents et la cracha à la face du tyran plein de rage, pour cracher ainsi sa voix et pour ne pas pouvoir dénoncer les conjurés, quand même, vaincue par la douleur, elle l'aurait voulu. **9** Zénon d'Élée, interrogé par Denys sur ce que pouvait donner la philosophie, répondit : « L'impassibilité », et battu de verges sur l'ordre du tyran, il scella sa réponse de son sang jusqu'à la mort. On le sait, la flagellation des jeunes Lacédémoniens, rendue plus cruelle encore par les exhortations de leurs proches, vaut à la maison de chacun un renom de patience d'autant plus glorieux qu'elle a fait couler plus de sang.

L'héroïsme chrétien.

10 O gloire licite, parce que purement humaine ! On ne l'impute ni à un préjugé furieux ni à une croyance désespérée, malgré le mépris de la mort et des atrocités de tout genre. Pour la patrie, pour le territoire, pour l'empire, pour l'amitié, il lui est permis de souffrir ce qu'il est défendu de souffrir pour Dieu ! **11** A tous ceux-là vous coulez des statues de bronze, vous dédiez des portraits, vous gravez des inscriptions pour les immortaliser ! Vous donnez vous-mêmes à ces morts, autant que les monuments vous permettent de le faire, naturellement, une sorte de résurrection ! Et celui qui espère de Dieu la résurrection véritable, s'il souffre pour Dieu, est un insensé !

Conclusion. Défi aux gouverneurs.

12 Mais courage, bons gouverneurs, qui devenez beaucoup meilleurs aux yeux du peuple, si vous lui immolez des

L, 12. A la fin de son plaidoyer, Tert. lance un défi aux juges et pousse un cri de triomphe : il sait que les juges qui sont tenus par la loi, qui ne savent résister ni à leurs propres passions, ni à la clameur populaire, ne se laisseront pas convaincre. Mais cet émouvant plaidoyer fera impression sur les chrétiens qu'il confirmera dans leur foi, et sur les païens, qu'il fera réfléchir.

chum enim non tundis ». O philosophi magnanimitatem, qui de tali exitu suo etiam iocabatur ! **7** Omitto eos, qui cum gladio proprio uel alio genere mortis mitiore de laude pepigerunt. Ecce enim et tormentorum certamina coronantur a uobis ! **8** Attica quaedam meretrix carnifice iam fatigato postremo linguam suam comesam in faciem tyranni saeuientis exspuit, ut expelleret et uocem, ne coniuratis confiteri posset, etiam si uicta uoluisset. **9** Zeno Eleates consultus a Dionysio quidnam philosophia praestaret, cum respondisset : « impassibilem fieri », flagellis tyranni subiectus sententiam suam ad mortem usque signabat. Certe Laconum flagella sub oculis etiam hortantium propinquorum acerbata tantum honoris tolerantiae domui conferunt, quantum sanguinis fuderint.

10 O gloriam licitam, quia humanam, cui nec praesumptio perdita nec persuasio desperata reputatur in contemptu mortis et atrocitatis omnimodae, cui tantum pro patria, pro agro, pro imperio, pro amicitia pati permissum est, quantum pro Deo non licet ! **11** Et tamen illis omnibus et statuas defunditis et imagines inscribitis et titulos inciditis in aeternitatem ! Quantum de monumentis potestis scilicet, praestatis et ipsi quodammodo mortuis resurrectionem. Hanc qui ueram a Deo sperat, si pro Deo patiatur, insanus est !

12 Sed hoc agite, boni praesides, meliores multo apud

6 de tali P: tali de f‖ exitu suo P : suo exitu f‖ **7** uel alio P : alioue f‖ **8** quaedam F : *om* P‖ exspuit f : expellit P‖ expelleret F : exspueret P‖ etiam si] etiamsi F : si etiam P‖ **9** Zeno Eleates f : zenocleates P‖ impassibilem fieri F : contemptum mortis impassibilis P‖ subiectus F : obiP‖ acerbata P : acerba F‖ honoris F : –em P‖ **10** humanam P : –na F‖ omnimodae P : –do F‖ pro agro F : *om* P‖ pati P : *om* F‖ **11** defunditis P : –cernitis F‖ inscribitis P : scrib– F‖ ipsi P : –is f

chrétiens, tourmentez-nous, torturez-nous, condamnez-nous, broyez-nous ! C'est une preuve de notre innocence que votre iniquité ! Et voilà pourquoi Dieu supporte que nous supportions ces tribulations. Car naguère encore, en condamnant une chrétienne à l'entremetteur plutôt qu'au lion, vous avez reconnu que la perte de la pudeur est regardée chez nous comme un mal plus atroce que toute espèce de châtiment et que toute espèce de mort.

Double effet des persécutions.

13 Mais elles ne servent à rien, vos cruautés les plus raffinées. Elles sont plutôt un attrait pour notre secte. Nous devenons plus nombreux, chaque fois que vous nous moissonnez : c'est une semence que le sang des chrétiens ! **14** Il y en a beaucoup chez vous qui exhortent à supporter la douleur et la mort : par exemple, Cicéron dans ses *Tusculanes*, Sénèque dans ses *Choses fortuites*, Diogène, Pyrrhon, Callinicus. Et pourtant leurs paroles ne trouvent pas autant de disciples que les chrétiens qui enseignent par leurs actions. **15** Cette « obstination » même, que vous nous reprochez, est une leçon. Qui, en effet, à ce spectacle, ne se sent pas ébranlé et ne cherche pas ce qu'il y a au fond de ce mystère ? Qui donc l'a cherché sans se joindre à nous ? Qui s'est joint à nous sans aspirer à souffrir pour acheter la plénitude de la grâce divine, pour obtenir de Dieu un pardon complet au prix de son sang ? **16** Car il n'est pas de faute que le martyre ne fasse pardonner. Et voilà pourquoi nous vous rendons grâces, à l'instant, pour vos sentences. Telle est la contradiction entre les choses divines et les choses humaines : vous nous condamnez, Dieu nous absout.

populum, si illis Christianos immolaueritis, cruciate, torquete, damnate, atterite nos : probatio est enim innocentiae nostrae iniquitas uestra ! Ideo nos haec pati Deus patitur. Nam et proxime ad lenonem damnando Christianam potius quam ad leonem, confessi estis, labem pudicitiae apud nos atrociorem omni poena et omni morte reputari.

13 Nec quicquam tamen proficit exquisitior quaeque crudelitas uestra : illecebra est magis sectae. Etiam plures efficimur, quotiens metimur a uobis : semen est sanguis Christianorum ! **14** Multi apud uos ad tolerantiam doloris et mortis hortantur, ut Cicero in « Tusculanis », ut Seneca in « Fortuitis », ut Diogenes, ut Pyrrhon, ut Callinicus ; nec tamen tantos inueniunt uerba discipulos, quantos Christiani factis docendo. **15** Ipsa illa obstinatio, quam exprobratis, magistra est. Quis enim non contemplatione eius concutitur ad requirendum, quid intus in re sit ? Quis non, ubi requisiuit, accedit, ubi accessit, pati exoptat, ut totam Dei gratiam redimat, ut omnem ueniam ab eo compensatione sanguinis sui expediat ? **16** Omnia enim huic operi delicta donantur. Inde est, quod ibidem sententiis uestris gratias agimus. Ut est aemulatio diuinae rei et humanae, cum damnamur a uobis, a Deo absoluimur.

12 damnando P : –ndam F|| confessi P : putastis et confessi F|| **13** etiam F : *om* P|| efficimur F : –mus P|| **14** Callinicus f : galli– P|| **15** ipsa illa F : illa ipsa P|| **16** absoluimur. APOLOGYTICVM QVINTI TERTVLLIANI EXPLICIT P.

INDEX SCRIPTORVM

NB. Fragmenti Fuldensis numeros uncis ( ) inclusimus.

INDEX NOMINVM PROPRIORVM

Ce volume,
de la Collection des Universités de France,
publié aux Éditions Les Belles Lettres,
a été achevé d'imprimer
en janvier 2003
sur presse rotative numérique
de Jouve
11, bd de Sébastopol, 75001 Paris

N° d'édition : 4906
Dépôt légal : janvier 2003

Imprimé en France